中华优秀传统文化大众化系列读物

山东省委宣传部 组编

中华传统文化读本

马 新 杨朝明 刘德增 杨守森 著

中华书局 齐鲁书社

图书在版编目(CIP)数据

中华传统文化读本/马新,杨朝明,刘德增,杨守森著.—北京:中华书局,2017.4

(中华优秀传统文化大众化系列读物/山东省委宣传部组编)

ISBN 978-7-101-12529-0

Ⅰ.中… Ⅱ.①马…②杨…③刘…④杨… Ⅲ.中华文化-通俗读物 Ⅳ.K203-49

中国版本图书馆CIP数据核字(2017)第057655号

书　　名	中华传统文化读本
著　　者	马　新　杨朝明　刘德增　杨守森
丛 书 名	中华优秀传统文化大众化系列读物　山东省委宣传部组编
责任编辑	申作宏
出版发行	中华书局
	(北京市丰台区太平桥西里38号　100073)
	http://www.zhbc.com.cn
	E-mail:zhbc@zhbc.com.cn
印　　刷	北京市白帆印务有限公司
版　　次	2017年4月北京第1版
	2017年4月北京第1次印刷
规　　格	开本/710×1000毫米　1/16
	印张23　插页2　字数300千字
印　　数	1-8000册
国际书号	ISBN 978-7-101-12529-0
定　　价	42.00元

目 录

前言/1

绪 论

 一、世界文明视野中的中华文明进程/001

 二、中国传统社会的基本结构/004

 三、中华传统文化的性格/011

第一章 原始文明与中华传统文化的由来

 一、原始崇拜的发生与发展/024

  （一）原始自然崇拜的发生与发展/024

  （二）原始灵魂崇拜的发生与发展/033

  （三）原始祖先崇拜的发生与发展/037

 二、原始宗教体系的形成/042

  （一）原始宗教的基本途径/043

  （二）原始神职人员的出现/044

  （三）原始宗教体系的形成/047

 三、原始艺术与审美的发展/050

  （一）远古装饰艺术/050

  （二）原始雕塑与玉器艺术/055

  （三）原始彩陶艺术/058

  （四）原始乐舞艺术/060

 四、远古语言文字与创世神话的滥觞/064

  （一）早期文字的出现/064

  （二）远古语言的发展/068

（三）神话文学的发生 /068

第二章　百家争鸣与中华传统文化

　　一、春秋战国时代与诸子百家的涌现 /073

　　　　（一）孔子、孟子与儒家学派 /076

　　　　（二）老子、庄子与道家学派 /089

　　　　（三）墨子与墨家学派 /093

　　　　（四）商鞅、韩非与法家学派 /095

　　　　（五）孙武、孙膑与兵家学派 /097

　　二、百家争鸣与第一次思想解放运动 /101

　　　　（一）儒家与墨家的论争 /103

　　　　（二）儒家与道家的论争 /105

　　　　（三）儒家与法家的论争 /108

　　　　（四）儒家与阴阳家的论争 /111

　　三、诸子学说与中华文化的奠基 /112

　　　　（一）儒家与中华文化 /112

　　　　（二）道家与中华文化 /116

　　　　（三）法家与中华文化 /117

　　　　（四）墨家与中华文化 /118

　　　　（五）阴阳家与中华文化 /119

第三章　儒学与中华传统文化的走向

　　一、儒家的基本思想 /122

　　　　（一）积极入世的政治思想 /122

　　　　（二）以仁爱为基点的伦理思想 /126

　　　　（三）以中庸为核心的哲学思想 /128

　　二、儒学的发展历程 /131

　　　　（一）儒学独尊地位的确立 /131

　　　　（二）儒学与佛教、道教的交融 /136

（三）程朱理学与陆王心学 /141
　三、儒学对中华传统文化的引领 /148
　四、儒学对世界文化的影响 /152
　　（一）儒学对东方文化的影响 /152
　　（二）儒学对西方文化的影响 /154

第四章　佛教、道教与传统宗教文化
　一、佛教的传入与发展 /159
　　（一）佛教的传播与中国化 /159
　　（二）佛教的基本教义 /166
　　（三）寺院及其管理模式 /169
　　（四）教徒与戒律 /172
　二、道教的形成与发展 /175
　　（一）道教的起源与传播 /177
　　（二）道教的基本教义 /179
　　（三）宫观及其管理方式 /181
　　（四）道教徒与道教科仪 /184
　三、宗教文化对中华传统文化的影响 /187
　　（一）佛教对中华传统文化的影响 /187
　　（二）道教对中华传统文化的影响 /189
　四、中国传统宗教对世界文化的影响 /192
　　（一）中国佛教对世界文化的影响 /192
　　（二）中国道教对世界文化的影响 /195

第五章　古典文学与传统文化精神
　一、绚丽多彩的诗歌 /200
　　（一）源远流长的诗歌 /200
　　（二）依曲定体的词作 /206
　　（三）雅俗共赏的散曲 /207

二、自由潇洒的散文 /209
  （一）自然古朴的先秦散文 /209
  （二）纷繁铺陈的赋体散文 /210
  （三）辞约意丰的汉魏南北朝散文 /211
  （四）文以载道的唐宋散文 /213
  （五）"自为其言"的明清散文 /216

三、引人入胜的小说与戏剧 /218
  （一）斑斓多姿的古典小说 /219
  （二）后来居上的戏剧艺术 /224

四、古典文学的艺术特色 /227
  （一）古典文学的语言之美 /227
  （二）古典文学的意境之美 /229
  （三）古典文学的技巧之美 /230
  （四）古典文学的体式之美 /231

五、古典文学对中华传统文化的影响 /233
  （一）刚正不屈的人格追求 /234
  （二）救世济时的道德信念 /235
  （三）自强不息的奋进精神 /237
  （四）自由率真的生命向往 /238
  （五）汇通天地的宇宙情怀 /239

六、中国古典文学对世界文化的影响 /241
  （一）中国古典文学对东方文化的影响 /241
  （二）中国古典文学对西方文化的影响 /243

第六章　古典艺术与传统审美文化

一、虚实相映的书法与绘画艺术 /247
  （一）意态纵横的书法艺术 /247
  （二）传神写意的绘画艺术 /254

二、凝重典雅的建筑与雕塑艺术 /260

（一）雕梁画栋的建筑艺术 /260

（二）精雕细琢的雕塑艺术 /265

三、争奇斗艳的音乐与戏曲艺术 /268

（一）教化天下的音乐艺术 /269

（二）载歌载舞的戏曲艺术 /271

四、中国传统审美文化的特色 /274

（一）宇宙精神之美 /274

（二）自然天趣之美 /276

（三）传神写意之美 /278

（四）技巧形式之美 /281

五、古典艺术对中华传统文化的影响 /284

（一）教化人伦，经世致用 /284

（二）自由放达，洒脱无羁 /286

（三）热爱自然，向往和平 /290

六、中国古典艺术对世界文化的影响 /293

（一）中国古典艺术对东方的影响 /293

（二）中国古典艺术对西方的影响 /295

第七章　科学技术与传统科学精神

一、"四大发明"与中国科学技术的辉煌 /301

（一）造纸术与印刷术 /302

（二）火药与指南针 /304

（三）其他重要发明 /306

二、中医药学的发展 /310

（一）中医药学的产生与发展 /311

（二）望闻问切 /313

（三）中药与方剂 /313

（四）经络与针灸、推拿 /315

三、农学与水利的成就 /318

　　（一）农具的变革与进步 /318

　　（二）精耕细作的耕作方式 /322

　　（三）农田水利工程与灌溉技术 /325

　　（四）四大农书的科技成就 /327

四、天文学、数学成就 /330

　　（一）天文观测与宇宙学说 /330

　　（二）观象授时与古代历法 /333

　　（三）中国古代数学发展的三次高潮 /335

　　（四）中国古代数学的特征 /337

五、传统科学精神与传统文化的交互影响 /338

　　（一）"实用理性"与古代中国科学技术 /338

　　（二）"天人关系"与古代中国科学技术 /340

　　（三）科举文化与古代中国科学技术 /342

　　（四）以农为本与古代中国科学技术 /344

六、中国传统科学技术对世界文化的影响 /346

　　（一）中国古代科学技术的东传 /346

　　（二）中国古代科学技术的西去 /347

　　（三）中国古代科学技术对人类文明的贡献 /349

后　记 /353

前　言

党的十八大以来,以习近平同志为核心的党中央对中华优秀传统文化给予了高度重视,习近平总书记多次就中华优秀传统文化发表重要讲话,对中华优秀传统文化的地位、价值以及如何继承与发扬等进行了深刻论述,提出了对中华优秀传统文化"四个讲清楚"的明确要求,即"讲清楚每个国家和民族的历史传统、文化积淀、基本国情不同,其发展道路必然有着自己的特色;讲清楚中华文化积淀着中华民族最深沉的精神追求,是中华民族生生不息、发展壮大的丰厚滋养;讲清楚中华优秀传统文化是中华民族的突出优势,是我们最深厚的文化软实力;讲清楚中国特色社会主义植根于中华文化沃土、反映中国人民意愿、适应中国和时代发展进步要求,有着深厚历史渊源和广泛现实基础"[①]。这是党对中华传统文化研究者提出的全新要求。2017年1月,中共中央办公厅、国务院办公厅又印发了《关于实施中华优秀传统文化传承发展工程的意见》。这是新中国成立以来,党和政府出台的第一个以传承和发展中华优秀传统文化为主题的文件,也是第一个理论与实践并重、用重大工程的方式推进的行动纲领。《意见》对中华优秀传统文化的重要意义给予了高度评价,指出:"中华文化源远流长、灿烂辉煌。在5000多年文明发展中孕育的中华优秀传统文化,积淀着中华民族最深沉的精神追求,代表着中华民族独特的精神标识,是中华民族生生不息、发展壮大的丰厚滋养,是中国特色社会主义植根的文化沃土,是当代中国发展的突出

---

① 《习近平在全国宣传思想工作会议上发表重要讲话》,《人民日报》2013年8月21日。

优势,对延续和发展中华文明、促进人类文明进步,发挥着重要作用。"我们作为长年在这方沃土耕耘的研究者,有责任也有义务以此为指导,自觉肩负起传承发展中华优秀传统文化的历史使命,编写一部符合时代要求、富有时代特点的中华优秀传统文化读本。为此,我们根据中共山东省委宣传部的要求,编写了这部《中华传统文化读本》,目的是为在校大学生提供一部知识性与思想性并重的传统文化读本,既可用作高校中华传统文化课程的教材,也可用作在校大学生和广大青年读者掌握和了解中华优秀传统文化的辅助读物。

在全书设计上,我们以习近平总书记对中华优秀传统文化的定位为总则,突出体现中华优秀传统文化中的核心思想理念、中华传统美德、中华人文精神,深入阐发其文化精髓。全书共由绪论和七章正文组成,可分为四个主题:绪论为一个主题,旨在探讨中华文明的进程以及中国传统社会与文化的特性;第一章为一个主题,探讨中华传统文化的源头所在;第二章为一个主题,讨论春秋战国时代所形成的中华传统文化的基本框架;第三章至第七章为一个主题,从儒学、宗教、文学、艺术以及科学技术等五个方面分别讨论中华优秀传统文化的基本内容与文化精髓。

在编写过程中,我们反复学习、认真领会习近平总书记系列重要讲话精神,力图做到"四个讲清楚"。比如,"绪论"中就集中体现了"讲清楚每个国家和民族的历史传统、文化积淀、基本国情不同,其发展道路必然有着自己的特色";第一章体现了"讲清楚中国特色社会主义植根于中华文化沃土、反映中国人民意愿、适应中国和时代发展进步要求,有着深厚历史渊源和广泛现实基础"的精神;第三章至第七章都单设相关小节讲述本章相关内容对中华文化的影响和对世界文化的影响,通过较为充分的分析,集中体现"讲清楚中华文化积淀着中华民族最深沉的精神追求,是中华民族生生不息、发展壮大的丰厚滋养","讲清楚中华优秀传统文化是中华民族的突出优势,是我们最深厚的文化软实力"。当然,"四个讲清楚"是对中华优秀传统文化教育的总体要求,这一精神我们努力贯穿到全书的所有内容中。

在叙述和分析中,按照习近平总书记关于"去粗取精、去伪存真""取其精华、去其糟粕"①的要求,"深入挖掘和阐发中华优秀传统文化讲仁爱、重民本、守诚信、崇正义、尚和合、求大同的时代价值"②。对中华传统美德也进行了较为系统的阐述,通过对中华优秀传统文化中所蕴含的丰富道德理念与规范的发掘,推动中华传统美德的创造性转化与创新性发展,努力将其转化为新的时代精神。与此同时,坚持马克思主义的立场、观点、方法,采取历史唯物主义态度,对存在合理内核但又具有旧时代要素的内容,取其精华,去其糟粕;对明显不符合当今时代要求的消极、落后成分,则加以摒弃。同时,对中华优秀传统文化中所积淀的中华人文精神也进行了较为系统的梳理与归纳。

在编写方法上,为适应广大学生和青年读者的需求,提高他们对中华优秀传统文化的自主学习能力和探究能力,增强其传承弘扬中华优秀传统文化的责任感和使命感,我们引进争鸣、讨论与分析,在每章之后都开列"思考与讨论""参考文献导读"栏目。这样,为大家进一步开拓知识和探究学习搭建了一个良好的平台。另外,全书还选配了一些与各章内容相对应的图片,借以增强大家对中华优秀传统文化的感性认识。

我们虽然长期在高校从事中华优秀传统文化相关课程的教学和教材编写工作,但在新的历史条件下如何编写出一部符合时代要求的中华优秀传统文化教科书,对我们仍是一个严峻的挑战。书中的错误与不当之处,在所难免,还请广大师生不吝赐教。让我们共同努力、发扬光大中华

---

① 《习近平在山东考察》,人民网,2013年11月28日;《治国理政的重要方针——学习习近平总书记关于弘扬中华优秀传统文化的论述》,《大众日报》2013年12月30日。
② 习近平:《培养和弘扬社会主义核心价值观》,《习近平谈治国理政》,外文出版社2014年版,第164页。

优秀传统文化,使其源源不断地涵养着社会主义核心价值观,使我们能够在世界文化的激荡中站稳脚跟。

编　者

2017年2月于泉城济南

绪 论

中华传统文化的形成与发展,与中华文明的进程密不可分,它本身就是中华文明进程的一个重要组成部分。中华传统文化的基本内涵与基本特色,又植根于中国传统社会,中国传统社会的政治结构、社会结构与经济结构直接影响和制约着其内涵的形成与特色的呈现。因而,要完整、准确地了解中华传统文化,就必须由此入门。

一、世界文明视野中的中华文明进程

对于人类有史以来所创造的文明,历史学家们有种种不同的划分,但无论哪一种划分,中华文明都是不可缺少的具有独到特色与影响力的文明形式。当人类社会初生——从猿到人转变的壮丽时刻,中国这块古老的土地上就有了我们先祖们的足迹,他们与非洲、欧洲、南亚地区的人类始祖们一道,步履蹒跚地穿过了数百万年的原始丛林;当人类文明的晨曦初露,我们的先民们在黄河岸边、长江南北创造着新石器的仰韶文化、大汶口文化、龙山文化、良渚文化、屈家岭文化以及红山文化等等,与尼罗河畔、两河流域、印度河两岸的远古居民们一道拉开了蒙昧时代的夜幕,迎来了文明的曙光;当古埃及人在用金字塔堆砌着文明的阶梯中国人也在孜孜不倦地熔铸着自己的青铜文明;当古希腊的哲人泰利斯、赫拉克利特、德谟克利特、苏格拉底、柏拉图、亚里士多德在雅典的广场上滔滔雄辩的时候,中国的先哲老子、孔子、孙子、墨子、庄子、孟子、荀子、韩非子、邹衍、许行等等也正在纵横捭阖,激扬着智慧的光彩。

纪元前后的数百年间，是人类文明新的交融与扩张的时代。西方亚述帝国的崛起，东方秦王朝的统一以及随后而起的两汉王朝和罗马帝国、贵霜帝国、安息帝国都极大地推进了文明的交流与发展，尤其是东方的汉王朝与西方的罗马帝国并峙的时代，形成了人类文明发展史上的两座高峰。公元3世纪以来的社会震荡与变迁几乎同时改变了它们的命运，随着异族的入侵、罗马帝国的崩溃，欧洲被中世纪的"黑暗"所笼罩，而东方的汉王朝也被分裂与动荡的魏晋南北朝所取代。所不同的是，东方世界仍没有间断她发展的步伐，很快便出现了隋唐盛世，无论是人文政治，还是经济科技，这一时代的中华文明都可以说是独步世界，汉唐都城长安既是中华文明的中心，也是世界文明的中心。

10世纪以后，西方文明开始了新的整合与沉淀。在西罗马帝国废墟上建立的众多国家不断分化整合，其中，以法兰克查理曼帝国最为强大。至9~10世纪，法兰克查理曼帝国一分为三，成为后来法兰西、德意志和意大利三国的雏形。11世纪中叶，随着法兰西的诺曼底公爵威廉率军进占英格兰，法兰克的封建制度向周边迅速延伸。值得注意的是，在欧洲封建化的进程完成后，封建的经济政治并没有得到充分的发展与繁荣，而与之相左的城市与城市经济、相对独立的手工业、商业以及议会与城市自治却悄然而起。14世纪以后，资本主义萌芽开始出现，资本主义文明在孕育之中。

10世纪以来的中国，虽经历着辽、宋、夏、金与元、明的兴替与战争，但经济与文化仍在继续发展中，中华文明对于整个世界依然充满了影响力。印刷术、火药与指南针正是在这一时期经阿拉伯人传到了欧洲，推动了欧洲与整个人类文明的进程。如马克思在《机器、自然力和科学的应用》一文中所指出的："火药、指南针和印刷术——这是预告资产阶级社会到来的三大发明。火药把骑士阶层炸得粉碎，指南针打开了世界市场并建立了殖民地，而印刷术则变成新教的工具，总的来说变成科学复兴的手段,变成对精神发展创造必要前提的最强大的杠杆。"①不过,中国社会自身的发展仍是在原方向上的持续演进,无论是经济技术还是文化艺术都趋于精致化,可以说是在以往园地中的精耕细作。

15~16世纪是人类文明史上重要的转折时代。这一时期,西方世界发生了三项改变人类文明进程的历史事件:第一是意大利的文艺复兴进入高潮,并开始扩散到西欧其他地区,成为具有世界意义的资本主义思想解放运动,它与风起云涌的宗教改革运动一道开创了资产阶级人文主义的新时代。第二是世界性资本主义原始积累开始启动,英国圈地运动的兴起、手工工场的出现以及西欧各国通过海外殖民掠夺与重商政策对货币资本的积累都在堆砌着资本主义的台阶。第三是始于15世纪末的新航路的开辟和哥伦布发现新大陆,实现了欧、亚、美大陆文明的交汇,引发了全球一体化的历史进程。

此后至19世纪中期,是资本主义的迅速确立与发展时期,英国资产阶级革命、法国大革命、美国独立战争确立了资产阶级的政治胜利;以牛顿力学为主导的近代自然科学体系的建立与工业革命的推进,造就了比过去一切世代创造的全部生产力还要多、还要大的物质文明。更为重要的是,在新兴的无产阶级与资产阶级的抗争中,马克思主义宣告诞生。

这一时期正是中国的明清时代。明清时代虽然也有了资本主义萌芽的发展,有了早于麦哲伦与哥伦布的郑和下西洋,也有了明末清初的三大启蒙思想家,但与之同时,还有了"文字狱",有了"片板不得下海"的禁令,专制主义的禁锢越来越紧,中国王朝的国门正在向世界关闭。从这个意义上说,中华文明是落伍了。但我们还应当看到,中华文明的落伍不是停滞不前,她只是没有步入资本主义文明的序列,而是在原有的道路上继续绽开着文明之花,从《天工开物》《本草纲目》到《徐霞客游记》;从

---

① 马克思:《机器、自然力和科学的应用》,人民出版社1978年版,第67页。

《水浒传》《三国演义》《西游记》到《红楼梦》，中华文明依然在积淀着丰厚的底蕴，同样为人类文明的发展做出了自己的贡献。

从19世纪后期到20世纪初，是资本主义文明的转变时代，第二次工业革命引发的新一轮全球一体化高潮是这一时期的主题。随着资本主义从自由竞争向垄断过渡，帝国主义时代已经到来；随着帝国主义对世界的瓜分，资本主义世界市场最终形成并逐渐由封闭走向开放。与之同时，19世纪后半期，牛顿古典力学体系和黑格尔的绝对主义哲学体系地位也发生了动摇，人们的认识能力和方式发生了重大变化。帝国主义的出现也带来了激烈的社会矛盾和危机，第一次世界大战在酝酿之中。

1840年的鸦片战争叩响了清王朝闭关的大门，也宣告了古代中国的终结。随着帝国主义列强们一次次的野蛮入侵，随着一个又一个不平等条约的签订，中国门户洞开，沉入半封建半殖民地的深渊。中华文明向何处去？无数有识之士开始了上上下下的求索，从洋务运动、百日维新到辛亥革命，历史一次又一次地证明，无论是资产阶级的改良还是资产阶级的革命，都无法使古老的中华文明走出深渊。

自1914年的第一次世界大战到20世纪50年代，是人类文明发展史上的重要的调整时期，这期间爆发了两次世界大战，出现了社会主义制度，殖民体系走向崩溃，各种文明形态都进行了大量的调整与重组。中华文明也自五四新文化运动之后，走上了摆脱沉沦之路，终于在中国共产党的领导下赢得了民族的独立与解放，开始了新的纪元。

二、中国传统社会的基本结构

中国传统社会经历了数千年的沧桑变迁，其社会架构一直处在变化与发展中，其中，自战国秦汉以来，直到近代社会，无论是传统政治结构、经济结构还是传统社会结构，都形成了独具中华文明特色的结构模式。

就中国古代社会的政治结构而言,无论是朝代更迭还是社会变革,也无论是分裂还是统一,高度的中央集权与君主专制都是主体形态。其核心是地方权力归于中央,中央权力归于君主。这一政治结构的设计师是战国时代的韩非。韩非认为,国家权力运行与管理的实现,应当做到"事在四方,要在中央;圣人执要,四方来效"①。这里所说的"圣人"就是君主。中央对于地方,如"身之使臂,臂之使指"②,指挥自如;君主对于全国,则是"天下之事无小大,皆决于上"③。以对地方与人口的管理为例,"溥天之下,莫非王土;率土之滨,莫非王臣"④的观念根深蒂固,中央王朝通过全国划一的户籍管理、土地赋税管理以及严格的上计制度,将所有的土地与人口都纳于其直接控制之下,地方政府缺少自主权与支配权,实际上只是中央王朝的派出代理机构。宋朝以后,州县长官都改作"知州"与"知县"。"知"就是代理、兼任,这些人的正式职务都是中央官员,是以中央官员的身份兼任地方,如清官包公的第一个职务就是以中央王朝的"大理评事"兼"知建昌县"。这一点与欧洲中世纪大相径庭。欧洲中世纪各国之君与中央政府是小政府与有限君权,地方的控制者是分封采邑而形成的领主,领主对封地内的所有事务拥有全权,国君对于领主封地内的土地与人民无权过问。当时欧洲流行着一则格言,即"我的附庸的附庸不是我的附庸",这与中国自古以来固有的"率土之滨,莫非王臣"观念的实质正好相反。

与之相联系,在中国古代的社会管理上,王朝政府几乎是唯一的主体。中国古代的各级政府是实施社会管理的全能的一元化政府。从中央到地方,有着构造齐全、涵盖几乎所有事务的机构与管理者。从国计民生

---

① 《韩非子·物权》。
② 《汉书·贾谊传》。
③ 《史记·秦始皇本纪》。
④ 《诗经·小雅·北山》。

的大小事务,到司法、治安以及宗教、教化等,都在各级政府的一元化管理体系之中。如经济事务的管理,从农业到工商业,无一遗漏。中央王朝既有大农令、大农丞、劝农使,又有均输官、平准官,还有工部、户部、少府等。县一级则有工曹、户曹、市曹等,连县城中的市场也设有市令与均平令进行市场秩序与物价管理。社会精神文化生活也是在一元化的管理下,倡导什么礼俗,尊崇什么宗教,以至于表彰孝子烈妇,调和邻里之争,都在政府的统辖之下。与之相应,中国古代历史上没有独立于政府管理之外的宗教体系与宗教组织,也没有自成体系、相对独立的工商业行会或居民自治组织。虽然中国历史上存在着工商业行会,也有过村社组织,但都在政府的管理之中,实际上是政府体系的末梢或变体,一旦成为异己的力量,政府会毫不犹豫地将其加以革除。而在欧洲中世纪,则是另一番景象。从经济体系看,欧洲是典型的二元体系:一方面是领主领地内自给自足的庄园经济体系,另一方面则是游离于其外自发形成的城市工商业经济体系。无论是君主还是领主,对城市工商业与市民都没有形成有效的管理,工商业行会的自主管理与市民自治是主要的管理模式。宗教体系也是如此。欧洲中世纪的教权和君权虽然经历过激烈的斗争,但从总体上看,是君权屈服于教权。宗教体系独立于国家体系之外,制约着人们包括君主与领主的精神世界与社会生活,实际上也制衡着君主权力的行使。

　　就中国传统社会的经济结构而言,小农经济与官营工商业是两大主导力量。所谓小农经济,是指以一家一户为单位的小土地生产。战国秦汉时代,"五口之家,百亩之田"是当时农村社会的常见状态。此后直至明清,尽管土地兼并愈演愈烈,但农民的小土地所有依然是重要的土地所有制形式。对于大土地所有者而言,他们中的大多数也是将土地化整为零,出租给农民家庭进行耕种,收取实物地租或货币地租,只有很少一部分大土地所有者以田庄或庄园的方式进行大土地经营。这样,就多数农民而言，无论是自耕农还是租佃农，都是在自有或承租的小块土地上以一家一户为单位从事着生产经营活动。这种生产经营的性质是以土地经营为核心的综合型经济。但是，中国传统农民的生产经营又不是完全的自给自足，小土地经营的局限性及脆弱性是造成这一问题的直接原因。在有限的土地上，以有限的劳动力，不可能生产出生产与生活所需的全部产品，做到真正的自给自足。像农业生产工具，尤其是铁制工具，还有食盐、陶器等生活用品，都要依赖市场来解决。只有在那些广占土地的庄园中，才能实现基本的自给。在规模巨大的田庄中，一般以农业为主，兼营林、牧、渔各业，有的还从事手工业或进行一定的商业和高利贷活动。这样的庄园在欧洲封建社会是普遍存在的，但在中国古代社会却是凤毛麟角。因而，中国传统农业经济是一种以土地经营为核心的，与商品市场和高利贷有着密切联系的半自给自足经济。

早在西周时代，就实行严格的官营工商制度，即"工商食官"。春秋战国以来，虽然允许私营工商业发展，但官营工商业一直未退出历史舞台，而且还处在不断发展中，从而出现了官营工商业和私营工商业并存的格局，这一格局贯穿中国古代社会两千多年。官营工商业的特色是对盐、铁等重大经济命脉的垄断性经营以及面向皇室与官方的服务性生产。自秦汉以来，中央王朝建立专门的机构和严格的管理制度直接经营工商业，构架起了庞大的官营工商业体系。官营手工业的生产门类从衣物缝制到兵器制造无所不包，以供应官府的军政需要和满足皇室贵族的奢侈生活。可以说，官营手工业是一种供给式的生产方式，不是真正的商品生产。官营手工业产品除了满足官方的消费性需求外，还将部分产品投放市场，进入流通领域，最典型的就是盐、铁的专营。盐的官营是在政府管理的盐场中，募民煮盐，所产食盐由官府收购付值。唐中期以前，实行的是官运官销体制，盐的零售是由官府设的"官市"销售，盐价由官府统一调控；唐中期以后，实行官商结合的营销模式，官府将所收之盐专卖给特许商人,商人购得食盐后,享有充分的销售权,盐价由盐商根据市场情况灵活掌握。铁的官营是由国家役使服役者开矿铸造,然后打制成各种工具和器具出售。盐和铁制品是普通百姓之家无法自行生产的,只能依赖市场,"虽贵数倍,不得不买"①,由此给官府带来丰厚的利润,增加了王朝的财政收入。官营工商业的这种垄断性生产经营不是以市场需求为导向,而是以满足王朝财政需求为目的。它依附于王朝的政治和财政体系,根据国家政治、经济政策的不同而有所调整。

就私营工商业而言,它的特色是以商为主,以工为辅。其主体或依附于官营工商业,受官府特许,生产经营关系国计民生的垄断性生活消费品如盐、茶之类;或依附于皇室、官方和上层社会的消费性需求,组织贩运与生产。对私营工商业者来说,追逐利润是其生产目的,因此,他们将大量的人力、物力和资金投入到奢侈消费品的生产中,商业也以贩运、销售各地的奇珍异宝以及土特产品为主,如"夜光之璧""江南金锡""西蜀丹青""宛珠之簪"等。虽然他们也生产一些生产用品,但真正面向市场和生产领域的生产经营所占比例偏低。可见,私营工商业是一种依附于上层社会和官营工商业的消费性工商业。

官营工商业和私营工商业在生产经营上的依附性,导致在中国传统社会中,立足于生产经营,以剩余价值最大化为目的的相对独立的工商业经济一直得不到充分发展。

对官营工商业而言,其生产与交换固然要追求产业利润与商业利润,而且,官营工商业所得在一些历史时期对于王朝财政也的确起到了重要的支持作用。但它首先追求的仍是自身的使用价值。从汉代三服官到清代江宁织造都是典型代表,汉唐时代平准、均输的一个重要内容便是变易各地轻货供给京师。对私营工商业而言,它对官营工商业和上层社会的依

---

① 《汉书·食货志下》。

附,使其没有形成自己的生产体系,没有形成规模化的手工工场,其商品的来源主要是分散于各地的个体农民与个体手工业者,商品构成是生活消费品与奢侈品。其本质是向上层消费者提供社会产品的中间转运贸易,缺少生产领域之间、生产要素之间以及地区之间的生产性贸易。这样,私营工商业者的资金流向也主要在产业经营以外的领域,比如高利贷、贩运商业等。

与上述情况相应,在中国古代经济结构中,城市经济一直未能占据主导地位,中国古代经济是城乡一体的、以农村经济为主导的经济。更为重要的是,这种经济结构所导致的经济模式,使中国古代社会难以迈进资本主义的门槛。

就中国古代社会的社会结构而言,一直是两大社会集团共生共存,即贵族官僚集团和平民集团。其中,贵族官僚集团是社会的统治集团,其内部可以依据政治地位划分为皇族贵族、官僚、胥吏三个阶层。皇族贵族是以皇帝为首的贵族集团,包括皇亲国戚、得到封爵的贵族等,其标志是政治身份的世袭。官僚是皇帝和中央王朝所任命的各级官员,包括中央王朝官员和地方官员等。凡具有正式品级的王朝与地方机构人员均属官僚,其标志是政治身份的王朝赋予。胥吏是中央王朝和各级地方政府所使用的办事人员,包括主管文书收发、草拟、保管的文秘办事人员和三班衙役,以及里甲首领等职役人员等,都是无品无级的流外官员。他们虽然无品无级,但又是各级政府政令的具体执行者和操作者,因而,与官僚阶层互为表里,密不可分。

除了贵族官僚集团之外,传统社会中大多数人属于平民集团。他们享有基本的政治权利与经济权利,可以按社会分工将其区分为农业人口与工商业人口两大部分。

农业人口可根据土地占有情况划分为地主阶层、自耕农阶层和佃农阶层。地主阶层是农业人口中的富有者,他们拥有较多的土地,要占用他人的劳动为自己进行耕作;自耕农阶层是农业人口中的中产者,他们拥有自己的小块土地，自我耕种，是农业人口中的多数；佃农阶层是农业人口中的贫困者，没有属于自己的土地，他们或租种地主、国家、寺庙的土地，或充当雇工为他人耕作，以维持生计。

工商业人口可根据对生产资料的占有情况分为工商业主、个体工商业者和工商业雇佣劳动者三个阶层。工商业主拥有大量的生产资料，有自己的手工业作坊或邸店、货栈、酒肆，雇佣他人进行生产、经营；个体工商业者拥有少量生产资料，依靠个人的技艺或体力进行小规模的生产与经营；工商业雇佣劳动者即雇工，他们没有任何生产资料，受雇于工商业主，以出卖自己的技艺和劳动为生。

在中国古代，各阶层间的地位与权利有明显的区别，但是各阶层之间又是开放的、可流动转换的。这一点归结于中国古代社会结构的开放性。其核心内容是指政治舞台面向所有官员开放，也面向所有平民开放。自战国以来，各类官员的选拔任用制一直占据主导地位，从察举、征辟到科举考试，官员选用的范围是比较广阔的。在这样一种制度下，出身平民的达官贵人时而可见，朝为布衣、暮至卿相也成为许多平民士子终生的追求。这样，不同社会集团和社会阶层间的政治地位便处在可变之中，这也是中国传统社会的活力所在。

与社会结构的开放性相联系，中国古代社会又呈现出较为明显的平民性特色。

所谓平民性，在多数情况下，是指农民的法律地位与社会身份的公民性。在政治上，他们是自由人，享有一定的政治权利；在经济上，他们多拥有属于自己的小农经济，独立地对王朝政府承担着赋役义务。这一点与欧洲有明显的不同，这种不同来源于各自不同的政治体制与经济体制。自战国以来，中国各王朝均实行面向全体国民的以地缘为依据的层级的行政管理，中央王朝的权力可以直接控制到州、县、乡、里的全体民众。在任何一个王朝，乡村中的所有民众，无论是广占田土的地主，还是自足自给的农民和以租地为生的佃农,都是国家的编户齐民,具有独立的身份,承担国家的赋税和兵役、徭役,其他种种的统治也都以此为基点。

西欧封建社会实行贵族制、分封制、领主制三大制度。就国家统治集团而言,世代相袭的贵族是其法定的也是唯一的成员,政权与国家由国王和这些贵族共同拥有。就社会管理而言,领主制是基本的管理方式。从国王那儿领取了封地的贵族本身便是封臣,但他们又可以把所属人民再分割给自己的亲属与亲兵,使之成为自己的封臣。各种封臣就是大大小小的封建领主。在领主的领地内,采用庄园制的经营方式,具体来说是将领主的土地分为自用地和农奴份地两部分,所有耕地都是条状,两种土地交错分布。农奴们一方面要无偿为领主耕种其自用地,另一方面可以耕种自己的份地,收获物归自己使用。每一个领主拥有经济与政治的双重权力,可以全权处理领地内的经济与司法事务。领地内还设有庄园法庭,审理有关农奴的案件。可见,西欧封建社会的农奴与中国传统社会的农民处于完全不同的地位。

三、中华传统文化的性格

在中华文明的历史进程中,中华传统文化拥有了世界各文明体所不具备的连续性和一体性,历五千年而不衰,中国传统社会的构架与特质又给中华传统文化打上了深深的东方式烙印,使其形成了独特的性格特点,对此,可以从以下七个方面把握。

第一,中华传统文化的经世性。

中华传统文化特别重视经世致用的价值导向。所谓经世,就是以天下为己任,以社会需求为指向的思想文化追求。这一思想文化追求造就了中华传统文化的人文色彩与伦理色彩,使其致力于人间社会的构造和人伦之际的完善,儒家所倡导的"修身、齐家、治国、平天下"是经世性特色的集中体现。

在中国古代社会,"治国、平天下"的最高追求是对理想的大同世界的追求,这是中华传统文化的主流,"大道之行也,天下为公"的理念已植根于中华传统文化的最深处。在这一追求中,又造就了强烈的家国情怀和爱国主义基因,"天下兴亡,匹夫有责""先天下之忧而忧,后天下之乐而乐""人生自古谁无死,留取丹心照汗青",都充分体现着中华优秀传统文化的价值追求。

习近平总书记曾深刻分析了中华传统政治文化与传统伦理文化,他说:

> 中华文化强调"民惟邦本""天人合一""和而不同";强调"天行健,君子以自强不息"、"大道之行也,天下为公";强调"天下兴亡,匹夫有责",主张以德治国、以文化人;强调"君子喻于义""君子坦荡荡""君子义以为质";强调"言必信,行必果""人而无信,不知其可也";强调"德不孤,必有邻""仁者爱人""与人为善""己所不欲,勿施于人""出入相友,守望相助""老吾老以及人之老,幼吾幼以及人之幼""扶贫济困""不患寡而患不均",等等。像这样的思想和理念,不论过去还是现在,都有其鲜明的民族特色,都有其永不褪色的时代价值。①

第二,中华传统文化的致用性。

中华传统文化的致用性特色实际上就是传统文化所强调的"知行合一"与"学以致用"。早在先秦时期的典籍《尚书·说命》中就有了"非知之艰,行之惟艰"的认识,强调在知行关系上行的重要性。孔子所说的

---

① 习近平:《青年要自觉践行社会主义核心价值观》,《习近平谈治国理政》,外文出版社2014年版,第170~171页。

"学而时习之,不亦说乎"①,就是说学习之后能不断实践,不断应用,乐在其中。孔子还曾说:"诵《诗》三百,授之以政,不达;使于四方,不能专对,虽多,亦奚以为?"②孔子是把《诗》当作了政治教科书,要求弟子们能学以致用,落实到为政之中,应用于出使列国的外交往来之中;否则,即使学得再多,也没什么意义。对此,近代思想家康有为看得很清楚,他在《论语注》中说,孔子编订《诗》的目的,是"以为功课书,故通其学者皆为政治家、言语家之才"。

在这一文化理念下,中国古代的各种文化形态都以人的生产、生活和社会需求为中心展开,缺少仰观天文、俯察地理的"究天人之际"的思考与探索。比如,就古代技术发展的道路而言,其最大的特点是实用技术的发达与成熟,不论是率先发明的技术还是后天引进的技术,都能在很短的周期内至于成熟。这种技术的实用性实际上可以作为对中国所有技术门类的抽象。

中国古代标志性的科学技术可简称为四门(领先)科学、三大(技术)门类、四大发明。四门科学为天文、数学、农学、医学;三大技术为纺织、陶瓷、建筑;四大发明为造纸、火药、活字印刷与指南针。这是中国古代对人类文明进步做出的突出贡献,也是中国古代文明繁荣发展的重要推动力。若将它们与西方科学技术的发展相比,不难发现,无论是科学还是技术,它们都有很强的致用性色彩。以四门领先科学而言,中国古代有许多农学著作与众多知名的农学家,其着力点都在于农业生产本身,都立足于生产的实际应用,因而,无论是《氾胜之书》还是王祯《农书》,都是农业技术方法的汇集。同样,在天文、数学与医学领域也是如此。天文学主要是面向历法编制,数学则主要是现实生活所需的计算数学。到了《本草纲目》《农政全书》与《天工开物》,可以说更是集以往技术之大成,代

---

① 《论语·学而》。
② 《论语·子路》。

表了当时医学、农学与手工业技术的最高水平,也均为应用之学。

但是,从明末清初开始,中国古代的科学技术渐渐落伍了,其中一个重要的原因就是放弃了"知行合一"与学以致用。如习近平总书记所指出的:康熙就曾广泛涉猎西学,只是天文学著作就让人讲解了100多本,但大多数是"坐而论道、禁中清谈"。"1708年,清政府组织传教士们绘制中国地图,后用十年时间绘制了科学水平空前的《皇舆全览图》,走在了世界前列。但是,这样一个重要成果长期被作为密件收藏内府,社会上根本看不见,没有对经济社会发展起到什么作用。反倒是参加测绘的西方传教士把资料带到了西方整理发表,使西方在相当长一个时期内对我国地理的了解要超过中国人"①。这从另一个方面验证了"学以致用"与"知行合一"的价值与意义。

第三,中华传统文化的世俗性。

中华传统文化的世俗性主要是指宗教神学没有像西方中世纪那样成为社会文化的主导力量或主流成分。中国自文明产生以来,从未出现过政教合一或者政权依附神权的现象。中国历代王朝都是一手紧握政权,一手紧握神权,而君主所看重的神权实际上是与天地神灵沟通的垄断权,其意义在于证明并确保其政权的合法性,无论是郊祀、庙祭还是对其他神灵的祭拜,都由官方统一管理或认可。其中,祭天之权由君主独擅,不许他人染指,其他神灵则可按政权层级,由各级政权分别祭祀,民众对各类神灵的祭祀也要在官方许可的范围内进行。

在政权以及君主掌握的神权之下,才是各种思想学说、宗教信仰的存在空间,在这方空间中,儒家学说又始终占据着主导地位,是主流思想。儒家学说的最大特点就是人文性与伦理性,它只关注现实社会,对于神灵世界的态度是敬而远之,对于彼岸世界则是完全回避。梁启超即认为,

---

① 习近平:《习近平关于科技创新论述摘编》,中央文献出版社2016年版,第61~62页。

"儒家舍人生哲学外无学问,舍人格主义外无人生哲学"①,可谓抓住了儒家学说的根本所在。儒家学说的这一本质特性,对于中华传统文化世俗性性格的形成,产生了重大影响。

以文化艺术为例,西方社会在整个中世纪时代,都是以宗教性的文化艺术为主导,与"哲学是神学的婢女"相同,文化艺术也是宗教神学的附庸与工具。中世纪的文学以《圣经》文学为主导,很少有对于世俗生活的描写,而中国古典文学中,虽也有佛教文学与经变故事,但一直未占主导地位,从《诗经》《楚辞》到乐府,从唐诗、宋词到元曲,以及明清传奇小说、话本小说、四大文学名著,大都是面向世俗生活的人文性色彩极强的文化作品。欧洲中世纪的音乐与绘画、雕塑以宗教美术为主导,文艺复兴时代的艺术成就,也是以宗教美术为基点而迸发的。中国古典艺术中,虽也有宗教音乐、宗教雕塑与壁画,但所占比例有限,而且多局限在宗教场所或宗教场合中,主流的音乐、绘画与雕塑艺术都是立足于世俗生活,满足世俗社会的艺术与审美需求的。这就充分体现了中华传统文化的世俗性。

第四,中华传统文化的中庸性。

"中庸"这一概念是孔子的发明,是指不偏不倚、无过无不及的状态。中庸又被称作"中和""中正",它所追求的是平衡与和谐,通过对"过"与"不及"的调和,达到"允执厥中"的效果。这是中国传统思维方式的核心所在。

在古代政治家看来,社会安定的前提是均平。所以,孔子提出:"不患寡而患不均。"②许多王朝也都把抑制兼并和均平土地作为政治理念。平衡与和谐的观念几乎是贯穿在各方面的。比如在各王朝的都城营建中便体现着这种文化理念。以明清北京城为例,皇城位于全城中心,东有日坛,西有月坛,南有天坛,北有地坛。全城有一中轴线,自南永定门,

---

① 梁启超:《先秦政治思想史》,上海古籍出版社2013年版,第75页。
② 《论语·季氏》。

经皇城正门天安门,穿越皇城,纵贯南北,营造出整个城市的平衡与对称格局。皇城内部也是如此,在南北中轴线上,自南向北纵列着天安门、端门、午门、太和门、太和殿、中和殿、乾清门、乾清宫。其中,太和殿是整个皇城的中心,其余建筑都以拱卫、依附的规仪进行布局。

在社会生活与文化艺术的各个方面,也无不体现着中庸的理念,孔子所倡导的孝悌、宽惠与温、良、恭、俭、让,以及所主张的"过犹不及"等这些为人处事原则便是如此。书法艺术中最为强调的"章法",绘画艺术中最为看重的谋篇与布局,也都是在追求以中庸为指归的和谐之美。

第五,中华传统文化的总体性。

所谓总体性是指中华传统文化对客观世界的描述与反应往往立足于整体,而这种整体的立足既不是先具体后归纳的整体,也不是先集合再分析的整体,而是立足于系统性与抽象性的总体观。

比如,在中国传统哲学中,道是世界的最终本原,阴阳则是世界万物的基本存续状态。古人一谈雷电,就认为是"阴阳相薄为雷,激扬为电"[1],地震则是"阳伏而不能出,阴迫而不能蒸"[2],磁石吸铁是"阴阳相感"[3],火药爆炸是"阴阳两神物相遇于无隙可容之中"[4]。这一思维模式的最早推动者应当是孔子的弟子曾参。曾子即认为,阴阳二气直接决定着天气的变化,阴阳"偏则风,而和则雨","阳气胜则散为雨露,阴气盛则凝为霜雪"[5]。总之,阴阳平衡就会风调雨顺,阴阳不调就会旱涝成灾。

传统文化总体性的最好体现是中医的经络学说,这是一种立足于系统性的人体总体观。传统中医认为,人体中有十二经、八脉以及经别,

---

[1] 《淮南子·坠形训》。
[2] 《史记·周本纪》。
[3] (汉)魏伯阳著,(明)蒋一彪辑:《古文参同契集解》卷上引陈显微语,中华书局1985年版,第7页。
[4] (明)宋应星著,管巧灵、谭属春点校注释:《天工开物·佳兵第十五》,岳麓书社2002年版,第347页。
[5] 《大戴礼记·曾子天圆》篇。

十二经负责气血运行,八脉负责沟通调和十二经,经络则是十二经的支脉。这些都属于经的范畴。络则是经的支系分支,纵横交错分布全身。经络一方面是人体内外及各器官的连接者,另一方面又是人体生存所需血气的贮运者。它通过对内脏与肢节的贯通,运行气血,协和阴阳,保障身体状态的稳定与协调。因而,中医诊治的特色就是辩证施治,系统施治,通过以全身经络阴阳的调适,去除疾患。

传统文化总体性的另一代表体现是中国画的写意特色,它立足于抽象的绘画风格,与西方绘画的写实风格有明显不同。西方传统绘画的主流是在三维空间中真实地表现事物的原貌。如法国画家安格尔所言:"一个画家的职责就是要像奴隶一样老老实实地把你眼睛看到的画出来。"[1]而在中国古代画家那里,却是"以万物为师","造物在我"[2]。描绘自然景观时,可以全然没有焦点透视的意识,可以随心所欲地安排远近高低,于是,有了散点透视、鸟瞰透视,甚至还有游动透视。描绘竹梅兰松时,也没有写生习惯,而是将各千千万万梅竹兰松融汇于心,胸有成竹,挥洒而就。描绘飞禽时,则是"两点是眼,不知是长是圆;一画是鸟,不知是鹰是燕"[3]。

第六,中华传统文化的开放性。

所谓开放性,是与西方中世纪文化的排他性相比较而言,西方中世纪的各文化主体都有较强的自闭性,对于其他文化多视为异端邪说,大加排斥,中华传统文化不仅对外来文化兼收并蓄,各文化体系与流派间也是互相依存,相互交流。尽管有门户之见与门派之争,尽管在有些时代也奉行较为严厉的文化专制,但文化性格上的开放一直未能改变。

中华传统文化的开放性首先体现在对外来文化的吸纳。自远古时代

---

[1] 转引自谢天:《后现场顿悟》,暨南大学出版社2014年版,第56页。
[2] (清)邹一桂撰:《小山画谱》卷上,中华书局1985年版,第1页。
[3] 鲁迅:《且介亭杂文·末编》,人民文学出版社1973年版,第13页。

以来,外部世界的艺术、宗教以及其他文化内容一直源源而来,陆上丝绸之路与海上丝绸之路是三条重要纽带。以音乐为例,中国早期乐器以打击乐为主,管弦乐为辅;两汉以后,西部地区的管弦乐器与吹奏乐器不断传入,前者有箜篌、竖箜篌、琵琶,后者有胡角、笛等等。其中,一些乐器甚至转而成为中国古典音乐中的代表性乐器,如来自印度与波斯的琵琶,来自西域的笛,均属此类。与乐器传入的同时,各种乐曲也大量涌入。魏晋南北朝隋唐时代,便流行着一大批以异域国名命名的音乐,如安国乐、康国乐、高丽乐、百济乐、扶南乐等等,这些都极大地丰富了中国传统音乐文化。

再以宗教为例,佛教在传入中土时,得到了自帝王到民众的容纳,尽管在此后的传播中经历了三次灭佛运动,但为时不长,并未对其发展产生重大转折性影响。就整体而言,佛教在中土的发展环境相当宽松。基督教在中国古代的传入也是如此。以基督教在明朝的发展为例,明朝以宋明理学为治国之要,礼教科禁颇为严苛,但对于外来文化的进入却未加驱斥,这一点与欧洲对异教徒的态度大相径庭。明朝万历年间意大利传教士利玛窦来明后,基督教逐渐传播,尽管其间发生了南京教案,传教士们被逮捕、驱逐,朝廷下令禁教,基督教的传播遭到重大挫折,但其整体传播状况还是较为顺利,即使在其被抑制时期,朝中官员中的信奉者,如礼部尚书徐光启、光禄寺少卿李之藻、监察御史杨廷筠等人仍多方支持。至明末,除耶稣会外,方济各会、多明我会也进入明朝传教,基督教徒达38000余人。清顺治七年(1650年),基督教徒增至15万人。在基督教传入的同时,西方的天文历法、数学、地理学、水利与机械工程学、医药学、建筑、音乐与美术等也相继传入。这些外来文化与中国本土文化在碰撞中逐渐融会,就连事关王朝天运的天文历法也引用了西方学说,明朝设西洋历局,清朝则以西洋历法为依据颁布实行了《时宪历》①。

中华传统文化的开放性还体现为各派思想与文化的兼容性。这一文化传统起自春秋战国时代的百家争鸣,其时各家各派虽各持其说,激烈论争,但彼此之间又相互借鉴、相互吸收。西汉以后,儒家学说虽然立于一尊,成为正统思想,但在两千年的发展中,一直与各家学说兼收并蓄。汉初之儒学便吸收了黄老之学,董仲舒则是吸纳阴阳五行,杂采诸家,丰富发展了儒家学说。佛教传入与道教兴起后,儒家虽然不断对其加以贬斥与排挤,但仍在吸取着佛与道的内容,韩愈所建立的自尧、舜到孔、孟以至后代世世相传的"道统",便是仿照佛教传法世系而来。宋明儒家的代表人物程颢、朱熹等人也都是"泛滥于诸家,出入于老、释"②,其理学体系便是把儒家的礼法纲常、道家与道教的宇宙生成和万物演化、佛家的思辨哲学相融会的产物。

中华传统文化的开放性又体现为中土文化的融合性。不论何方文化、何宗何派,进入中土之后,必须与中土文化体系与价值取向相融合,实现其本土化的改造;否则,便难以有长足的发展。以佛教为例,佛教要求其信徒六根清净,摒弃俗缘,不能婚娶生子,也不能奉养父母,这与中土固有的宗法血缘文化相去甚远,被儒家斥责为"下弃妻孥,上绝宗祀""不忠不孝"③。传入中土的佛教很快便加以调整,在汉译佛经中吸收儒家纲常伦理思想,增加孝悌内容,还出现了《佛说父母恩重经》。与之同时,佛教又不断吸收儒家、道教及其他各派思想,最终在唐代形成了禅宗,完成了其中土化的进程,完全汇入了中华传统文化之中。

第七,中华传统文化的主客为一性。

主客关系是中国传统哲学范畴中的物我关系,这一关系在东、西方文

---

① 参见齐涛:《中国传统政治检讨》,南海出版公司2012年版,第155页。
② (宋)程颢、程颐著,王孝鱼点校:《二程集·明道先生行状》,中华书局1981年版,第638页。
③ 《南史·顾欢传》。

化中有着明显的不同。西方古代中世纪占主导地位的观点是"主客二分",人与自然间以及主体与客体间,有一条不能逾越的界限;而中国古典哲学中占主导地位的观点则是主客为一,也就是庄子所说的"天地与我并生,而万物与我为一"①。这种文化性格对中华传统文化产生了深刻影响。

中国土生土长的道教是这一文化性格的直接体现者。道教将世间分为天、人两界,在天有三界三十六天,人间有十大洞天、三十六小洞天、七十二福地。天、人两界并无阻隔,神仙们可自由往返;同样,人神之间也可相通,得道成仙便是道教徒们的最终目标。佛教哲学本身所秉持的是主客二分,人世间与西方佛国不能直接沟通,只能经由灭寂,方可抵达彼岸。但随着禅宗的形成,主客关系也悄然发生了变化。禅宗的实际创立者慧能提出"识心见性,自成佛道",而且,还提出了"梵我合一"的周密的理论体系。这实际又打破了主客界限,在认定顿悟成佛的同时,开启了梵界与凡间的通道。

中国传统哲学中的主客关系在文学艺术中同样得到充分体现。西方世界对于艺术强调的是理性地观赏。英国美学家克莱夫·贝尔即言:"欣赏艺术品,我们不需带有什么别的,只需带有形式感、色彩感和三度空间感的知识。"②中国古代所强调的却是高山流水式的知音,要带着情怀、带着认知、带着一切可能的想象去和作为客体的艺术交流,此时,主客体之间不仅要合而为一,还要交互感应,彼此神会。

中国传统文学艺术推崇的是意境之美、简约之美、空灵之美,追求的是"不着一字,尽得风流"的意蕴和"只可意会,不可言传"的境界。比如,元人马致远的《天净沙·秋思》:"枯藤老树昏鸦,小桥流水人家,古道西风瘦马。夕阳西下,断肠人在天涯。"只读字面,是一幅普通的江南

---

① 《庄子·齐物论》。
② [英]克莱夫·贝尔著,周金环等译:《艺术》,中国文联出版公司1984年版,第17页。

秋景，若用心意会，则可读出秋思、乡思以及由此而来的凄凉与无奈，当然，不同的人可以读出不同的感受。又如，明代画家唐寅的《风木图》，两段枯木，一位落魄士子，还有三笔两笔勾出的一方山石，其余便是大段空白。画题是风木，画面也是秋风古木，但仔细品味，却能读出世风之薄、秋风之寒以及落魄人在天涯的辛酸。由此看来，在中国传统文学艺术中，作者只是完成了一部分的作为客体的艺术创造，还需要作为主体的读者去神会、去感知，才完成了整个的艺术创造。在绘画、音乐、戏曲、书法等其他艺术形式中也大都如此。

以上我们简要地叙述了世界文明背景下中华文明的轨迹，又提纲挈领地勾勒了中国传统社会的基本面貌以及中华传统文化的性格，在此基础上，我们就可以登堂入室，去踏寻中华传统文化的胜芳美景了。

【思考与讨论】

1. 谈谈你对习近平总书记"每个国家和民族的历史传统、文化积淀、基本国情不同，其发展道路必然有着自己的特色"这一论断的认识。

2. 根据本章内容，列出世界文明与中华文明的对应简表。

【参考文献导读】

1. 习近平：《习近平谈治国理政》，外文出版社2014年版。该书收入了习近平总书记在2012年11月15日至2014年6月13日这段时间内的讲话、谈话、演讲、答问、批示、贺信等79篇，分为18个专题，全面系统回答了新的时代条件下中国发展的重大理论和现实问题。书中展示了习近平治国理政思想积极从优秀传统文化中、从中国古代治国理政的智慧中寻求有益启发，在新的历史条件下，继承和升华了优秀传统文化中治国理政的智慧与精髓，对当今大学生学习与掌握中华优秀传统文化具有重要的指导意义。

2. [美]威尔·杜兰特(Will Durant):《世界文明史》(共11卷),华夏出版社2010年版。这是一部揭示人类文化发展历程的旷世巨著。全书约1500万字,有近千幅精美插图。上起"文明的建立",下迄"历史的教训"。它几乎涵盖每一时代、每一国家,涉及政治、经济、军事、宗教、文化、哲学、历史、教育、艺术、音乐、科技等领域。作者倾尽全力,花了40余年的时间完成,被誉为"20世纪的《史记》,人类文明的《离骚》"。

3. [美]斯塔夫里阿诺斯著,吴象婴等译:《全球通史》(上、下册),北京大学出版社2005年版。该书被誉为"影响世界历史的10本书"之一,是第一部由历史学家运用全球观点囊括全球文明而编写的世界历史。作者采用全新的史学观点和方法,将整个世界看作一个不可分割的有机的统一体,从全球的角度来考察世界各地区人类文明的产生和发展,把研究的重点放在对人类历史事件和它们之间的相互关联和相互影响上,努力反映局部与整体的对抗以及它们之间的相互作用。全书材料新、范围广,除了政治、经济外,还涉及军事、文化、教育、宗教、科学技术等各个方面,并吸收了20年来世界历史学研究诸领域的新成就,读来颇觉新颖,有强烈的现实感。所以,本书在20世纪中期一问世便立即被译成多种文字,颇受好评。美国许多大学已把《全球通史》作为大学基础课程的教材,甚至连美国的许多军校也把此书作为教材。

4. 齐涛:《中国传统政治检讨》,南海出版公司2012年版。该书以宏观的角度,以中国传统历史为脉络,通过对大量历史史料与史实的梳理与分析,解读、研究了中国传统社会的十个深层问题,包括历代王朝之开国、崛起、覆亡,历代政治制度之得失、传统经济政策之得失、文化政策之得失,历代吏治问题、农民问题、内乱问题、外交问题等。此外,作者还以自己的独特视角对中西政治作了一番比较,以此来突出中国传统政治的中国特色。该书既有大量的史实,亦有深刻的洞见,探索了中国传统政治的规律,反思和总结了历史经验教训。被学者誉为"是对中国政治历史之兴衰更替的一次集中总结和检讨,是一部不可多得的历史著作"。

第一章 原始文明与中华传统文化的由来

中华传统文化是源远流长的中华文明发展的结晶,是独立兴起于中国这块土地上的一种文化形态。自人类产生以来,中国许多地方就有了远古人类的活动。至旧石器时代晚期(距今50000～10000年),随着"新人"的形成,远古人类开始摆脱蒙昧,开始了文化的萌动,原始崇拜与信仰、原始艺术与审美渐次萌生,原始宗教体系、远古语言文字以及创世神话也逐步出现,在文明到来的前夜,形成了丰富多彩、独具特色的原始文明。这是中华传统文化的渊薮所在。

一、原始崇拜的发生与发展

原始崇拜与信仰是伴随着远古人类最初的文化自觉而产生的,是他们在对自然力和自然物畏惧之余,试图解释并与之沟通,进而寻求其庇佑的一种思维成果。因而,原始崇拜与信仰首先是对自然的崇拜;继而又演进出灵魂崇拜与祖先崇拜。在各古老文明中,原始崇拜与信仰的内容及其方式已有了不同的特色,影响后世文化发展的基因差异已经植入。

(一)原始自然崇拜的发生与发展

自然崇拜是原始崇拜的一项重要内容,在世界各民族历史上大都出现过。它是在生产力极其低下的条件下,将支配人类生活的自然力和自然物人格化,变成超自然的神灵,作为崇拜对象,实际上是"对自然界的一种纯动物式的意识"①。面对强大的不可抗拒的自然力量,先民们既无能为力,又无法解释,因而对自然充满了敬畏之情,想象这些事物是有人格、有意志、能动的,认为变幻莫测的自然现象背后皆有神灵支配,万物皆有灵性。于是,先民们想象出各种被人格化的自然神灵,对他们膜拜,祈求他们为自己禳灾赐福。这种种的膜拜行为,就是原始人类对自然物和自然力的崇拜观念的流露。

1. 原始自然崇拜的萌生

最早的自然崇拜可以分为两类:一类是人们期望和感激的,如挂满果实的植物,易于捕获的动物。这些能够为他们提供宝贵的衣食。另一类是人们所敬畏和规避的,如猛兽毒虫、洪水雷电等。这些自然力量时常威胁着他们的生活或生存。因此,他们可以对着一支谷穗、一株果树膜拜,祈求它们繁殖众多,收获众多;他们还可以向咆哮的江河、肆虐的暴风雨膜拜,祈求那种神秘的力量不要毁坏他们的生存与生活。最初的自然崇拜是典型的泛神崇拜,无论是山河湖海、日月星辰、雷电雨风,还是草木禽兽,都可能会成为人们的崇拜物。此时的自然崇拜是远古先民精神生活的重要组成部分。

著名宗教学者、自然神话学派的代表人物麦克斯·缪勒(Max Muller)提出,人类所塑造出的最早的神是太阳神,最早的崇拜形式是太阳崇拜。②与世界其他古老民族一样,中国先民们最早的自然崇拜对象也是太阳,因为太阳给他们带来光明和温暖,带来春夏秋冬的更迭,人们对其畏惧、感戴兼而有之,崇拜之形成便在自然之中。根据考古资料,在旧石器时代,我国先民已有了朦胧的太阳崇拜意识。如辽宁海城小孤山旧石器遗址中出土有距今2万多年前的"拜日骨盘";青海都兰县巴哈毛力

---

① 《马克思恩格斯全集》第3卷,人民出版社1965年版,第35页。
② [英]麦克斯·缪勒著,金泽译,陈观胜校:《宗教的起源与发展》第六章,上海人民出版社2010年版,第170页。

沟岩画,被断定为1万年前的遗迹,岩画中即有3个光芒四射的太阳。①

动物崇拜也是早期自然崇拜的重要内容之一,它以动物为崇拜对象,是人类狩猎时期社会意识的反映。比如,上述青海毛力沟岩画中即有大象、山羊、鹿、獐等动物的造型;内蒙古阴山岩画中有大角鹿、鸵鸟等图形,这些动物只是1万多年前才活动于这一地区,因而被断定为1万多年前的作品;阴山乌拉特后旗岩画鸵鸟图中,至少画了8只引颈伫立的鸵鸟,另外还有人面、马鹿和其他动物。这些都是早期动物崇拜的表现。(见图1-1)②

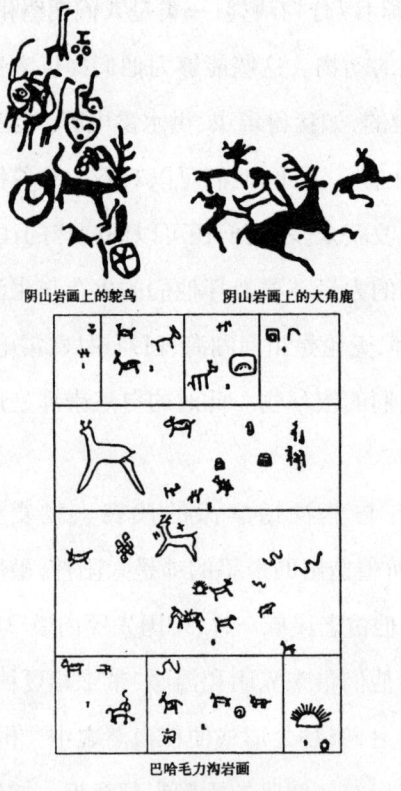

阴山岩画上的鸵鸟　　阴山岩画上的大角鹿

巴哈毛力沟岩画

图1-1　旧石器时代自然崇拜岩画

---

① 参见张镇洪等:《辽宁海城小孤山遗址发掘简报》,《人类学学报》1985年第1期;许新国、格桑本:《青海省哈龙沟、巴哈毛力沟的岩画》,《文物》1984年第2期。
② 参见刘锡诚:《中国原始艺术》,上海文艺出版社1998年版,第264、266页。

2. 原始自然崇拜的演进

随着农业文明的不断成熟与扩张,至五六千年前,初步形成了以农业为主导,兼及畜牧业、手工业的经济结构,奠定了此后整个中国古代社会的经济基础,也奠定了中华传统文化生成与存续的基点。在此基础上出现的社会生活的精致化,为早期文化的生成与发展提供了充分的条件与空间。远古先民的自然崇拜发生了一系列的发展和演变,东方式信仰与崇拜的特色逐渐呈现。

首先,这一时期自然崇拜的对象发生了变化。以动物崇拜为例,这一时期动物崇拜的对象开始向力量型与能力型转变。旧石器时代的人们动物崇拜的对象多是他们的食用对象,如野牛、马、山羊、披毛犀、长毛象等食草动物,都是人类能够制伏的动物,是他们的重要食物来源。正因为人类的生存要依赖于这些动物,人们才产生了对它们的崇拜心理。进入早期农业文明时代后,这种食物型的动物崇拜开始发生变化,逐步演化为力量与能力型的动物崇拜,如山中猛兽虎、熊、豹以及空中的飞禽、水中的游鱼、急速爬行的蛇、千年长寿的龟等等。他们崇拜的是这些动物超人的能力与力量:一方面希望自己也能从中汲取到这种能力与力量,另一方面则是祈求得到这些动物的庇护。与早期那种对食用动物的崇拜相比,这是一个飞跃。所以,在这一时期的新石器文化遗址中出土了许多虎豹、龙蛇、鹰鸮类形状的飞禽猛兽图案和器物。例如,在仰韶文化中,半坡类型的彩陶纹饰中有较多的动物纹,有鱼、鸟、蛙、龟、鹿、鹰、鸟、蛇等,其中鱼纹占最重要的地位;在庙底沟类型中动物纹样以鸟纹为主,陕西华县太平庄出土的鹰形陶鼎,整体造型是一只肥硕的雄鹰,钩嘴利喙,双目圆睁,粗腿利爪,威风凛凛,形象生动[①]。(见图1-2)辽西红山文化中的玉鸟、玉鸮、玉龟、玉鱼、玉龙(见图1-16)、玉虎,数量颇多;在辽东半岛的后洼遗址中发现的雕塑制品中,多数是动物形的,尤以鸟形的为多。山东的大汶口文化遗址中也出土有玉鹰等。

---

① 参见巩启明:《仰韶文化》,文物出版社2002年版,第205页。

图1-2　鹰形陶鼎（陕西华县太平庄出土）

这种崇拜对象的变化表明，随着人类的进步与历史的发展，人与自然的距离逐渐加大，人对自然的认识也日益扩展，但人类自身的能力却进步迟缓。人与自然距离的拉大、人对自然认识的扩展与人自身能力的不足所形成的巨大反差，使那一时代的人们产生了深深的恐惧感。他们越发感到自己的弱小，越发感到大自然的伟力与神秘，也越发感到力不从心。因此，他们羡慕那些水中的翔游者，羡慕那些空中高飞者，更羡慕那些来去倏忽、八面威风的毒蛇猛兽，对这些动物的崇拜自然确立。

其次，这一时期已开始了由泛神崇拜向多神崇拜的演进。

自然崇拜伴随着早期人类最初的自觉而产生，无论是山河湖海、日月星辰、雷电雨风，还是草木禽兽，都可能会成为人们的崇拜物，这是典型的泛神崇拜。随着农业文明的出现，自然崇拜也发生了一系列新的变化。不同地区的人们都形成相对集中的崇拜对象，如北方地区的蛇崇拜、东部地区的鸟崇拜、西南地区的虎崇拜、西部地区的鱼蛙崇拜等。

再次，这一时期自然崇拜的发展还表现为土地崇拜的形成。

先民对土地崇拜的形成及日益重视与农业文明的发展密切相关。自距今七八千年始直至四千多年前的龙山时期,我国进入了大暖期中的新的波动期。在此期间,自然条件与生态环境为农业经济发展提供了良好的条件,远古农业经济迅速发展。在北方形成了以粟作农业为主的耕作方式,在南方则形成了以稻作农业为主的耕作方式。

　　随着农业生产的出现和发展,农耕与土地在远古先民生活中占据着越来越重要的位置,人们对土地本身的依赖越来越强烈,认为五谷粮蔬都是土地的恩赐,由此产生了土地崇拜。他们力图通过各种祭祀仪式在播种和丰收之间架起一道桥梁,祈年祭的内容开始凸显。所谓祈年祭,实际上就是土地崇拜,它是自然崇拜的高级形态。如张光直先生所言:"在那有史可考的最早的华北农村——仰韶期的农村——里,祈年祭是我们从考古学上可以看到的惟一的重要祭祀。"①

　　先民们对土地的崇拜仪式一般与农事活动相关联,通常表现为播种前祈求丰收的仪式和获得丰收后的谢恩仪式上,即祈年与报功,这两点演变为后来的春社与秋社。由于土地的广博无际,人们往往选定某一地点对土地进行祭祀,这一地点就是社。古人往往以石为社,或以树木(多为松、柏、栗、桑)为社,也有以大土丘(如甲骨文中"社"字均作"∩")为社。在距今5400多年的辽宁喀左县东山嘴红山遗址中,有一石砌祭坛,南北长60米,东西宽40米,坐北朝南,中间为一个10米见方的方形基址,内树成组立石,南部为一直径2.5米的卵石铺砌的圆台子。经学者考证,这一圆台子就是一个社祭遗址。②

　　实际上,最初的社只是远古先民祭土的场所,并不具备什么神性。在"社"进行的祭祀活动主要有两种方式:其一是瘗埋法,即将祭品如马、牛、羊、豕、鸡等牲禽埋于地下。其二是浸滴法,即将酒、血等液体祭品洒于地表,使其浸透至地下。从已有的史前考古资料看,社祭的确存在。正

---

① 张光直:《中国考古学论文集》,三联书店1999年版,第118页。
② 参见田昌五:《中华文化起源志》,上海人民出版社1999年版,第112页。

如张光直先生所言:"考古学上的资料,固然是相当的稀少,其代表的意义却相当的截然。换句话说,仰韶期农民之祭社,大抵是不成什么问题的。"[①]半坡遗址曾出土有埋在地下的粟米罐,就是瘗埋法祭社的体现。这一方法在磁山遗址中也曾出现,磁山遗址的许多灰坑内发现有大量的粮食堆积、猪狗骨架和成组陶器,其中相当一部分可能是为祭土而埋在地下的。如卜工先生所说:"磁山遗址应包括几种不同的祭祀方式,无论哪种方式,都应当是祭地祈年,表达了人们祈求丰收的心情。"[②]这一时期已出现了人殉与人祭,酒的饮用也渐普遍,因此可以认为浸滴法应当也已存在。

无论是祈年祭还是社祭,它们既是泛神崇拜向多神崇拜演进的结果,又是农业生产日益发展的产物。在此后的历史进程中,它们都成为中国传统祭祀与崇拜体系中的主流。

需要说明的是,至文明前夜,稷也被尊奉为农业之神。东汉蔡邕《独断》所言:"以稷五谷之长也,因以稷名其神也。"《孝经纬》也认为:"稷,五谷之长也,谷众不可遍祭,故立稷神以祭之。"这样,社与稷就成了地位仅次于天神而最受人们崇敬的神,周人更将稷尊为祖先神加以膜拜。

最后,中国式"斯芬克斯"的出现。这是这一时期自然崇拜发展的突出特征。

"斯芬克斯"最初源于古埃及,被描述为长有翅膀的雄性怪物,实际上是早期人类的一种异兽崇拜。当时的传说中有三种"斯芬克斯"——人面狮身、羊头狮身、鹰头狮身。古代亚述和腓尼基等国也有此类传说,往往把"斯芬克斯"描述为一只长有翅膀、人面、戴有皇冠、有络腮胡子的公牛。到了希腊神话里,"斯芬克斯"又变成了带翼狮身女怪。

中国历史上虽然没有出现埃及和西亚北非式的"斯芬克斯",但在许多文化遗存中都有人兽、人禽合体的形象,与之异曲同工。如在后洼遗址

[①] 张光直:《中国考古学论文集》,三联书店1999年版,第126页。
[②] 卜工:《磁山祭祀遗址及相关问题》,《文物》1987年第11期。

中出土的一件6000年前的人鸟同体石雕像,正面为人头雕像,缠头或斜发,额顶和颧骨突出,眼睛为柳叶形,张口露齿;背面则为一只回头鸟形象,鸟头凸起回首附于身体之上,钻孔为眼,尾部上翘,并刻网格纹以象征尾羽,两侧有鸟足。①

距今四五千年前的赵宝沟文化中出现的鹿龙、鸟龙与野猪首牛角龙可以视为异兽崇拜的典型代表。据属于赵宝沟文化的小山遗址发掘报告所提供的附图,图1-3-1是鹿龙图,鹿为奔鹿,身躯中段加画勾连涡纹,以示漫卷在云空中,后体用鱼身、鱼尾表示,说明可以潜于水中。图1-3-2是鸟龙与鹿龙图,鸟龙与鹿龙相配,昂首,长喙弯勾,翅膀作半圆弧面形,略似蚌壳;鸟头有明显的羽冠。图1-3-3上面画了三个动物形和一蚌形图案。右侧领先的是鸟龙,长喙弯勾,嘴里衔一卷尾状物,鸟头有冠饰,兽身蛇尾,有两羽;后面相随的是野猪首牛角龙,突出獠牙,蛇体作旋转状;在鸟龙与野猪首牛角龙之间,有一蚌盖状图案,犹如蚌壳张开,里面露出蚌肉;最后相随的是鹿凤,鹿头、鹿角、鹿身、凤尾、双尾。(见图1-3)②三幅图都是多种动物功能的聚合,也是泛神崇拜向多神崇拜的另一体现。

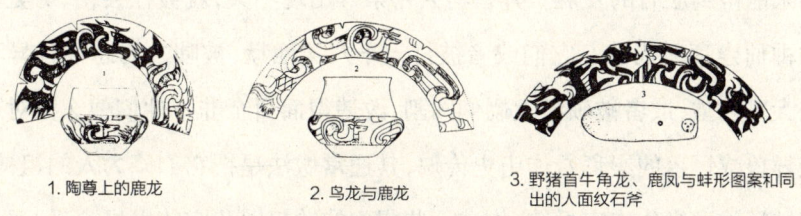

1. 陶尊上的鹿龙　　2. 鸟龙与鹿龙　　3. 野猪首牛角龙、鹿凤与蚌形图案和同出的人面纹石斧

图1-3　赵宝沟文化中的异兽崇拜

这种异兽与人兽崇拜在《山海经》中也多有记载。比如,《南山经》记载:招摇之山,有一种状如猕猴,但长有白耳,像人直立行走的怪兽"狌

---

① 参见许玉林等:《辽宁东沟县后洼遗址发掘概要》,《文物》1989年第12期。
② 参见邢国田:《敖汉旗南台地赵宝沟文化遗址调查》,《内蒙古文物考古》1991年第1期;《内蒙古敖汉旗小山遗址》,《考古》1987年第6期。

狌"。长右之山,有猴状、四耳、叫声如人呻吟的"长右"。《北山经》有集人、马、鸟、蛇于一身的奇兽"孰湖",有四翼、六目、三足,其状如蛇的怪物,又有赤首白身的大蛇。《中山经》有"人面豺身,鸟翼蛇行"的怪物"化蛇",有能飞能游、声如钟磬的"鸣蛇"。此外,还有出入有光的黄蛇,有合二为一的鱼蛇,有一首两身蛇、人身龙首蛇、人面蛇身蛇等等。(见图1-4)

1. 孰湖　　2. 鸣蛇　　3. 鸟身人面蛇　　4. 轩辕国人

图1-4　古本《山海经图》中的异兽、人兽崇拜

这种异兽与人兽的崇拜,标志着中国式"斯芬克斯"的出现。这一时代,正是一个民族充满神话与幻想的时代。人们既没有理性的约束,也没有思想的禁锢,他们自由地面向自然、面向自身、面向过去,编织着民族的神话,激发起整体的创造欲望与创造意识。可惜的是,这一进程在古代中国未能得到应有的发展。异兽与人兽崇拜出现不久,就被社会化、历史化的神仙崇拜所代替。它们或者被打入十八层地狱,被嗤之为志怪神异不登大雅之堂;或者被硕学大儒们阉割,改造得面目全非。他们要么把对这些异兽或怪兽的崇拜看作历史传说,其通常做法是把它们降为人的祖神,把神话故事当作史实看待,构成一些虚幻的始祖以及它的发展谱系;要么对它们进行歪曲的解释,使其成为某种现实事件,从而成为构筑远古历史的基石。比如黄帝这个四面怪兽,被改造成为一个伟岸的人主,其四面也被演绎成了黄帝派出的治理四方的四个大臣。再如夔,在《山海经·大荒东经》中被描绘成"状如牛,苍身而无角,一足,出入水则必风雨,其光如日月,其声如雷"的奇兽,但到后来却被改造成为尧(一说为舜)的乐正,其"一足"之足,被解释为"足够"之意,即"有一个足够"。

在这种社会化、历史化的浪潮中,我们先民的崇拜与思维过早地被局限在某一框架内,个性未能充分地张扬,想象力受到了压抑,创造意识没能得到充分的发挥。这种现象值得我们深思。我们认为,导致这种现象的根本原因是社会经济结构的制约。在以锄耕、种植经济为主要方式的农业社会中,生产季节的简单循环,生产过程的平凡、呆板,使生产者的生活既辛苦、分散,又缺乏变化。这样,中国先民的性格理念便呈现出农业民族的特征:务实、厚重、本分,但拘泥、封闭、保守;表现在思维方式上则是"重实际而黜玄想",多理性而乏激情,尚正统而卑浪漫。那么,在这种背景下产生的作品也就可想而知,那些异兽、半人半兽的神性形象被抹杀,被历史化、社会化也就在情理之中了。一切不符合正统的、理性化原则的东西都会被改造、删削,都会随着历史的前进而消逝。

当然,异兽与人兽崇拜也不是完全消失了,龙、凤、麟等是这种崇拜的杰出硕果。不过,这些凤毛麟角的仅存也被载上历史的与社会的重负,无法自由地、无拘无束地昂扬与奋飞,实质上也变为社会化与历史化的崇拜物。

(二)原始灵魂崇拜的发生与发展

灵魂观念是远古时期人们由于不了解自己身体构造及各器官的功能,并受梦中景象的影响而产生的一种观念。这种观念以为,思维和感觉不是人们身体的活动,而是一种独特的寓于身体之中而在人死亡时就离开身体的精神体在活动。人们因为留恋生命,留恋亲情,便会十分尊敬死者及其死后的鬼魂,并且希望自己或亲人死后,生命仍以另外一种方式存续下去,即能够在另外一个世界相互"重逢",于是便产生了"灵魂不死"观念。所以,对于远古先民来说,肉体的死亡并不意味着灵魂的灭绝,人们会有许多办法使人走向重生。正像爱德华·泰勒所说:"野蛮人通常说,这类人是暂时死去,后来灵魂又回到了他的身上。……在昏睡中病或死亡中消失和回来的这种灵魂或生命是什么?野蛮人的思想家似乎觉得,用他的感觉的证据本身就能回答这个问题。……这就增强了他们的下列信仰:灵魂并不与肉体一起死亡,它在肉体弃世之后仍然活着。"①

1. 原始灵魂崇拜的产生

旧石器时代的山顶洞人对死者的埋葬已有了一定的规矩,有了相应的葬仪。墓葬中有陪葬品,诸如工具、武器、衣物以及一些穿孔小砾石、穿孔兽牙、小石珠被放在了死者身旁,大概是为了让死者在另一个世界享用。尤其值得我们注意的是,山顶洞人在死者附近撒有赤铁矿粉或赤铁矿石②。而且无论是山顶洞人还是虎头梁人、小孤山人,都普遍地崇尚红色,饰物的孔洞中多有红色遗痕,在其附近也往往有赤铁矿粉或赤铁矿石出土;柿子滩遗址还出土了磨制赤铁矿粉料的石磨盘;这一时期的许多饰品的孔洞中和穿系的带子也多有红色遗痕。这些现象也出现在世界其他地区。如在距今4万多年前的法国南部圣沙拜尔的遗址中,发现有丧葬会餐的证据;在大约距今5万年前的伊拉克北部沙尼达尔洞穴遗址中,发现了用花装饰死者的痕迹;在距今2万多年前莫斯科东北松基尔遗址中,也发现了数量不等的殉葬品,等等。

学术界对于这一时期流行的红色有种种解释。比如,有人认为红色象征着篝火的颜色,既可以给人温暖,又能够驱兽自卫③;也有人认为,红色象征着血液,人死血枯,涂抹上同色的物质,是希望死者在另一个世界中复活,在他们看来,红色是对生命的呼唤④。我们认为,红色的本意只是猎物之血,人们以此象征着勇猛,象征着收获。因为在先民眼里,红色与血液、篝火同色,而这两种东西在原始人看来是他们生活乃至生存方面必不可少的,因而在饰品上染红色;在身上涂红色,是为了使自己避害祛

---

① [英]爱德华·泰勒著,连树声译:《人类学——人及其文化研究》,广西师范大学出版社2004年版,第317页。
② [澳]加里·特朗普著,孙善玲等译:《宗教起源探索》,四川人民出版社1991年版,第193、241页。
③ 参见牟钟鉴、张践:《中国宗教通史》上卷,中国社会科学出版社2007年版,第13页。
④ 参见陈兆复、邢琏:《原始艺术史》,上海人民出版社1998年版,第17页。

病;在死者身上撒赤铁矿粉,是希冀死去的亲人还能和活着的时候一样,以另一种状态同他们生活在一起,或到另一个世界过同样的生活,所以把死者生前用过的工具及生活用品同死人一起埋藏,也希望他们免遭灾难的侵袭。这样,红色成为先民们崇拜的对象。这种对红色的崇拜一直延续到新石器时代甚至更后的时期,后世祭祀前或大战前的以血衅钟、衅鼓,也当由此而来。

对红色的普遍崇尚,在人类早期社会的发展中具有重要意义,表明此时的人们已经有了朦胧的灵魂观念以及来世观念。首先,它是人类对自身精神世界的首次感知,人们开始思考生与死,开始关心死后的灵魂世界,这里面已经蕴含了宗教与哲学的萌芽。其次,通过丧葬仪式的出现与殉葬品的流行,我们已经能够感觉到人与人之间的亲情,甚至能感觉到死者对生者感情或者权威意志的延伸,这实际上表明人们已经有了比较密切、稳定的社会组织。

2. 灵魂观念的强化

随着远古人类的进步,人们已不仅仅要认知自然,而且还试图实现与天地自然的沟通,试图预知未来或左右可能发生的现实;人们也不仅仅在探寻我们从何而来,而且也试图探寻我们要去何处,由此发生的灵魂崇拜具有越来越明显的宗教与哲学意义。

自7000年前以来,人们不仅有了明确的灵魂崇拜,而且还有了阴间世界的基本轮廓,早期的生死观也在形成之中。这从日益复杂和规范的葬俗上可以得到说明。如在青莲岗文化的一些墓地中,出现了以红陶钵覆头的现象,表明人们已意识到头部是灵魂所在。这一时期二次葬的众多遗存,则表明灵魂不死概念的建立。阜新胡头沟遗址中,石棺墓周边有一以石块砌筑的石围圈,东外侧还压埋一排彩陶筒形器。正如原始人群在彼此争斗中需要构建保护其住地的围墙一样,死后的灵魂也需要同类性质的东西来防护其安全,这也许就是大石围圈的意义所在。至于成排的彩陶筒形器则具有更复杂、更丰富、也更难确定的宗教内容。将这些珍贵的器物埋入土中,且压在大石围圈之下,这在原始人的心中必有巫术性的意义。也许是为了加强石围圈对灵魂死后生活的安全的保障作用。个别彩陶筒形器腹下有小穿孔,则可能是供死者灵魂出入的通道,也可能是类似于防卫工事中的"暗道"之类,供攻击"敌人"之用。另外,在我国新石器时期的瓮棺葬中,如仰韶文化的半坡遗址与北首岭遗址,在河南龙山文化、湖北屈家岭文化、云南元谋大墩子等遗址中,总能看到瓮棺上有一个窟窿,其用途大概与之相同,也是为了死者的灵魂出入而设。[①]这也是远古人类"灵魂不死"信仰的有力物证。

为了使亡灵在另一世界继续延续人间的生活,先民们按照自己的生活方式制造了各式各样的随葬品。最初的随葬品是现实生活中的实物,主要有生产工具类的,如石斧、石锛、石刀、石镰、石矛、石镞、石磨盘、石铲等;有日常用品及食物,如盆、罐、壶、粮食、肉、鱼、犬等;也有装饰品,如石珠、石坠、骨珠、牙饰、蚌壳等;而且最初随葬品数量不多,彼此差别也不大。随着社会分工、贫富不均及私有财产现象的出现,群落内权力的产生,随葬品也发生了相应的变化:一是随葬品有数量、种类、质地之分。如在胶县三里河聚落墓地中,M122、M123、M124三墓均出土有29副猪下颌骨,而绝大多数墓中却一副没有[②]。二是随葬品中出现了代表权力和地位的礼器。如在良渚文化区内的反山、汇观山、瑶山等大型墓中,都有精致的玉琮、玉钺、玉三叉形器、玉璧等随葬品,其中玉钺是军事权力与政治权力的体现,玉琮则是宗教祭祀权力的体现;在大汶口墓地中,石钺、玉钺与贯通天地神人法器的骨牙雕筒往往并出。三是出现了专为随葬制作的器物,即"明器"或"冥器""盟器"。这种象征性的随葬

[①] 参见中国科学院考古研究所、陕西省西安半坡博物馆:《西安半坡》,文物出版社1963年版,第219页。

[②] 数据据中国社会科学院考古研究所编《胶县三里河》(文物出版社1988年版)有关内容统计而得。

品,在新石器时代即已出现。如仰韶文化的迁墓葬就出土了明器,有小陶壶、小陶罐等;随葬的牲畜也用猪头、猪下颌骨、羊角、羊头代替了原物,这在大汶口文化、马家浜文化、良渚文化、马家窑文化、齐家文化中都有发现。随葬品的从无到有,从少到多,尤其是其中反映的贫富差别以及礼器、明器的出现,表明了与现实世界相对应的阴间世界的存在。

在古代文明长期的演化中,灵魂崇拜中的祖灵崇拜与祖先崇拜合而为一,继续存于中国古代崇拜的主流内容中,其余内容则转化为鬼魂崇拜而步入民间,走上了另外的发展道路。

(三)原始祖先崇拜的发生与发展

祖先崇拜是人们在对自身由来的认知中形成的崇拜体系,它既是人类对自身生命现象的神秘化理解,又是对先祖亡灵的崇拜。其产生的前提是灵魂观念的出现与发展,其最初表现是远古人类对母神的崇拜。

1. 原始母神崇拜的出现

虽然母神崇拜在中国旧石器时代晚期遗址中尚未发现,但从世界其他地区的发现看,它应当是普遍的存在。如意大利有发现于地中海海滨的"格里玛狄母神雕像""沙威格诺母神雕像",乌克兰有"加加利诺母神雕像"。另外,从西欧到东欧、西亚以至南亚,也都有母神雕像的发现。中国北邻的西伯利亚曾发现有2万年前的圆雕母神,东邻的日本也曾有12000多年前的陶制母神出土。中国本土到目前为止,发现最早的母神雕像是新石器时代红山文化中的"东山嘴母神";辽宁牛河梁红山文化遗址也出土有女神雕像;另外,河北滦平县后台子新石器遗址下层也出土了六尊石雕女像(残2尊)。(见图1-5)从文化发展序列上看,中国境内的旧石器时代晚期也应当出现了母神崇拜,其遗存应当更可能地存在于内蒙古、东北到渤海与黄海平原①。

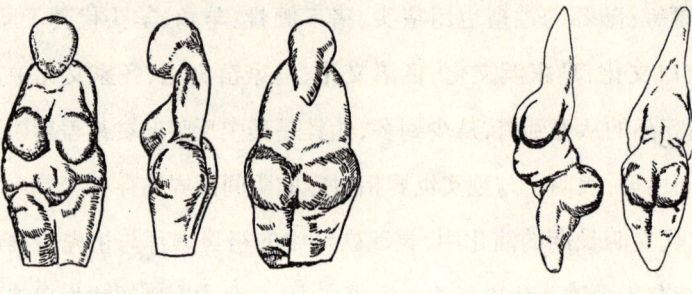

1. 格利玛狄母神雕像（意大利）　　　2. 沙威格诺母神雕像（意大利）

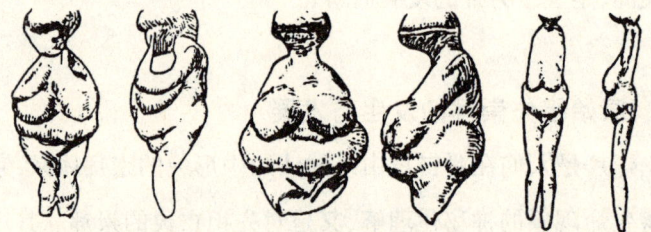

3. 加加利诺母神雕像（乌克兰坦波夫的加加利诺出土）

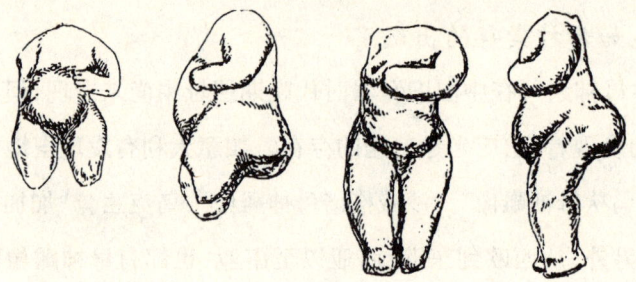

4. 红山文化东山嘴母神雕像（中国内蒙古赤峰西水泉）

图1-5　女神雕像②

从各地的母神造形看，有两个共同的特点：一是简朴小巧，小者只有3厘米高，多数也只是在10~20厘米间，而且常常是多个雕像同时出土。二是母神造型多体态丰满，且以简练而夸张的手法着力渲染突出鼓腹、

---

① 渤海、黄海与东海之大部在大理冰期盛期（3万~1万年前）由于海平面的下降，形成为大陆平原地貌，被学界称为"三海平原"。（详见齐涛：《尧舜禹时代新论》，《山东社会科学》1991年第1期）
② 此组图采自陈兆复、邢琏：《原始艺术史》，上海人民出版社1998年版，第359、362、364页。

肥臀、丰乳、粗腿这些特征,有人甚至直接认为是孕妇之形;她们多赤身裸体,面目不清,没有眼、口、鼻、耳等,两腿多合并为粗锥状,有的像棒状物,有的捂着肚子,给人以原始稚拙之美。由此看来,这是比较典型的母神崇拜,所崇拜的内容是女性的生育功能,是对生命由来的崇仰。正因为远古人类崇拜的是女性的自然生育功能,所以,这些小型的母神造像便会被随身携带或在居室四处摆放。

2. 祖先崇拜的进展

伴随着农业文明的扩展、人们生活的定居以及生活水平的提高,特别是随着早期家庭的萌生、血缘关系的明晰以及灵魂观念的形成,人们对于自身由来的追寻、对祖先亡灵的超自然能力以及可以庇佑家族成员的观念也不断强化。在七八千年前的裴李岗、兴隆洼等文化中,即出现了祖先崇拜的萌芽,但此时的祖先崇拜尚未形成独立的体系,还多混杂在天地自然与灵魂崇拜之中。至五六千年前的红山文化时代,祖先崇拜方告成立,与天地崇拜、灵魂崇拜一道,初步构成了中国早期崇拜与信仰的三元结构。

从考古发掘情况看,牛河梁一带既是红山文化中重要人物的葬地,又是红山人的宗庙所在,女神庙中大大小小的塑像应当是人们所崇拜的祖先神。这些塑像大小不一,形态各异,似乎已形成有主次从属关系的神统,与同一时期附近的积石冢墓葬的大小不一现象也相吻合。从这个意义上,我们又可以推论,神庙中的塑像与葬在积石冢中的墓主可能有对应关系。当然,限于考古资料,我们已无法全面地知道女神庙中塑像的整体情况,也无法了解积石冢中墓主的全部身份。但从积石冢目前的发掘情况看,应以男性大墓为中心。因此,女神庙中也应当有相当数量的男性祖先神。这种两性祖先共同崇拜的现象,至商代仍然存在。

需要指出的是,红山人的祖先神是世俗祖先的直系化身,其偶像往往是现实中祖先的复制,既没有其他的神灵内容的杂入,也没有出现人首兽体之类的异化。(见图1-15)而其他的神灵崇拜则有种种的变体或合体,已远离了神灵的本来面貌。如在此前的赵宝沟文化的"猪龙图"（见图1-3-3）及辽宁三星他拉的玉龙（见图1-16-1），都是抽象集合的变体。与之不同的是，在距今5000年左右的太湖周围的良渚人那儿，被异化的恰恰是祖先神，那些动物之类反倒葆有了其本来面貌。

良渚玉琮是这一文化体的典型器物，几乎所有的玉琮上都刻有风格类似的人面兽身像，从浙江反山和瑶山玉琮上的图案（见图1-6）看，它其实是人、兽、鸟的合体。人面多作梯形，五官也多与常人有异，或许这是对面具的摹写。头部戴有羽冠，有人认为相当于四射的阳光。其姿势是两臂张开如鸟翼，双腿屈曲呈蹲踞状，与其下部兽类图案中的前后肢相合。其下部图案几乎是一个完整的兽形，从其獠牙以及口、额、眼来看，是一虎形兽类。这也是比较典型的祖神崇拜，只不过给他附加上了若干奇异的光环与神力而已，这与《山海经》中的许多人兽合体的传说是相一致的。

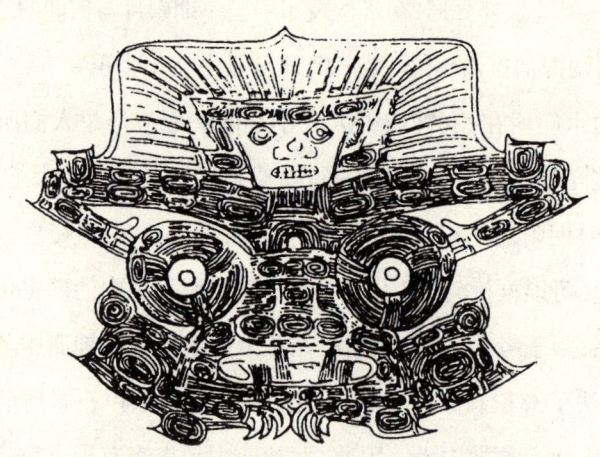

图1-6　良渚文化玉琮线雕神人兽面纹（放大像，原高约3厘米）

除良渚与红山文化外，这一时期的祖神偶像还出现在凌家滩遗址中。凌家滩遗址位于安徽含山县，距今4600年左右，属薛家岗文化。该遗址出土了三件玉人，其中两件残碎，一件较为完整。这件较为完整的玉人通高9.6厘米,最宽处2.2厘米,最厚处0.8厘米。该玉人头部似戴一梯形面具,上有冠饰,眉眼细长,两耳下部有穿孔,除手足外,通体着衣。两臂弯曲,十指张开置于胸前,腕部饰弦纹,可能表示戴有环,腰部饰一周宽3毫米的斜线纹,似表示腰带。①(见图1-7)

图1-7 薛家岗文化玉人

可以认为,这种玉人应当是这一地区人们的祖先偶像,它既可以悬挂,也可以随身携带。这种带有面具的祖神介于红山文化的自然型祖神与良渚文化的人兽合体型祖神之间,而且与龙山文化及商代的一些偶像神颇有相通之处。上海博物馆收藏的一件商代玉人,高10.3厘米,体态扁平,呈站立状,形制与凌家滩玉人几乎一致,有专家认为它可能是薛家岗文化的遗物。(见图1-8)另外,商代妇好墓中出土的玉人、三星堆遗址出土的青铜面具人物与凌家滩玉人也能找到种种的神似。可以说,红山女神、良渚人兽合体神与凌家滩玉人是反映当地远古祖先崇拜与祖先神的三种类型。

综上所述,自然崇拜、祖先崇拜与灵魂崇拜是中国原始崇拜的三大基本内容。自然万物供给人们食物,祖先赐予人的生命,所以要报答酬恩,其表现方式便是敬天祭祖。正如《易传·序卦》所言:"有天地然后有万物,有万物然后有男女,有男女然后有夫妇,有夫妇然后有父子,有父子然后有君臣,有君臣然后有上下,有上下然后礼义有所措。"这种以自然和祖先为主体的信仰对后世中国的文化精神产生了很深的影响。进入文明

---

① 参见安徽省文物考古研究所:《安徽含山凌家滩新石器墓地发掘简报》,《文物》1989年第4期。

社会后,对天地和祖先之神的崇拜被纳入国家祭祀体系,成为国家礼乐制度的一部分;而对其他众神和鬼怪的崇拜则留在了民间。

1.龙山文化玉人　　　2.商代玉人

图1-8　玉人

二、原始宗教体系的形成

随着远古人类的进步,人们已不仅仅要认知自然,而且还试图实现与天地自然的沟通,试图预知未来或左右可能发生的现实;人们也不仅仅在探寻我们从何而来,而且还试图探寻我们要去往何处,由此发生的占卜与祭祀活动以及早期神职人员的出现、原始宗教观的产生,意味着原始宗教体系的形成。

（一）原始宗教的基本途径

占卜与祭祀是原始宗教的两个基本途径。

占卜是远古人们用龟甲、兽骨或蓍草推测吉凶祸福的宗教活动。远古先民认为万物有灵，人事的凶吉祸福是神的旨意，神会事先把他的旨意呈现在具有灵性的物体上。于是，一些有灵性的东西就被当作占卜的工具，成为沟通神与人关系的手段。

古代占卜主要有两种方式：一是卜，一是筮。古人最早、也是最常见的占卜是用龟甲或兽骨进行的占卜，这源于先民的动物崇拜和信仰。其方法是将龟壳或牛、羊、猪等兽骨钻凿出孔（有的不钻）后，放置火上灼烤，然后就其出现的裂纹形状推断预测吉凶祸福。这种占卜的方式源远流长，至少新石器时代早期就已经出现骨卜方式。目前已知的我国最早的占卜遗存是在内蒙古富河遗址中发现的一批卜骨，距今7000年前，属于鹿或羊的肩胛骨，骨上有灼而无钻，当与后日之客省庄文化及近世彝族的占卜方式类似。[①]在仰韶文化晚期的河南下王岗遗址、龙山文化山东龙山城小崖遗址，发现有牛或鹿的肩胛骨，上有裂纹，大概是烧灼所致，有的还有钻孔。在邯郸涧遗址中，也发现大量用猪、羊、牛、鹿的肩胛骨做的卜骨，有火灼痕迹；在齐家文化甘肃永靖大河庄遗址发现卜骨14块。卜的出现意味着先民要用卜骨的征兆，推测神意，预知未来。文字出现后，人们往往把判断的结果再刻在龟甲兽骨上保存下来，这就是卜辞。考古学家从地下发掘出来大量的殷商卜辞，足以说明当时占卜活动之盛行。

筮是用竹棍或蓍草通过数字的变化预知未来、判断吉凶的一种占卜形式。远古时代的筮法已无从知晓，现存最早的对筮法的汇总就是孔子所整理的《易经》。根据孔子的解释，此法要用四十九根蓍草或竹棍，先将其一分为二，再按一定的规则拣选、归类，最后会形成六十四种范式，即

[①] 参见中国科学院考古研究所内蒙古工作队：《内蒙古巴林左旗富河门遗址发掘简报》，《考古》1964年第1期。

六十四卦；每卦又分六爻，计三百八十四爻。《易经》将上述范式用卦画表示出来，并对三百六十四爻所表示的含义加以说明。《易经》虽然最后编订于春秋时代，但其中相当一部分内容应当出现于殷商甚至更早的时代。

祭祀与占卜几乎是同时出现的。早期的祭祀没有固定的场所，人们随时随地即可祭献。随着祭祀仪式的规范化，逐步出现了固定的场所。近几十年来，祭祀场所或遗址屡有发现。除前述红山文化中的祭祀遗址外，还有较多典型者。如甘肃永靖大何庄遗址发现有5处用扁平砾石堆成的"石圆圈"，其附近分布有许多墓葬，圈旁有卜骨和牛羊骨架，估计这是一处举行丧葬仪式或其他祭祀活动的场所。① 又如，良渚文化中的瑶山祭坛、汇观山祭坛、大坟墩祭坛都具有相当的规模。瑶山祭坛位于浙江余杭县瑶山山顶，整个祭坛外围边长约20米，面积约400平方米。其平面呈方形，依山坡走势，又可分为里外三重，约400平方米，位于山顶，规模宏大，且祭坛区内有墓葬12座，随葬品多为玉器。② 大汶口文化中也出现了较大的露天祭祀场所，虽然不是人工建造，但祭祀的功能应当与人工祭坛并无两样。③ 与良渚文化类似的这种露天大型祭台，在上海青浦县福泉山遗址、余姚反山遗址、吴县草鞋山遗址以及浙江的赵陵山遗址等都有发现。

（二）原始神职人员的出现

占卜与祭祀都是远古人们试图实现人与天地神灵沟通的手段或方式。最初，这种沟通是人人可为，但随着农业社会的到来与社会组织的出现，便有了专职或兼职的管理者——巫觋。这样，天人之际的沟通不再是人人都可以进行的事情。在距今五六千年前的仰韶时代，巫师的职业化

---

① 参见中国科学院考古研究所甘肃工作队：《甘肃永靖大何庄遗址发掘报告》，《考古学报》1974年第2期。
② 参见浙江省文物考古研究所：《余杭瑶山良渚文化祭坛遗址发掘简报》，《文物》1988年第1期。
③ 高广仁：《海岱区先秦考古论集·海岱区史前祭祀遗迹的考察》，科学出版社2000年版。

即已十分明显,而且巫师之间也有了分工。

从上世纪50年代后期开始,考古工作者先后在陕西西安半坡、临潼姜寨村、宝鸡北首岭等新石器时代仰韶文化遗址出土的陶器上发现了一些"人面鱼纹"图案。其人面的基本特征大多一致:都画出一个大圆圈作为人面的轮廓,鼻翼用倒"T"字形或三角形,眼用两短线表示,眼梢微微低下。耳部向上弯曲成勾,作竖耳倾听状;或两侧各画一条相对而游的鱼纹,有交头接耳意。嘴部用两条相对而游的鱼,两个头交叠于嘴部,留出"Z"或"I"形空白;鱼的身部向两侧展开,很像人的髭或胡须。头顶上,用三角状的半条鱼,有鱼身无鱼头,尾尖向上很像尖顶高帽,寓意能"通天"。所有鱼纹轮廓线的外缘都画满了鱼刺,大概有不容侵犯或威慑之意。[①](见图1-9-1)

关于这些"人面鱼纹"的含义,学术界有着不同的理解,主要有巫师说、图腾说、宗教活动图案说、黥面纹身说等。著名考古学家张光直等先生认为该图表明仰韶文化中已有巫觋角色的出现。张光直先生根据《山海经》里面的巫师常常珥两青蛇,认为半坡的人面以鱼贯耳,似乎也是巫师的一种形式。他指出:"这个头形,我个人的看法,似乎很可能是画的一个掌管祈渔祭的巫师,画在盛鱼或用于祈渔祭的器皿之内。器内除他之外还有两尾鱼。该器之绘鱼与巫师头饰之做鱼形,也许又是同类相生率的应用。"[②]孙作云先生也认为这是巫师作法的形象。认为人头纹就是巫,代表氏族中的巫师,即民俗学上所谓的"萨满"(Shaman)。[③]

---

① 参见中国科学院考古研究所、陕西省西安半坡博物馆:《西安半坡》,文物出版社1963年版,第105、163、221、164、217、218页;半坡博物馆等:《姜寨》,文物出版社1988年第1版;《宝鸡北首岭》,文物出版社1983年版。

② 张光直:《中国考古学论文集》,三联书店1999年版,第124页;冯利:《半坡陶彩人面纹的巫师属性》,《民族艺术》2001年第3期;刘云辉:《仰韶文化"鱼纹""人面鱼纹"内含二十说述评——兼论"人面鱼纹"为巫师面具形象说》,《文博》1990年第4期。

③ 参见孙作云:《中国古代器物纹饰中所见的动植物》,《科技史文集》第4辑,上海科学技术出版社1980年版。

夏家店上层文化（商至春秋早期）中的骨刻画中有几幅巫师图案，在装扮上与半坡"人面鱼纹"图案有惊人的相似，由此可反证半坡"人面鱼纹"图案确为巫师。（见图1-9-2）在河南信阳楚墓中出现的巫师形象，头上饰物指天，两臂长袖拖地。说明古代的巫师行巫作法时，一定是盛装在身。而半坡"人面鱼纹"就极有可能是主持仪式的巫师装饰的头部图像。①

另外比较典型反映巫师活动的有广西宁明花山岩画及甘肃秦安大地湾地画。广西花山岩画中的两幅图中间都有一显著大人物画像，足下均有一座骑（有人认为是神犬），腰间横佩一环形大刀，一手执物，或刀或剑，威风凛凛作舞状，周围小人物大都徒手，欢呼雀跃，但又秩序井然，

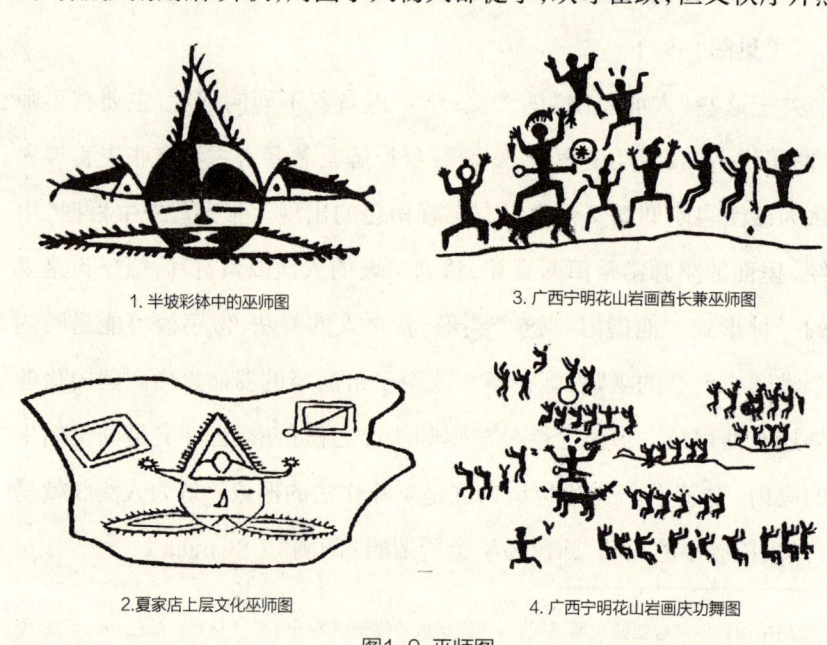

1. 半坡彩钵中的巫师图
2. 夏家店上层文化巫师图
3. 广西宁明花山岩画酋长兼巫师图
4. 广西宁明花山岩画庆功舞图

图1-9 巫师图

节奏一致，显然是军事首长兼巫师类人物在主持祭典。（见图1-9-3、图1-9-4）在甘肃秦安县邵店村东大地湾遗址的F411房屋基址中发现的大

---

① 参见冯利：《半坡陶彩人面纹的巫师属性》，《民族艺术》2001年第3期。

地湾地画,由炭黑绘制,张光直先生将其释为"丧仪巫舞地画",认为上面一排人物,可能是巫师在舞蹈作法,祈使死者复生。①

在新石器时代的一些墓葬中也总能感觉到巫师的存在。比如,在距今8000多年的贾湖遗址中,发现少数墓葬有刻符龟甲、龟腹石子、骨笛、叉形器等神器。在已清理的349座墓葬中,有23座墓随葬龟甲,仅占墓葬总数的6.6%,而且这类墓相当一部分都同时随葬有骨笛或叉形神器;这些龟甲往往腹内装有石子,龟的腹甲上还刻有符号。引人注意的是,随葬龟甲的墓随葬品也明显多于其他墓葬,说明其在社会中的地位高于一般聚落成员。龟甲和小石子是巫师用来占筮的工具,骨笛是巫师举行祭祀活动时的乐器,三叉形器则是巫师手中的一种神器。由此来看,这些经常和龟灵打交道的、手中握有叉形神器的,很有可能就是当时的巫师阶层。这种情况在其他文化遗址中也多有发现。如在江苏邳县大墩子大汶口文化遗址的186座墓中,曾发现有8座墓随葬龟甲;在江苏刘林的197座墓中,发现有9座墓随葬龟甲,而且都是腹甲和背甲共出;同样,这类墓中往往有较为丰富的随葬品。说明这些墓主与贾湖遗址的随葬龟甲的墓主人一样,是社会地位较高、拥有较多的财富,同时又掌握着部族的祭祀权的巫师。②

巫师的职业化与专业化,使他们对天地神灵以及卜祭本身的认识有了较为充分的条件;巫术对早期权力的依附,又促使他们要建立与地上世界的社会组织与社会分层相对应的天地神灵的世界体系,亦即原始宗教体系。

(三)原始宗教体系的形成

中国早期原始宗教体系的形成主要体现在萨满式宗教观的建立上。所谓萨满,系满—通古斯语Shaman的音译,原意为"因兴奋而狂舞的

---

① 参见张光直:《中国考古学论文集》,三联书店1999年版,第141页。
② 参见张得水:《新石器时代典型巫师墓葬剖析》,《中原文物》1998年第4期。

人",后指萨满教的男巫,被认为是萨满神在氏族内的化身或保护人。萨满式宗教的主要基点是把世界划分为天、地、神、人等不同的层次,只有巫觋能从中沟通。巫觋们沟通的借助物有神山,如《山海经》中的灵山,便是"十巫从此升降";有神木,如《淮南子·坠形训》中所谓的"建木,在都广,众帝所自上下";有龟策;有各种各样的可以驱使的动物;有能贯通天地的玉琮,等等。萨满式宗教还有一个重要的观念特征,即认为人与其他动物的生命本质存在于骨骼之中,因此,人兽死后,均由骨骼重生,从而形成了萨满式的X光巫术性图案。①

  上述萨满式宗教的基本要素,至距今4500年前已基本齐备,天、地、神、人的分界与巫觋的沟通之力在此之前便已完成:神山与神木,在红山与良渚遗址的祭坛上可以得到充分的说明;龟策则于大汶口的龟甲器上体现;可驱使的动物由各地的动物偶像、动物图案可以体现;至于玉琮更是这一时代的重要体现;就萨满宗教观最为典型的X光图案来说,这一时期,也有了直接的例证,这就是大地湾地画与半山陶画。(见图1-10、图1-11)

图1-10　甘肃秦安大地湾仰韶文化地画

---

①　参见张光直:《考古学专题六讲》,文物出版社1986年版,第6~8页;张光直:《中国考古学论文集》,三联书店1999年版,第141页。

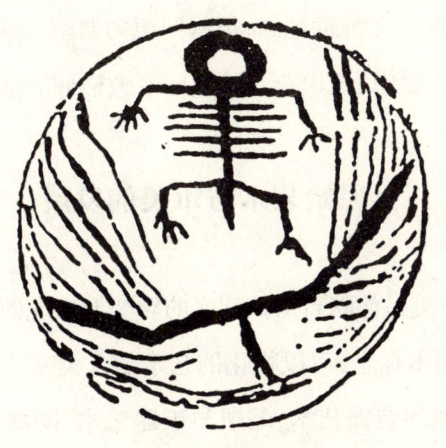

图1-11 半山彩陶上的X光式人像

　　大地湾地画所占面积东西长约1.2米，南北宽约1.1米。根据发掘报告的描述，该地画上部正中一人，高32.5厘米、宽约14厘米；头部较模糊，犹如长发飘散；肩部宽平，上身近长方形，下部两腿交叉直立，似行走状；左臂向上弯曲至头部，右臂下垂内屈，手中似握棍棒类器物。此人右侧，仅存黑色颜料的残迹，系年久磨损脱落，推测也应为一人。上部正中人物的左侧，也绘一人物，高34厘米，宽13厘米，头近圆形，颈较细长而明显；肩部左低右高，胸部突出；两腿也相交直立，似行走状，其左臂弯曲上举至头部，右臂下垂也作手握器物之状。两人相距18厘米。在正中人物下方12厘米处，绘有黑线长方框，长55厘米，宽14~15厘米。黑框内用线条画有两个同样的图案，头部均向左，长度分别为21厘米、26厘米。①

　　张光直先生认为这幅地画上面一排人物，可能是巫师在舞蹈作法，祈使死者复生；下部黑框则是棺，里面的两图案是死者。死者的身体是用线条表现的，表现出死者的骨骼脉络，这是所谓的X光式或骨架式的画法，也是中国现存的最早的X光式人像美术。死者屈肢作蛙形，似乎是回到母体子宫中胎儿的形象。②在半山彩陶钵上的人画，也是一幅典型的X光

---

① 参见甘肃省文物工作队：《大地湾遗址仰韶晚期地画的发现》，《文物》1986年第2期。
② 参见张光直：《中国考古学论文集》，三联书店1999年版，第141页。

式人像图,时代略晚于大地湾地画,但构图更为典型。这种萨满式的宗教体系成为以后中国传统道教以及其他民间宗教信仰的基本源头。

三、原始艺术与审美的发展

原始艺术与审美是伴随着从猿到人的转变而出现的,同时,它又是人与动物相区别的根本标志,可以物化的艺术是人类文明的发端。中国的原始艺术主要表现为装饰艺术、雕塑与玉器艺术、陶器艺术以及乐舞艺术,在丰富多彩的审美意识中,已经初步显露出中华文化的特色。

(一)远古装饰艺术

从发生学的时序来考察,旧石器时代晚期先民的人体装饰可以说是原始审美意识最早发生的形式之一,也是原始文化的最早表现。

原始人类对自身的装饰,大体上可分为两类:一类是对身体自身的装饰,即用颜色在人体上涂绘图案乃至涂抹全身,或在身体上划痕,如绘身(又称"画身")、文身(包括文面、黥首、点墨、刺青等)、穿耳、穿鼻、凿齿、穿唇等。另一类是体外装饰,即用一些诸如坠、环、带管装饰物悬挂、附着或缠绕身体某部位(如耳、颈、手腕、足、腰等)。

由于人死后身体会很快腐烂,所以我们不可能找到旧石器时代先祖们这方面的直接证据,但我们可以从考古发掘的有关材料以及现代尚存的原始民族的绘身、文身等身体装饰习俗中得到证实。考古专家们在距今约2.7万年的山顶洞遗址中发现有红色颜料,经鉴定,为赤铁矿粉,而且在山顶洞地层中发现了一些赤铁矿碎块,有的经过刮削,无疑是将粉屑制成颜料使用的。这一时期,无论是山顶洞人还是虎头梁人、小孤山人,都普遍地崇尚红色,饰物的孔洞中多有红色遗痕,而且在其附近也往往有赤铁矿粉或赤铁矿石出土。既如此,我们可以推断当时的人们有可能用此作颜料文身画面。对于文身,从新石器时代一些考古发掘的文物中已可以发现一些相关迹象①。例如,在仰韶文化西安半坡遗址出土的彩陶盆内壁所画人面鱼纹纹样,有的学者认为,其中的人面很像是文面的形象,其额部和颌部的彩绘是由细密的刺纹所构成的②。甘肃宁定马家窑文化半山类型三个人头盖纽,其面部和颈部布满了花纹。有些学者由此断定:这些是文面和文身习俗的写实艺术遗存,"是迄今为止我国新石器时代已有黥面和文身习俗的最早、最直接的证据"。③在内蒙古克什克腾旗白岔河发现的新石器时代的岩画上,其中有刻有两个完整的人面像,其面像上除了刻有眼、鼻、嘴外,还刻有密密麻麻的纹饰,尤其右面的人面刻纹显得刚毅,可能是个男性。④

在我国境内,最早的装饰品均为旧石器时代晚期的遗物。山顶洞人的装饰品已是丰富多样。在102号头骨附近,就有7颗精致的石珠,应当是项链或穿成链状的头饰;遗址中还发现了1颗十分精致的穿孔砾石,类似于后世的项坠;还有125枚穿孔兽牙、4件骨坠、3个穿孔海蚶壳以及其他一些饰品。这些饰品都穿有细孔,而且孔洞与外部有不同程度的磨损,应当是长期佩戴所致。(见图1-12)除此之外,与山顶洞人年代相近的许多其他遗址中,也都出土有形形色色的装饰艺术品。如山西柿子滩遗址中发掘出距今2万~1万年间的制作精美的蚌质穿孔装饰品,据考古工作者的测定,许多装饰品至少有2万年的历史;山西峙峪遗址中有石墨装饰品;河北虎头梁遗址中发现了8颗用鸵鸟蛋皮制成的扁珠,最厚处2.1毫米,最薄处

---

① 刘敦愿先生认为,在中国境内,文身习俗大约发生在新石器时代(参见《再论半坡人面形彩陶花纹》,《考古通讯》1957年第5期)。我们认为,文身等人体装饰首先是宗教意义上的表现形式,其起源应该在更早的时期。
② 参见张云:《半坡遗址三十年研究综述》,《文博》(陕西博物馆)1989年第2期。
③ 参见刘敦愿:《再论半坡人面形彩陶花纹》,《考古通讯》1957年第5期;刘锡诚:《中国原始艺术》,上海文艺出版社1998年版,第67页。
④ 参见张松柏、刘志一:《内蒙古白岔河流域岩画调查报告》,《文物》1984年第2期;刘锡诚:《中国原始艺术》,上海文艺出版社1998年版,第68页。

只有0.1毫米;辽宁小孤山遗址中也出土有穿孔齿牙、穿孔蚌壳等。引人注意的是,山顶洞遗址中还出土了一枚直径仅3.3毫米的骨针,小孤山遗址中也有3支骨针出土。这表明此时期的先人已能熟练地缝制衣物。而当时的衣物如同后世一样,不仅是御寒的需要,而且表明人们社会角色心理的出现,这与众多饰品的同时出土是十分吻合的。(见图1-12)

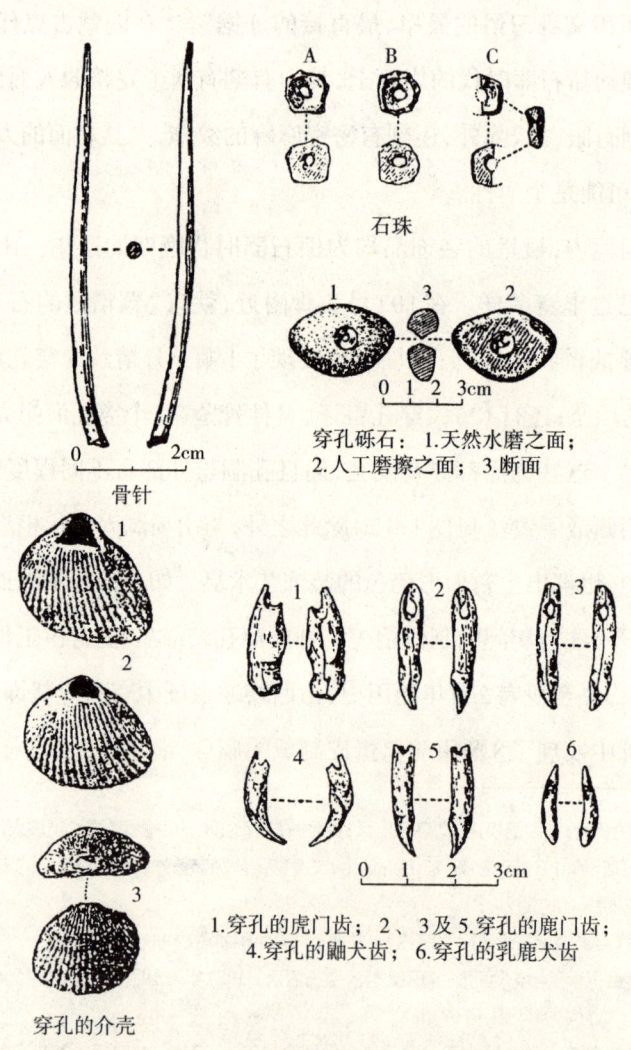

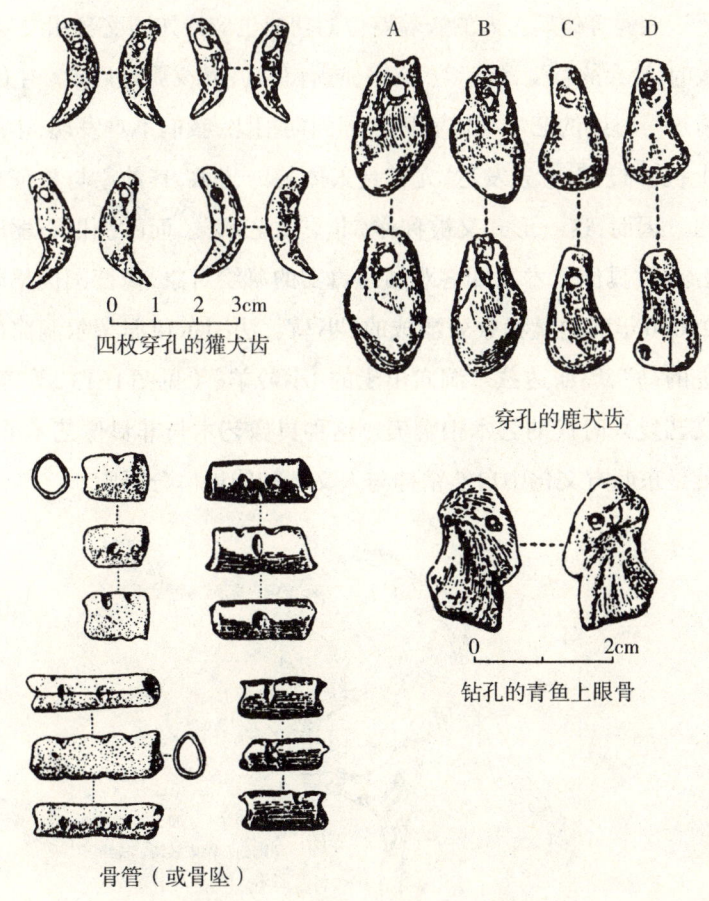

四枚穿孔的獾犬齿

穿孔的鹿犬齿

钻孔的青鱼上眼骨

骨管（或骨坠）

图1-12　山顶洞人的装饰艺术品①

  这一时期，我们先民的思想状态正处于人类发展史上的孩童时代，他们头脑中对世界的映象是一种朦胧的、虚幻的、一鳞半爪的，他们感兴趣的是与他们的生存密切相关的事物。衣不裹体、食不饱腹、每时面临生存危险的原始人类制造、利用这些装饰品，首先的功能应该是出于避邪祛灾的宗教心理，其次才是为了美观、遮体等需要。如远古人的绘身、文身最初的用意肯定是出于保护身体、避免伤害、驱鬼逐疫、威吓异类，并在同类的竞争中，

---

① 上图均采自陈兆复、邢琏：《原始艺术史》，上海人民出版社1998年版，第356、357页。

起到辨识族类等作用。人的衣着首位的功能也应该如同文身和绘身一样，是宗教的、社会的意义，而遮羞、避寒、防晒等实用意义则是后来产生的。

将这一时期的艺术与审美同欧洲同期相比，我们不难发现，中国这方土地上，装饰艺术十分发达，尤其是人体装饰艺术，其抽象与象征意义十分突出。因而，这一形式又被称作"非具像艺术"。而欧洲旧石器时代晚期，则流行"具像艺术"，即客观展现真实的摹绘对象，像德国优格哈尔出土的28000年前的猛犸象牙雕成的"小马"，法国布留涅契尔洞窟出土的"跃进的马"、玛斯达兹尔洞穴出土的"小羚羊"（见图1-13）等等，都足以与文艺复兴时代的艺术相媲美。这种具像艺术与非具像艺术的差别，是否就是东西方文化中自然精神与人文精神的最早分野呢？

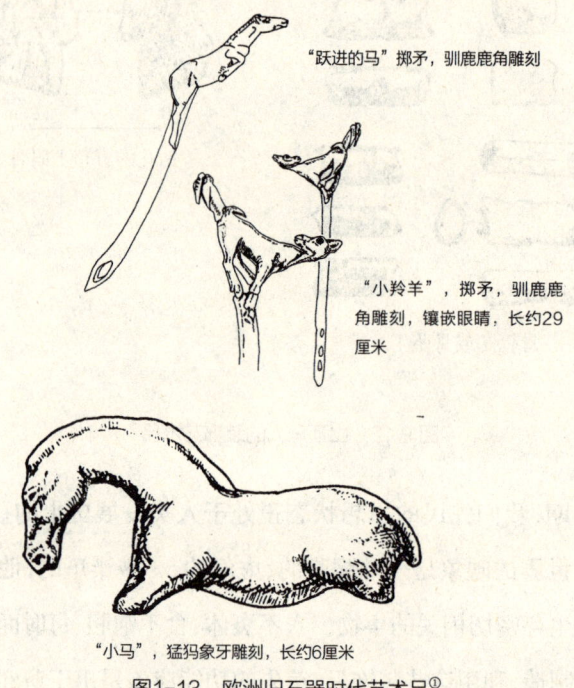

"跃进的马"掷矛，驯鹿鹿角雕刻

"小羚羊"，掷矛，驯鹿鹿角雕刻，镶嵌眼睛，长约29厘米

"小马"，猛犸象牙雕刻，长约6厘米

图1-13　欧洲旧石器时代艺术品①

---

① 均采自陈兆复、邢琏：《原始艺术史》，上海人民出版社1998年版，第368、365页。

(二)原始雕塑与玉器艺术

早期艺术多伴卜祭、宗教与神话而生,人们在进行上述活动时,也同时进行着艺术的创造。前面的叙述中所列举的许多内容,如含山凌家滩的玉人雕像、马家窑文化中的浮塑人面彩陶罐、连云港将军崖岩画等等,同时又是精美的艺术创造。在文明的萌生与进展中,艺术与审美观念始终是一项重要标志。早在七八千年前,南、北两大农业地区都出现了数量不等的陶塑作品。后李文化的西河遗址和小荆山遗址发现有陶面塑像和陶猪等原始艺术品。陶面塑像圆眼高鼻,似猫头鹰;陶猪有两件:一件短足短嘴,似已是半驯化的家猪;另一件陶猪长嘴,状似野猪。两种陶猪都栩栩如生,形状神似。裴李岗文化中也出土有陶塑人头、猪头与羊头,磁山文化中出土有兽头骨梭,河姆渡文化中也有陶塑人头出土。

从现有考古资料看,河姆渡人的艺术与审美观念居中国农业文化区之首。河姆渡遗址曾出土有一件黑陶钵,上刻有两只猪的纹饰。猪头低垂,鬃毛挺直,吻部前伸,四足蹒跚而行,生动逼真。(见图1-14-1)[①]河姆渡陶器中还有大量的植物纹饰,这些纹饰既有写实性的图案,又有经艺术加工与抽象的连环纹,主要用于一些陶器的口沿。比如,河姆渡曾出土了一件口沿成十八角形的陶釜,其口沿装饰以连环禾叶纹;一件刻花陶盘,盘口作椭圆形,外缘成六角形,有连环禾叶纹一周。画面工整而对称,都达到了造型美与装饰美的统一。(见图1-14-2)[②]在一件象牙制作的蝶形器上,以阴刻的方式雕刻着一幅图画,画面中间为由五个大小不等的同心圆套起来的太阳纹,外圆的上部刻着火焰状的线条,以象征太阳的光芒。太阳纹的两侧各刻着一只相对的鸟头,昂首相望,振翅欲飞。该图被发掘者命名为"双鸟朝阳图"。(见图1-14-4)[③]在一件骨匕上,也

[①] 参见刘锡诚:《中国原始艺术》,上海文艺出版社1998年版,第135页。
[②] 参见林华东:《河姆渡文化初探》,浙江人民出版社1992年版,第215页。
[③] 参见浙江省文管会:《浙江河姆渡遗址第二期发掘主要收获》,《文物》1980年第5期。

雕刻有双鸟与太阳的图案,被命名为"双鸟负日图"。(见图1-14-3)它们从构图到线条的运用也都比较娴熟,与上一图画均可视为原始艺术中的上乘之作。

1. 河姆渡出土的陶钵猪纹

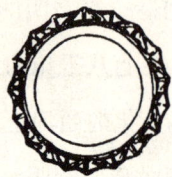 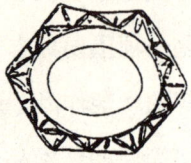
2. 河姆渡陶钵口沿上的连环禾叶纹

3. 河姆渡遗址出土的兽骨雕刻"双鸟负日图"

4. 河姆渡遗址出土的象牙雕刻"双鸟朝阳图"

图1-14 河姆渡文化艺术

燕辽一带的红山文化则代表了当时雕塑造型艺术的最高水平,无论是玉雕、陶塑,还是人物造型、鸟兽造型,无不栩栩如生。红山文化女神庙中的陶塑女神头像,其面部各器官生动逼真,双眼炯炯有神,历时5000多年,仍感如在身前(见图1-15)。红山文化中的玉雕龙与玉猪首龙,则体现了写实与写意的融合,实现了古朴与精伦的统一,尤其是在内蒙古赤峰市翁牛特旗三星他拉村发现的大型碧玉"C"形玉雕龙,其周身蜷曲,吻部高昂,动感极强,被考古界誉为"中华第

图1-15 红山文化女神庙中的陶塑女神头像

一龙"（见图1-16）。

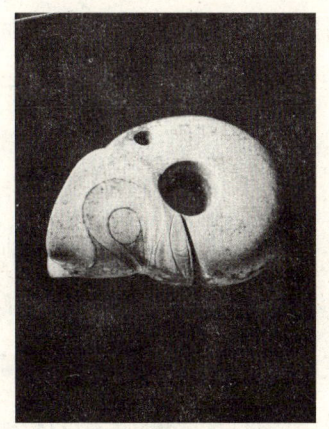

1. 玉雕龙　　　　　　　　　　2. 玉猪首龙

图1-16　红山文化玉雕

长江下游地区的良渚文化代表了当时玉制艺术品的最高水平，尤其是玉器上的线雕、线刻艺术更是精致绝伦，前面列举过的反山玉琮上的神人兽面纹就是一个十分典型的代表。（见图1-6）根据有关研究，我们发现，精美的玉器制品已充斥在良渚人的生活中。良渚人已有精美的冠饰，上层人物往往有三叉形器及成束的锥形饰，有些人物还有额饰；将半圆形玉饰四件一组缀于带状物上，缠饰在额头，一般人则以笄组嵌的发饰束发；良渚人的项饰与耳饰都很普遍，项饰有短及胸颈部的，也有长及腰腹部的，主要由玉管、玉珠、玉璜和玉坠组成；良渚人的臂饰和腕饰主要有环形、筒形镯及串缀而成的链状镯。（见图1-17）良渚人已有丝麻纤维织制的服装，可能还有皮革、皮裘缝制的衣帽。腰间系带，已有了玉带钩或锥形玉饰等佩件。从良渚人那儿，我们可以看到人们生活的审美追求已达到了颇为成熟的境界。

1. 蝴蝶形镂玉冠饰　　　　2. 玉带钑　　　　3. 兽面纹玉镯

图1-17　良渚文化玉制品

(三)原始彩陶艺术

新石器时代原始手工业最突出的成就就是发明了陶器。陶器不仅是人们的生产、生活器具,同时也是一种艺术品,无论在造型、色彩还是纹饰、质地等方面,均表达出了原始先民的审美意识;特别是彩陶的出现,反映了原始先民对美的理解和崇拜。至五六千年前,中国早期艺术与审美的发展进入到了一个高潮期,黄河中下游地区成为彩陶艺术的中心。所谓彩陶,就是先在陶胚上彩绘上各种花样纹饰后再烧制而成的陶器,其装饰纹样突出体现了新石器文化的绘画成就,其中以仰韶文化、大汶口文化的彩陶最具代表性。仰韶文化的彩陶艺术热烈奔放,精艳雍容,无论是器物造型、色彩配置,还是彩陶上所绘玫瑰花纹、鱼纹、鸟纹以及几何纹、波纹和其他混合型图案,无不洋溢着昂扬的生命力。特别是在庙底沟类型(主要分布在陕西、河南、山西交界之地)的发展期,彩陶文化臻于鼎盛。如河南临汝阎村庙底沟晚期墓葬中出土的彩陶缸腹部所绘的鹳鸟叼鱼的图像,画面高37厘米,宽44厘米;鹳鸟长喙,高脚,眼圆睁,嘴叼一鱼;其前面有一长斧,象征着权力。画面生动形象,笔法苍劲有力,可谓原始绘画的突出代表。东部的大汶口文化、龙山文化与西部的马家窑文化也充斥着各式各样的彩陶艺术品,其图案纹饰艺术与器物造型,都堪与仰韶文化比肩。(见图1-18)这一时期,彩陶文化还北上华北地区,与红山文化发生了交融;南下江汉地区,对大溪文化、屈家岭文化产生了较大影响。

彩陶盆(仰韶文化)

彩陶碗(仰韶文化)

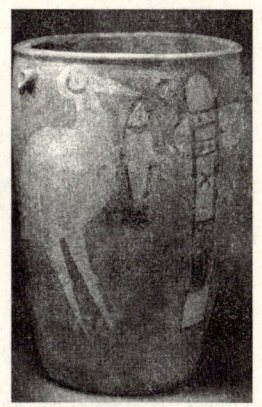

船形彩陶壶（仰韶文化）　　　　　鹳鱼石斧彩陶缸（仰韶文化）

八角星纹彩陶豆(大汶口文化)　红陶兽形壶(大汶口文化)　白陶鬶（龙山文化）　蛋壳黑陶高柄杯（龙山文化）

旋涡纹彩陶罐（马家窑文化）　　　裸体浮雕彩陶壶（马家窑文化）

图1-18　新石器时期彩陶制品

第一章　原始文明与中华传统文化的由来

(四)原始乐舞艺术

原始先民的生产与生活活动颇为丰富,诸如采集、狩猎、战争、婚嫁、丧葬、祀神等等,这些活动进行中所产生的仪式或娱乐性的音乐与舞蹈,逐渐形成了颇具中国特色的乐舞体系。

音乐由声乐和乐器组成,但在远古时期,声乐稍纵即逝,无法存留,所以只有被物化的乐器保存了下来。据考古材料分析,在新石器时代的河姆渡文化遗址、仰韶文化遗址、红山文化遗址、大汶口文化遗址、龙山文化遗址等均出土了为数不少、种类各异的乐器。其中很多形制的乐器,经几千年一直沿用至今。就吹奏乐器来说,主要有哨、笛、埙、角等;打击乐器有石磬、鼓、陶钟、陶铃、陶响器等。(见图1-19)

1.陶埙(浙江余姚河姆渡出土)

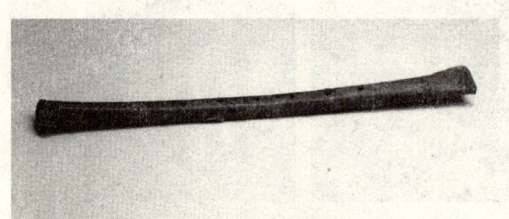
2.骨笛(河南舞阳贾湖出土)

3.陶鼓(青海民和阳山出土)

4.陶钟(陕西西安斗门出土)

图1-19 新石器时代乐器(现藏于国家历史博物馆)

哨 哨是后世笛与箫一类乐器的鼻祖。其材质有骨质者,如在距今7000多年的河姆渡遗址发掘出160多只骨哨,它们多是以大型禽鸟的肢骨为材料,截去两端,在骨管上钻1~2孔(多者4孔)。也有陶质者,在西安半坡、临潼姜寨仰韶文化遗址中均出土有陶哨。①

笛 河南舞阳贾湖遗址出土有30多只骨笛,以猛禽的腿骨制成,其音孔有五、六、七、八之别,多为七孔。一般长20多厘米,直径约1.1厘米,圆形钻孔都分布在同一侧,制作规范,表面磨光。有的骨笛上划有等分记号,表明制作之前先经过度量、计算,然后划线,再钻孔。个别笛子的主音孔旁还钻有小孔,专家认为是调音孔,可见制作者已有音律规范的意识,开孔后先要试音,如果音律不谐,再开小孔作微调。测音结果表明,当时不仅有了完整的七声音阶,而且还出现了变化音,演奏的音域至少可达两个八度,其音乐特性也近乎完美。贾湖骨笛比古埃及出现的笛子要早2000年,堪称世界笛子的鼻祖。②另外,在河南汝州中山寨也发现了一只十孔骨笛,有学者认为,它继承了贾湖骨笛的成果,与贾湖骨笛一脉相承,很可能是为制作骨笛统一音高的标准器,即我们今天所说的律管。③

埙 这是一种由黏土烧制而成的乐器。其器形多样,有的呈椭圆形,有的形如橄榄,也有的像座古钟。埙的音孔数目也各不相同。在我国新石器时代遗址中,陶埙的分布已较为广泛,浙江余姚河姆渡遗址、西安半坡遗址、山东龙山文化遗址、潍坊姚官庄遗址、甘肃玉门火烧沟遗址、安徽汪洋庙遗址,河南安阳殷墟侯家庄遗址、郑州大河村遗址以及山西万荣县荆村遗址、太原市郊义井村等都曾出土过形状各异的陶埙,分属于不同的区域。直到商周时期,埙依然沿用,是乐器的主干。

角 最初是由天然的兽角如牛角所制,后又在此基础上发明了陶角号。在陕西华县井家堡遗址、山东莒县大米村大汶口文化遗址中均出土

---

① 参见宋兆麟:《中国风俗史·原始社会卷》,上海文艺出版社2001年版,第509页。
② 参见河南文物考古研究所:《舞阳贾湖》,科学出版社1999年版,第992页;徐飞、夏季、王昌燧:《贾湖骨笛音乐声学特性的新探索——最新出土的贾湖骨笛测音研究》,《音乐研究》2004年第1期。
③ 参见萧兴华:《七千年前的骨管定音器——河南省汝州市中山寨十孔骨笛测音研究》,《音乐研究》2001年第2期。

陶号角。

打击乐器类也多有发现。石磬，山西陶寺龙山文化和东下冯龙山文化遗址中均出土有石磬，形似石犁、石刀。新石器时代已出现了鼓，出土的鼓有陶质、木质，形制不一，用途各异。①

由这些乐器可以看到，当时已出现了吹奏乐与打击乐两大乐器门类，相应的乐曲当较为多样，从同时的舞蹈艺术图案也可看到乐舞之流行。可资考察的最早的乐舞资料是在5000多年前的马家窑文化中。青海省大通县上孙家寨遗址中，出土了一批马家窑类型的器物，其中有一件绘有舞蹈图案的彩陶盆。据发掘报告称，该盆口径29厘米，高14厘米，内壁最大处绘有两组四道平行带纹，上下两组纹饰之间绘有3组舞蹈图案，5人一组，面向一致，头侧各有一斜道，似为发辫，摆向划一；每组外侧两人的一臂画为两道，似反映空着的两臂舞蹈动作较大而频繁之意。人下体三道，接地面的两竖道为两腿无疑，而下腹体侧的一道，似为饰物（见图1-20）②。后来，在这一文化区域内又发现不少类似的舞蹈盆：如在甘肃武威新华乡磨嘴子出土的舞蹈盆内有两组舞蹈人，每组9人；在青海同德县宗日遗址也出土一件舞蹈盆，内有两组舞者，一组11人，另一组13人，腹部皆为球状，手拉手，下肢以线条代之。③另外在云南沧源、甘肃黑山、新疆康家石门子等地的原始岩画中也发现了不少舞蹈图。

关于这一类舞蹈图的解释，众说不一，诸如劳动说、巫术说、游戏说、模拟说等等。我们认为，不论怎样解释，有两点是明确的：第一，舞蹈起自祀神，起自巫术行为。如陈梦家先生就认为：

---

① 参见宋兆麟：《中国风俗通史·原始社会卷》，上海文艺出版社2001年版，第508~509页。
② 青海省文物管理处考古队：《青海大通县上孙家寨出土的舞蹈纹彩陶盆》，《文物》1978年第3期。
③ 参见孙寿岭：《舞蹈纹彩陶盆》，《中国文物报》1993年5月30日；《青海考古学会会刊》（7）1985年12月。

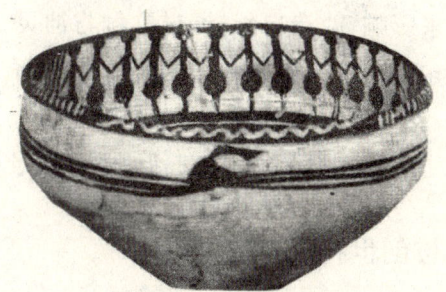 

1. 青海大通出土的舞蹈纹彩陶盆　　　　2. 青海宗日出土的舞蹈纹彩陶盆

图1-20　彩陶盆中的舞蹈图

古出凡言好巫必有歌舞之盛，盖所谓舞者乃巫者所擅长，而巫字实即舞字。

……巫即舞，而卜辞舞作"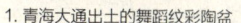"、"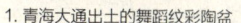"，其所持之"林"、"↑↑"乃舞饰也，舞饰的"↑""↑"乃是一种牛尾。[①]

大通舞蹈图中舞者身后之饰物，或许也应当是牛尾，因为这是一种连臂舞，手中无法持物，只好改为尾饰。这一类的舞蹈自然不是为娱乐而舞，而是一种以舞娱神、沟通神人的手段或方式。正如王逸在《楚辞章句·九歌序》中所言："系楚南郢之邑，沅湘之间，其俗信鬼而好祀。其祀必作歌乐鼓舞以乐诸神。"

第二，舞者五人一组，连臂踏歌，从画面中，我们能感受到很强的韵律和节奏感，感到其歌舞之有序与成熟，而且又被绘之于彩陶，便于保存与流传，这又表明，这种歌舞祀神已有固定的程式与十分广泛的应用。

音乐和舞蹈是人们通过声响和动作表达思想感情的艺术形式。如《诗经·大序》所说："言之不足，故嗟叹之；嗟叹之不足，故咏歌之；咏歌之不足，不知手之舞之，足之蹈之。"在强大的自然界面前，我们的先民往

---

① 陈梦家：《商代的神话与巫术》，《燕京学报》1936年第20期。

往幻想通过音乐、舞蹈的巫术力量来影响、改造自然;通过歌舞与神灵的沟通,向神灵表达其内心的情感和祈望,以祈福禳灾,达到自己的种种目的。

四、远古语言文字与创世神话的滥觞

语言自产生之日起,就是人们社会活动与生产活动的首要交际工具,神话则是人们记录历史、传承知识的主要载体,也是最早的文学创作。但是在文字出现之前,语言与神话都无法留存下来,只能湮没在浩瀚的历史长河中。至文字出现,语言与创世神话才与之牢牢相连,共同构造起早期文化形态。

(一)早期文字的出现

关于文字的起源,学者论之颇多,到目前为止,尚未有一个定论。我们认为,作为中国传统文字主体的汉字,其主要源头有二:一是几何纹刻划符号,一是图画或象形刻划符号。在长期的历史传承中,象形符号成为主流,构筑起中国文字的基本架构;几何纹符号则走进了湮没的死胡同。文字最初的功能是多元的,既有器物制造或拥有的标识功能,又有识别彼此的族徽功能,还有沟通天地、记录卜占活动的通神功能。但是,不管哪一源头的文字、哪一功能类型的文字,还都具有一个共同的功能——通过地域认同,成为同一地域人们联系与交往的重要纽带和沟通地域权力结构与组织结构的唯一神经元。

文字的起源与形成过程,实际上也就是其地域认同的范围不断扩大的过程。不论哪一源头的文字,其起源之始,被认同的地域范围都十分有限。尔后,随着人们的交流、融合以及文化的扩散,人们对它的认同范围也不断扩展。语言也是如此。

根据现有的考古资料,半坡人、大汶口人、大溪人都已有了较多的较为规则的刻划符号。据统计,半坡遗址发现刻有符号的陶器和陶片113件,符号27种。在半坡人活动的更大范围中,也不断地有类似于半坡的陶器符号出土,甘肃秦安大地湾、王家阴洼、陕西临潼姜寨、零口、垣头,长安五楼、合阳莘野村,宝鸡北首岭,铜川李家沟等遗址均有发现。其中,姜寨遗址刻有符号的陶器、陶片129件,符号38种;李家沟23件,符号8种;大地湾10多件,约10种符号。(分见图1-21、图1-22、图1-23)①在大汶口文化与大溪文化中也都发现了较为系统、集中的刻划符号。

图1-21 半坡遗址所出刻划符号

仔细研究一下这些符号规律,我们可以得出三点认识:

第一,这些符号不是陶器制造者或所有者的记号,因为它们并不广泛出现于各类器物上,只是集中在某些特定器物之上。如半坡刻划符号便

---

① 参见李学勤主编:《中国古代文明与国家形成研究》,云南人民出版社1997年版,第129~131页。

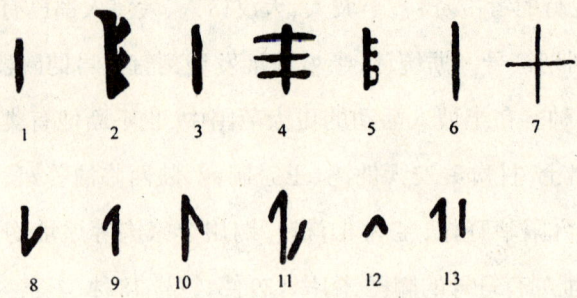

1-2. 零口所出　3. 垣头所出　4. 五楼所出　5. 莘野所出　6-13. 李家沟所出

图1-22　零口、垣头、五楼、莘野、李家沟五遗址所出刻划符号

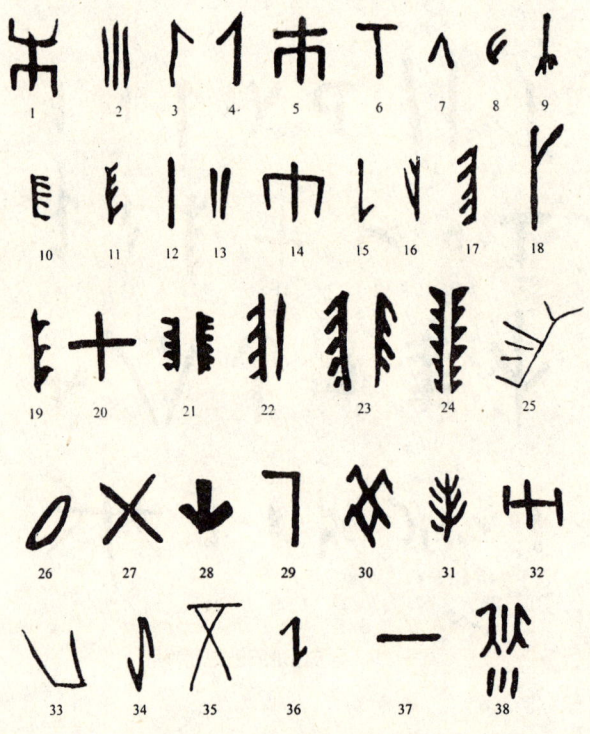

图1-23　姜寨遗址所出刻划符号

只见于钵、盆两类器物上,而其中的绝大多数又见于陶钵外口沿的黑色宽带纹上。如将这一点与半坡人流行的鱼纹陶器一并考虑,似乎可以认为,这些刻划符号所在的器物不是日常所用,应当是祭器或礼器,而刻划符号

本身的功能应当与甲骨文、青铜铭文相类。

第二,同一文化系列中出土的刻划符号存在着许多共性。如半坡陶符重复出现的频率颇高,相同或相近的符号归并后有50多种①,尽管仍是符号,却具备了文字的某些特征。

第三,文字的地域认同已经开始,特别是从距今5500~4500年以来的近千年中,在一些较为发达的文化区域内,已有了基本一致的共识性的刻划符号或早期文字。

距今5000年左右的大汶口文化晚期陵阳河类型是早期文字的富集区,至目前为止,共有20个10种刻划符号出土。(见图1-24)其陵阳河遗址12个,大朱村遗址6个,前寨遗址1个,杭头遗址1个。值得注意的是,在大朱村出土的6个刻划符号中,有5个与陵阳河所出符号相同,而前寨所出的这个符号也与陵阳河的相同。大朱村、陵阳河与前寨并非一地,但同处于大汶口文化区域中的陵阳河文化类型区内,这表明,在同一文化类型分布区内,文字的地域认同已基本完成。此后,文字的地域认同不断扩展。至距今4000年前左右,已实现了各大文化区系的文字认同,跨文化区的文字认同也已开始。

图1-24 大汶口文化遗址所出陶器符号

---

① 参见王志俊:《关中仰韶文化刻划符号综述》,《考古与文物》1980年第3期。

（二）远古语言的发展

从语言的产生与发展看,人们的语言应早于文字,先有了语言的发展与地域的认同,尔后才会有文字的产生与地域的认同。不过,由于语言的特殊性,我们无法对早期的语言状况进行直接研究。汉代扬雄所撰《方言》一书是根据《方言》中词语的地域分布情况,将汉代方言分为12个区域①,将此12区域与5500年前的文化区系划分相比照,能发现许多内在关系。汉代方言中的燕代方言区与红山文化的分布区大致吻合；秦晋方言区、周韩郑方言区、赵魏方言区与仰韶文化晚期的分布区大致吻合；齐鲁方言区、东齐海岱方言区、卫宋方言区与大汶口文化的分布区大致吻合；楚方言区、南楚方言区与大溪文化、屈家岭文化的分布区域大致吻合；吴越方言区与良渚文化的分布区域大致吻合。这表明,早在新石器时代晚期（约距今7000~4500年）也就是红山文化、良渚文化和大汶口文化时代,各文化区系内已形成了本区系内的语言习惯与语言特色。

（三）神话文学的发生

远古神话体系的形成是一个漫长的过程,从中国远古文明的发展看,它初步形成于七八千年前。这一时期,农耕文明正在扩张,远古的人们正在开启对自然与人类本身的探寻之门。与之伴生的各种创世神话,是这一时期神话传说的主体内容。

创世神话是人类追寻自身与宇宙由来的初次尝试,也是人类自觉的重要标志之一。最早的创世神话是口口相传,没有文字,自然也就留不下什么文字的记载。但是,在这一历史时期所遗存的种种图案中,我们已能比较清楚地感受到创世神话的萌生。

从后世各民族流传的创世神话看,关于人类与自然的生成主要有混沌与开天辟地型、洪水灾变型、天降地出型、植物生成型、动物化生型、蛋

---

① 参见刘君惠:《扬雄方言研究》,巴蜀书社1992年版,第105~106页。

生型等等①。各种类型的创世神话在这一时期都留下了一些痕迹，其中较为清晰者有植物生成、动物化生两种类型，这恐怕是由于它们是创世神话最初的母题的缘故。

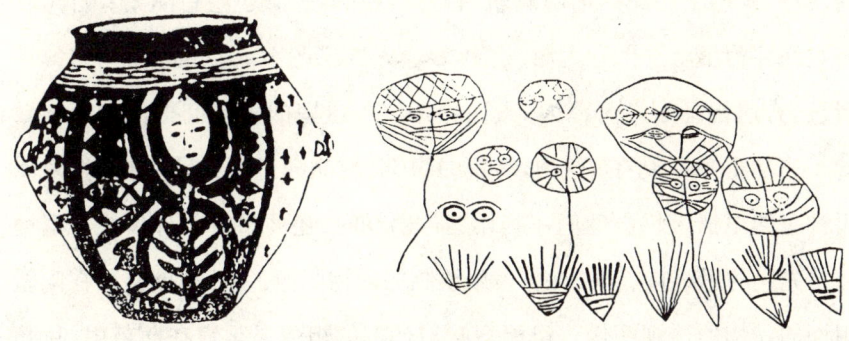

图1-25　马家窑文化浮塑人面彩陶罐　　　图1-26　连云港将军崖石刻岩画

植物生成型神话一般认为人类及天地自然主要是由花卉、草木或葫芦等植物生成。仰韶文化中丰富的花卉图案被认为是华族得名的由来②，实际上也是华族这一群系生成神话的反映。马家窑文化中有一只浮塑彩陶人面罐，是一幅典型的草木生人图案。上部女性面部像被种子含包，下部为枝杆纹，两侧的三角形阴影或可象征土地，或可象征生成之时的震动与光芒，再外侧，则是星星点点的草叶纹。（见图1-25）值得注意的是，这一画面又与后世连云港将军崖之上的图案有异曲同工之妙。连云港岩画第一组画面中有一列人面图形，上部为漂浮状的若干人面图形，下部为并列的草状图形，两者之间又有线条相连。（见图1-26）有的学者认为它反映的是"花生人说"的创世神话。如陶阳先生指出："连云港将军崖石刻岩画，底部是草，生出一根长茎，茎上是一朵花，在花朵中心花蕊部分是画有眉眼、鼻嘴的人面。……这幅画的花朵即是人面，但也有未形

---

① 详见陶阳、钟秀：《中国创世神话》，上海人民出版社1991年版，第210~229页；刘锡诚：《中国原始艺术》，上海文艺出版社1998年版，第425~452页。
② 参见苏秉琦：《苏秉琦考古学论述选集》，文物出版社1984年版，第188页。

成的人面,有的只有眼睛和鼻子。"①

葫芦生人的创世神话在后世各民族中流传较广,其产生的时间当在仰韶文化时代。从半坡、姜寨、北首岭到庙底沟文化、马家窑文化的许多遗址中,都出土有葫芦形彩陶瓶,有些陶瓶的腹部,还绘有图案。甘肃甘谷县西坪曾出土一件彩陶瓶,上有"人面鲵纹"图案。(见图1-27)有的学者认为,这幅画面又可释为"人面蜥蜴纹",这里的先民们把他们所崇敬的祖先的形象绘制在葫芦形陶瓶的腹部,绝非随意之作,而是一件很严肃神圣的事情。想必他们在制作这件器物时,还要举行某种仪式。根据原始先民的思维特点来推论,表层绘制的动物图像,往往也就是装在陶瓶里面的动物的透视图像。可能意味着他们的祖先是孕育在葫芦里,从葫芦里生出来的,葫芦是孕育人类祖先的原始母体。这个绘制着"人面鲵鱼"或"人面蜥蜴"图像的陶瓶,因而可能变成了一件渗透着人类起源神话意象的圣物,也许蕴含着一个早已消失在历史深处的人类起源的原始神话。②

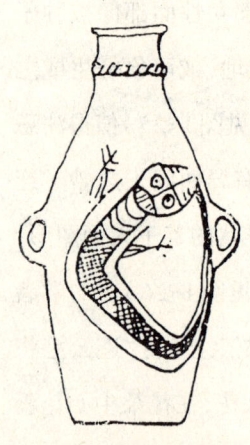

图1-27 "人面鲵纹"陶瓶

动物化生型神话往往将某类动物视为创世神,即创造天地万物的神灵。譬如仰韶文化中传承两三千年的蛙纹(见图1-28)即蕴含着这层意义。姜寨遗址出土的彩陶盆中所绘的蛙鱼图,也可能隐含着一个古老的创世神话的意象。青蛙和鱼可能是某个悠久历史的氏族或部落先民们神话中创世的大神,它们在混沌未开中创建了宇宙。③

以飞禽化生为主要母题的神话主要流传于东部地区。从河姆渡遗址出土的"双鸟负日

---

① 参见陶阳、钟秀:《中国创世神话》,上海人民出版社1991年版,第218页。
② 参见刘锡诚:《中国原始艺术》,上海文艺出版社1998年版,第437~438页。
③ 参见刘锡诚:《中国原始艺术》,上海文艺出版社1889年版,第435页。

1. 半坡类型（陕西临潼姜寨）

2. 庙底沟类型（河南陕县庙底沟）

图1-28 蛙鱼纹彩陶盆

图""双鸟朝阳图"（见图1-14-3、图1-14-4），到各地的鸟形器、鸟形饰物，都能感到这一传统的印记。

创世神话是最早的文学创作，更是不同地区的先民们对自然与人类最初的哲学思考，反映了他们各自的生存与发展道路，它与刚刚形成的语言与萌生中的文字共同构成了此后不同文化形式与发展的重要基点，同样也是我们研究与感受中华传统文化特色的重要起点。

【思考与讨论】

1. 总结中国原始信仰与崇拜的发展变化趋势。
2. 中国的原始文化对中华传统文化的发展产生了怎样的影响？
3. 谈谈你对中华文化起源的看法。
4. 思考一下中国与西方早期文化的不同点有哪些？

【参考文献导读】

1. 白寿彝总主编：《中国通史》第2卷，上海人民出版社1994年版。该卷是迄今为止最为系统的一部原始社会发展史著作，上起人类起源，下迄夏王朝建立，可以作为深入了解文明起源与传统文化生成的背景著作阅读。

2. 刘锡诚：《中国原始艺术》，上海文艺出版社1998年版。该书对中国原始社会的主要艺术形式进行了较为系统的叙述，包括装饰艺术、雕塑艺术、绘画、舞蹈以及诗歌与神话等，是进一步了解原始艺术发生、发展的重要参考书。

3. 田昌五：《中华文化起源志》，上海人民出版社1998年版。该书是萧克主持编纂的《中华文化通志》的第一卷,叙述了中华文化的启蒙与夏、商、周的文化变迁,有较强的资料性与理论性,可以作为深入了解中华文化起源的理论与资料著作阅读。

4. 朱狄:《信仰时代的文明——中西文化的趋同与差异》,中国青年出版社1999年版。该书从信仰与崇拜入手,探讨了人类社会精神世界的形成与原始文化基本结构,其最大的特色是比较深入地对中西文化的趋同与差异进行了比较研究。阅读该书可以有助于进一步了解中国早期文化的特色所在。

5. 苏秉琦:《中华文明起源新探》,三联书店1999年版。该书是一部从考古学角度探讨中华文明起源的著作。作者结合自身60年的考古生涯,以清新的笔调将作者以及考古学界对中华文明起源探索的主要成就加以展示,是一部很值得一读的考古学著作。

6. 马新、齐涛:《中国远古社会史论》,科学出版社2003年版。该书运用考古学、历史学、文化人类学等相关研究方法,对中国远古社会进行了全新的探索,尤其对于文明的起源、文化的形成以及中国早期文化的基本框架进行了深入、独到的研究。

第二章　百家争鸣与中华传统文化

春秋战国是中国社会大动荡、大变革的时代,也是中华文化史上最富有创造性、最具生命力的时代。对中华传统文化产生了重要影响的先秦诸子百家如道家、儒家、法家、墨家、兵家、阴阳家等都形成于这个时代,各家的代表人物如老子、孔子、韩非子、墨子、孙武、孟子、荀子、庄子、邹衍等也都出现在这个时期。诸子百家的争鸣与融合,人性的高度焕发与生命力的极度张扬,多因素的冲突、交织与渗透,造就了这一时代独特的精神风貌与人格类型,铸建了中华传统文化的基本框架和内涵。

一、春秋战国时代与诸子百家的涌现

春秋战国时代是中国历史发展的特殊时期,也是先秦诸子的形成时期。德国哲学家雅斯贝斯(Karl Jaspers,1883~1969年)在其名著《历史的起源与目的》中提出了"轴心时代"的概念,认为在公元前9~前3世纪之间,世界范围内的几个古代文明区域都有代表人物对人类何去何从以及是非善恶等问题进行了系统思考,并赋予了普遍的意义。在中国,这段时间相当于春秋战国时代。

所谓"轴心时代"的概念,一方面是强调这一时期的思想文化对后世的影响,另一方面也强调这一时期的思想文化对以前的总结与继承。先秦诸子的形成有一个广阔的背景,这便是上古时期特别是夏、商、西周以来的文化传统。

夏商西周以来,中国已经形成了自己的文化传统。三代时期的中华文明已经有漫长的发展历程,有较高的发展水准。只是由于"文献不足",现在还无法对这一时期的文化面貌进行详细述说,不过,根据大量考古材料的揭示,由地下资料与传世文献互证,已经不难察见,很长时期以来,人们对中国古代文明的发展水平认识不清,评估偏低。

根据《礼记·表记》"夏道尊命,事鬼敬神""殷人尊神,率民以事神"的追述,可知那时的人们对于天命、鬼神是顶礼膜拜、虔诚相信的。西周时代基本上继承了夏商以来的思想,仍然视上帝为至高无上的主宰者,把上帝称为"天",作为最高统治者的周王则是"天子"。不过,三代的鼎革教育了周人,尤其是"小邦周"代替"大邑商"而有天下,对周人是一个极大的刺激,他们不能不感到"天命靡常"。在这样的情况下,周人认识到天命不可信,不可盲目地依靠天命。于是,西周时期的人们越来越强调人的重要性,与原来的相信天命、鬼神相比,越来越看重人的因素。

但是,那时的人们毕竟受着时代的限制,他们还不会从根本上否认"天命",而是在维护所谓"天命"的前提下强调人事,也就是"顺乎天而应乎人"①,既顺从天意,又适应人心,这便是周代的"敬天""保民"思想。周初的大政治家周公就把天意与民心联系起来,认为民心的集中表现便是天意。他曾经说:"天惟时求民主"②,"民之所欲,天必从之"③,"天听自我民听"④;而要"保民",就要"敬德";而"敬德"则是对统治阶层的约束,要求他们在对下层百姓加强控制的同时,注意自身的克制。

到了西周后期,随着时代的变迁和历史发展,"天"的地位也发生了动摇。尤其进入春秋以来,社会经济与政治的剧烈变动影响到了人们的思想,大家不再固守"尊神""尊天"的传统观念,重民思想开始抬头。社

---

① 《周易·革卦·彖传》。
② 《尚书·周书·多方》。
③ 《尚书·泰誓上》。
④ 《尚书·泰誓中》。

会上不少人都认为民是"神之主",神依人的意志而行事,主张应当先考虑"民",把"民"的事情放在"神"的前面。

对民事的关注实际意味着对社会问题的关怀。春秋以来,周天子的威权逐渐衰落,在正统的人们眼中,这是一个"礼崩乐坏"的时代。诸侯纷争,竞相称霸,战争接连不断,社会动荡不安;传统的政治体制和思想观念遭到破坏。

春秋战国时代的社会裂变,打破了原来单一、静态的社会格局,加速了文化思想的传播,而多因素的冲突、交织与渗透,也为文化重组提供了有利的契机,为思想的发展提供了有利的环境和空间,使原来掌握宫廷文化的官员下移民间,直接推动了私家学者集团的兴起,私人讲学之风日盛。更重要的是,它使处在下层的士也得到了解放,逐步取得了独立的社会身份。同时,汲汲以求霸业的诸侯又渴求人才的帮助,在诸侯割据纷争的时代,他们不得不"厚招游学",这又反过来推动了士阶层的兴盛。这样一个阶层的崛起,意味着"学在官府"的结束,从而逐渐产生了以"劳心"为特征的知识分子。

士阶层形成于春秋战国时期,这一时期也为他们思想的形成与发展提供了有利环境。激烈的兼并战争,使人们的生活不再平静,各种文化因素不断强烈碰撞。诸侯列国彼此不相统属,社会环境比此前要宽松得多。在这样的社会环境中,士人可以充分展开自己的想象,发挥自己的才干。他们可以游走公室与私门,希望得到任用,同时又可以"合则留,不合则去"。有的士人就以自由的小鸟自比,认为自己可以在政权林立的众树之间选择栖身之所。当时,"游学"之士主要从事精神性创造,而又因自身投靠的对象不同而有各自的立场,成为不同阶级或者集团的代言人。

总之,各种条件的交汇,为中华民族精神文化的形成提供了合力,在我国思想史上占重要地位的先秦诸子就在这样的大背景下产生了。总体上看,诸子百家的产生是对春秋战国社会现实深入思考的结果,他们都试图从各自的角度解决社会问题,从而形成了自己的学说。梁启超在《中国古代学术流变研究》一文中就认为诸子学说"皆起于时势之需求而救其偏弊";胡适也认为儒、道、法等家"皆忧世之乱而思有以拯济之,故其学皆应时而生"①。

对于诸子百家,早在西汉时期就有人进行了大致的区分。著名史学家司马迁的父亲司马谈撰有《论六家之要指》,将诸子分为阴阳、儒、墨、名、法、道德六家;著名学者刘歆的《七略》则分为十家,有儒家、道家、墨家、名家、法家、阴阳家、农家、纵横家、杂家、小说家。从对后世的影响来看,其中较为重要的要数儒、道、墨、法、兵、阴阳诸家。

(一)孔子、孟子与儒家学派

儒家学派由春秋末年的孔子所创立,孔子与他的弟子组成了最早的儒学群体,影响很大。战国时期,儒学的代表人物是子思、孟子和荀子。

儒家学说是孔子和早期儒家针对"礼崩乐坏"、社会失序的"无道"现实提出的救世主张,孔子儒家思想的形成有一个广阔的文化背景。孔子站在他那个时期历史的最高端,深刻反思现实,致力于兴复"先王之道"。孔子弟子后学"宗师仲尼",承传与发展孔子思想,奠定了儒学在后世发展壮大的基础。

1.孔子与儒学的创立

孔子(前551~前479年),名丘,字仲尼,鲁国(今山东曲阜)人。(见图2-1)孔子早年丧父,家境衰落,他曾说:"吾少也贱,故多能鄙事。"②他曾做过管理仓廪的"委吏",也做过管理放牧牛羊的"乘田"。孔子好学,至老仍孜孜不倦。孔子好礼,幼年时即"陈俎豆,设礼容"③,摆设祭祀礼器,演习礼仪;少年时期,已通习礼、乐、射、御、书、数"六艺",并开始反

---

① 胡适:《诸子不出于王官论》,《中国哲学史大纲》,东方出版社1996年版,第359页。
② 《论语·子罕》。
③ 《史记·孔子世家》。

思历史与现实,立志向学,思考"修己安人"之道。孔子"三十而立",早早确立了人生的方向,并开始收徒授业。孔子曾受业于老子,带领部分弟子周游列国十四年,晚年修订"六经",即《诗》《书》《礼》《乐》《易》《春秋》。孔子一生从事教育,主张"有教无类",吸引了大批弟子来学,其培养的学生有三千余人,其中

图2-1 孔子像

学有所成者有七十二人。(见图2-2)孔子创办的私学,一方面打破了"学在官府"的传统,使学术中心下移民间,促进了思想文化的发展;同时,还培养了一大批人才,他和他的弟子们形成了一个对社会影响极大的儒家学派,孔子因而也就成了儒家学派的宗师。孔子以后,他的弟子分散到各地,继续传播和弘扬孔子的学说,使孔子思想的影响越来越大。其弟子后学对孔子及其弟子的言行语录进行了系统整理,编辑成为《论语》《孔子

图2-2 孔子讲学图

家语》等。

孔子不仅是儒家学派的创始人,更是我国历史上具有开创意义的思想家。综观孔子研究的各种材料,其中多是他关于政治和伦理的论述,即使他编次的书籍,也隐含着他的政治思想和伦理主张。孔子的思想内容十分广泛,涉及到社会生活的方方面面,诸如如何处理人与人、人与社会的关系,如何立身,如何行事,等等。其中"礼""仁"及"中庸"在孔子思想中占有最重要的地位。

孔子的思想有一个不断发展的过程,在他人生的不同时期,他的思想所表现出的具体特征也有不同。孔子思想产生的早期,孔子所关注最多的是"礼",即周礼。孔子步入社会之初,名声日隆,从学的弟子众多,原因都在于他对周代礼乐的精深造诣。自春秋以来,周天子名为天下"共主",实际上已沦为附庸。周初以来制定实施的礼乐制度逐渐崩溃,宗法秩序紊乱起来,旧的等级名分遭到破坏。在孔子看来,这是一个"天下无道""礼坏乐崩"的乱世,这时期孔子谈论最多的便是周礼,他所念念于怀的是怎样以周代礼乐重整社会。于是,孔子以维护周天子的一统天下和重建文武周公之业为己任,到处奔走,希望实现自己的理想社会。

当然,孔子所说的礼,内容是多方面的。单就其维护社会秩序的层面而言,它对每个社会成员,诸如君臣上下、父子兄弟、朋友之间等在社会关系中的行为规范都有具体的期待。在他看来,要改变"上下失礼"的局面,首要的应当"正名",应当"君君,臣臣,父父,子子"①,使君臣父子各尽职分,这正如《大学》所说:"为人君,止于仁;为人臣,止于敬;为人子,止于孝;为人父,止于慈;与国人交,止于信。"对此,孔子也曾进行过实践。他为中都宰时,以礼治理一年,各地诸侯纷纷效仿;他为鲁国司寇时,依礼治国,全国上下秩序井然,连作为邻国的齐国也感到恐惧,认为孔子为

---

① 《论语·颜渊》。

政,鲁国一定会迅速强大起来。孔子所推行的周礼当然有其消极的一面,但作为一种政治统治方式,周礼对于当时社会的安定毕竟起了重要的积极作用。很长一个时期以来,一提到礼,人们往往把它与"封建礼教"联系起来,其实,作为一种人文文化,"周礼"比夏、商时期的"尊命文化"和"尊神文化"更具有时代的进步性;同时,其秩序性的内核是什么时候也不应否定的。

随着时间的推移,孔子对社会的认识逐渐深化。他到处推行自己"礼"的主张,企图用自己的学说改造社会,但却事与愿违,处处碰壁。他不得不进一步思考"礼"之不行的深层原因,于是,他开始越来越多地谈到"仁",议论"仁"与"礼"之间的关系。这时期,孔子"仁"的学说得到了充分的拓展和完善。孔子强调的"仁"具有丰富的意涵。其基本内涵是"爱人",这首先表现为对父母亲人的爱,即所谓"孝悌也者,其为人之本";然后将这种亲情扩而广之,施及他人,才算做到了"仁"。也就是说,要以"修己"为基础,进而"推己及人",使"仁者爱人"。这样,"仁"应该落实到对他人、对集体、对社会乃至对自然的尊重和友好上。具体说,应该承认人的存在,尊重人的人格,具有明确的人化意识和行为。孔子"仁"的思想特别强调人伦义务,希望人人尽伦尽职。这样,在为人处事方面就应该努力做到"己欲立而立人,已欲达而达人"[①],"己所不欲,勿施于人"[②]。孔子以"爱人"解释仁,作为仁德的根本标志,他不仅希望以"仁爱"精神处理人与人之间的关系,更以"仁爱"原则来治国安邦。如果社会中的每个人都能做到"仁",具有仁爱之心,上下、长幼和谐有序的礼治社会便不难实现了。

孔子思想是基于对当时社会问题的深入思考而形成的,他思考社会如何安定,考虑怎样使政治清明、人心和顺。因而,在政治的层面上,孔

---

① 《论语·雍也》。
② 《论语·卫灵公》。

子的仁爱思想便十分自然地推衍出了仁政德治的思想,从而建立了以"仁"为核心的道德理论体系,以"仁"来统摄诸德,强调"仁"在孝、悌、忠、信、礼、义、廉、耻等重要德行之中的统领与中心地位,把恭敬、慈惠、诚信、宽厚、敏捷等德行作为实现仁德的标志。

进入晚年以后,孔子的人生境界更加提高,达到了"从心所欲不逾矩"①的佳境。他晚年喜欢《周易》,并作《易传》(见图2-3),对自己的哲学思想进行了具体阐发,他的"中庸"的方法论观点也臻于成熟。"中庸"其实就是"用中""把握中道",是一个讲究"不偏不倚""过犹不及"的思想方法。孔子认为,人生活在社会上,应该尽力做到"持正守中",而"中庸"就是一个不断纠偏的过程。孔子政治伦理思想也贯穿了这样的思想方法。他说:"礼所以制中也。"②这个"中"即中庸,也是孔子理论学说的哲学基础。

图2-3 韦编三绝

---

① 《论语·为政》。
② 《礼记·仲尼燕居》。

用"礼"来调节人们的行为,使之"不过",亦不可"不及"。做到行为"适中",便有了立身之本。总之,"中庸"的基本精神,是通过对事物的综合认识、了解与把握,使矛盾的处理、事物的发展更加合乎规律,最终达到消融矛盾,避免冲突,从而稳定社会、和顺人心的目的。

2. 孔子弟子与儒家学派的形成及传播

孔子和他的弟子们构成了最早的儒家学派。

儒学之成为"学派",当然不是孔子一人所能成。在孔子学说和儒家学派的形成过程中,孔子弟子所起的作用不容忽视。孔子弟子三千,身通六艺者七十有二人,孔子与他们都有接触,特别是那些学术优异的弟子,更与孔子朝夕相处。孔子弟子对老师十分了解与崇敬,因而极为珍视师说,他们将孔子的"善言嘉语"随时加以记录。很多时候,弟子觉得老师言论精到,便及时加以整理。据记载,孔子教学时,他的旁边往往有年轻弟子专门记录。孔子与弟子"教学相长",孔子弟子对孔子思想学说的形成起到了重要作用。

孔子弟子众多,性格各异,师从孔子有先有后,大都对弘扬孔子学说作出了贡献,尤其是孔门"四科"[①]中的佼佼者。"四科"弟子仅是列举而已,其他著名弟子还有不少,如曾参、颛孙师、言偃、有若、澹台灭明等。这里,仅介绍在早期儒学群体中较有影响的几位:

颜回是孔子最得意的弟子。虽然家境贫寒,生活窘迫,但他始终"不改其乐","好学"乐道,孜孜以求,且尤以"德行"著称。孔子说:"自吾有回,门人益亲。"[②]说他以"仁"的标准严格要求自己,做到"其心三月不违仁",极力称赞其贤德说:"贤哉,回也!一箪食,一瓢饮,在陋巷,人不

---

① 孔子曾把弟子按专长区分为四类,认为颜渊、闵子骞、冉伯牛、仲弓长于"德行",冉有、季路长于"政事",宰我、子贡长于"言语",子游、子夏长于"文学"。

② 《史记·仲尼弟子列传》。

堪其忧,回也不改其乐。贤哉,回也!"①。颜回对孔子崇仰备至,努力追随,竭力体悟、理解、力行孔子学说,视孔子如父。因此,颜回对孔子的人格学说境界了解最深,景仰备至。作为孔门高足,颜回达至道德的最高境界,身体力行,堪称千古典范,故后世有所谓的"颜子精神",也称为"德性之乐"。在宋儒大倡"寻孔颜乐处"的影响下,颜子精神为后世称许,为历代所重视。

曾子,对孔子学说的理解精到而深刻。他道德修养比较全面,以"省""信""孝"等著称,他曾经自言说:"吾日三省吾身:为人谋而不忠乎?与朋友交而不信乎?传不习乎?"②曾子强调的这种无须外人强制,主动而发自内心的自我反省,是他修养方法的最突出之处。曾子注重孝道,以"孝"闻名。出于曾子的《孝经》,全面阐发了孔子"孝"的学说。曾子不仅在理论上关注"孝",主张事亲以孝,在现实生活中也是一个不折不扣的孝子,且其孝亲的言行始终贯穿着"敬",所以他的孝名彪炳千古,成为典范。曾子对于儒学的发展具有重要意义。他上承孔子,开启思孟学派以注重"内求"为特色的德行修养方式。由曾子及其弟子们所组成的"洙泗学派",也被视为孔门后学中发展孔子学说的重镇。

子贡,春秋时期卫国人。子贡格外推崇孔子思想及人格,积极宣扬师说,对扩大孔子的影响起了重要作用。在他身上,体现出一种"现实主义"与"理性主义"的双重精神。子贡还是孔子弟子中传播弘扬师说最得力的学生之一,他经商、搞外交、广交公、卿、大夫、士人,而且到处受到礼遇,加上他的雄辩之才,骋说于列国之间,到处宣扬师说,故"使孔子名布扬于天下者,子贡先后之也"③。

子夏是孔子晚年的弟子。基于对孔子"内圣外王"思想的理解,子夏

---

① 《论语·雍也》。
② 《论语·学而》。
③ 《史记·货殖列传》。

非常强调"学"的重要意义,他的"学而优则仕"①的主张,对中国人的心理产生了重要影响。子夏把"学"的意义进一步阐发,提出独特的好学标准:"日知其所亡,月无忘其所能,可谓好学也已矣。"②他更注重贯穿于现实生活中的活学问,说:"贤贤易色;事父母,能竭其力;事君,能致其身;与朋友交,言而有信。虽曰未学,吾必谓之学矣。"③在孔门弟子中,子夏对古代典籍的兴趣和造诣可谓首屈一指,他不仅能领会孔子的思想,有时还能对孔子有所启发。他在文献方面的功底相当深厚,尤其精于《春秋》之学。《韩非子·外储说右上》称"患之可除,在子夏之说《春秋》也",说明子夏与《春秋》有密切的联系。有人说:"《诗》《书》《礼》《乐》,定自孔子;发明章句,始于子夏。"④所谓"章句",是借助辨章析句发明本意来释读儒家经典的一种方法。子夏的"章句"之学,对儒家经典的解释与传播意义重大。就子夏的经学而言,他于诸经皆有钻研,也有所侧重。宋人洪迈说:"孔子弟子,惟子夏于诸经独有书。"⑤子夏于《诗》《乐》之学、于《春秋》微言大义、于孔子所见的《易》学之理,尤其见解独到,号为"孔子之通学",他习经很擅长发掘经书潜在的深义。子夏在学习儒家典籍的同时,还积极教授弟子。在魏西河教授弟子颇多,为儒家经典的传授做出了重要贡献。

孔子逝世后,他们"散游诸侯",如子路居卫,子张居陈,澹台灭明居楚,子夏居西河,子贡终于齐等,或从政,或经商,或授徒讲学,或隐居研究,著书立说,交游诸侯、士大夫,用不同的方式宣扬孔子的思想学说,以弘扬儒学为己任。至战国中期,儒学已成为具有重大影响的"显学"。孔子弟子后学以孔子为"宗",最早的儒家学派便是由孔门师徒所组成的儒

---

① 《论语·子张》。
② 《论语·子张》。
③ 《论语·学而》。
④ 《后汉书·徐防传》。
⑤ 宋·洪迈:《容斋续笔》卷十四《子夏经学》。

者群体。

3. 子思对孔子学说的整理与传承

孔子未能实现自己的理想,晚年更迭遭丧子失徒之痛,但或许值得他欣慰的,就是有一个后来成为"一代儒宗"的孙子孔伋。

孔伋(前483~前402年),字子思。(见图2-4)为与孔子相区别,也为了敬重,后世多以字相称。子思在儒家道统上占据重要地位,被尊为"述圣"。作为孔子裔孙、圣门之后,子思学识深厚,不少人投到他的门下读书学习,于是,以子思为中心,形成了孔子之后一个重要的儒学派别——"子思之儒"。子思上承孔子"中庸"之学,下开孟子"心性"之论,在孔孟道统传承中起着桥梁作用。

子思是儒家学派的正统传人,但它的思想却因其著作的逸佚而变得模糊不清。所幸地下出土了许多重要的早期文献,尤其1993年发现的郭店楚墓竹简,使久已失传的子思著作重新呈现。经过研究,人们认定其中的儒简属于子思一系的作品。后来,上海博物馆购藏了一批年代相近的楚简,其中的《从政》篇也属于《子思子》佚篇[1]。收入《礼记》的《中庸》《表记》《缁衣》《坊记》四篇也原属子思作品,南朝梁人沈约说这四篇"皆取《子思子》"[2],应当是可信的。在《孔丛子》中,也保存了不少子思问孔子的史料,如《记问》篇记载了子思向孔子请教关于任用贤人、治国与礼乐和法的关系及"心""圣"在认识上的作用等。在现存子思著作中,子思所辑录的孔子言论占据较大

图2-4 子思像

---

[1] 杨朝明:《上博竹书〈从政〉篇与〈子思子〉》,《孔子研究》2005年第2期。
[2] 《隋书·音乐志》。

篇幅,子思整理孔子遗说,对孔子思想传承意义重大。

子思一生历尽艰辛,生活贫困。他说:"道伸,吾所愿也,今天下王侯其孰能哉,与屈己以富贵,不若抗志以贫贱。屈己则制于人,抗志则不愧于道。"①子思曾为鲁穆公之师,他秉性与孔子相同,在政治上也刚傲不屈,忠恳诚实,曾说"恒称其君之恶者为忠臣"②,是他忠臣品格的体现。在子思学说中,性命论、天道说以及治国用贤、礼乐治国等政治思想占有重要地位。子思开创了儒家的"心性"学说,在继承孔子、曾子而至于孟子的"内求"思想理路阐述发展中,起到了至关重要的作用。

子思最大的思想贡献在于阐扬和发展了中庸学说。孔子思想中有丰富的"中"的内容,把"中庸"上升到了"至德"的高度,贯穿于他的全部学说和实践中。在孔子的基础上,子思系统阐发了"中庸"思想,把"中庸"的概念从"执两用中""过犹不及"的方法论提高到了世界观的高度。子思认为,人的情欲在未表现出来以前不会有"过"和"不及"的偏颇,但人性感于外界诱导而发于外,往往会走向偏颇,所以子思提出"发而皆中节"的要求,即按照"中"的正路去控制性情发展,达到"和"的状态。"中"与"和"可以让事物平衡发展,使天地万物各得其所,所以人应当不断修养,以求"中道"实现。

4.孟子、荀子对儒学的弘扬和阐发

孔子去世后,儒学内部出现了不同的学派。《韩非子·显学》说:"自孔子之死也,有子张之儒,有子思之儒,有颜氏之儒,有孟氏之儒,有漆雕氏之儒,有仲良氏之儒,有孙氏之儒,有乐正氏之儒。"这些学派"取舍相反不同",但他们都是要做"真孔",希望"不失"孔子之意,他们也的确从不同的角度对孔子思想有重要阐发,对确立儒家学派的地位与影响起了重要作用。其中用力最大、影响最广的就是战国时期的"孟氏之儒"和

---

① 《孔丛子·抗志》。
② 荆州市博物馆编:《郭店楚墓竹简·鲁穆公问子思》,文物出版社1998年版。

"孙氏之儒",其中的"孟氏"当指孟子;"孙氏"当指荀卿,即荀子。按照西汉时期学者、孔子后裔孔安国的说法,在六国时期儒学之道分散的情况下,"游说之士各以巧意而为枝叶",而孟子、荀卿依然"守其所习"[1],司马迁的《史记》也将孟子、荀卿合传,《儒林列传》说:"威、宣之际,孟子、荀卿之列咸遵夫子之业而润色之,以学显于当世。"刘向在《孙卿子叙录》中也说:"惟孟轲、孙卿为能尊仲尼。"可以想见,在六国时期,孟子、荀子为发扬儒学做出了很大贡献。

孟子、荀子同属儒家,但在思想主张上却有明显区别。孟子"私淑"孔子,言必称孔子。荀子则反对孟子,把孟子称为"俗儒",自己则以"大儒"自命。

孟子(前372~前289年),名轲。战国时期鲁国邹(今山东邹城)人。(见图2-5)《史记·孟子荀卿列传》说孟子"受业子思之门人"。子思幼时亲承孔子教诲,又受教于曾子之门。孟子对曾子、子思非常推崇。《孟子·离娄下》说:"曾子、子思同道。"孟子与他们在思想上十分契合。

与孔子一样,孟子也曾开门授学,他的弟子虽不及孔子弟子之多,但可考者就有公孙丑、万章、乐正子、公都子、屋庐子、孟仲子等十数人。孟子也是先秦时期重要的教育家,也曾游走于诸国之间,推行"仁政"学说,其社会影响虽日益扩大,但在战国中期杀伐横起的局势中,孟子"性善""仁政"的主张却难以获得统治者的青睐。晚年,孟子与"万章之徒序《诗》《书》,述仲尼之意,作《孟子》七篇"[2],寄希望于后世。

在长期的政治活动中,孟子到各地

图2-5 孟子像

---

[1] 孔安国:《孔子家语后序》,马端临:《文献通考》卷一八四《经籍考十一》。
[2] 《史记·孟子荀卿列传》

交流,扩大了儒学的影响,也扩展、深化了儒学的理论内涵。孟子继承子思学说,传承与诠释仁、义、礼、智,称之为"四德"或"四端",将其与恻隐之心、羞恶之心、辞让之心、是非之心等"四心"相对应,成为孟子性善说、仁义论、仁政主张的基础。"四德"及"四心"说的提出,是孟子为其性善说构建的理论基石,是孟子对儒家理论的重要发展。

在将仁爱思想作为建立人性论的依据之后,孟子又将仁爱精神推而及于政治。孟子认为:"人皆有不忍人之心","以不忍人之心,行不忍人之政"①。"不忍人之心"就是仁心,"不忍人之政"也就是仁政。在他看来,仁应当作为施政的根本,行仁政者得天下,失仁政者失天下。不仁者而得邦国尚有可能,"不仁而得天下者,未之有也"②。为此,孟子提出"王霸之辨",提倡"王道"政治。"王道"就是要以德服人,而"王道"理论的核心便是仁德,判断政治的有道与无道,就是看其是否符合仁德。"仁政"思想的本质在于爱民,孟子提出了"民贵君轻"的命题,说:"民为贵,社稷次之,君为轻。"③从而把中国古代传统的"民本"思想发展到新的高度。

性善论是孟子学说的理论基石。他通过人与禽兽的区别界说"性",从"类"的角度考察人。孟子认为,人作为统一的物类有其共性,不仅有共同的生理需求,而且有共同的心理需要,这就是仁、义、礼、智四种向善的本能,仁、义、礼、智等道德行为属于人固有的"善端",人应该扩充善端。孟子的性善论根本上是为了救世,为了教化君臣、民众。孟子用"善"眼光观察世界,目的并非在于对"性"作客观描述与分析,而是将"性"看作人之为人之所在,进而使人们确立人生信念,安顿精神生命,实现终极关怀,实现社会的和谐与稳定。

荀子(约前325~前238年),名况,字卿。后人尊称荀子,又称孙卿

---

① 《孟子·公孙丑上》。
② 《孟子·尽心下》。
③ 《孟子·尽心下》。

子。他生活的年代比孟子稍晚,那时,政治局势更加无序,思想碰撞更加激烈。荀子以救世安民为己任,博采众长,标新立异又归宗儒家,他既吸收那个时代的思想精华以充实自己,又从礼学角度扩展儒学,使"内圣外王"之学更加坚实可行。

荀子本为赵国人,15岁到齐国游学。孟子游齐时,荀子似曾与之相见。荀子曾游历齐、燕、楚、赵、秦等国,在齐稷下学宫(今山东淄博临淄北)活动时间较长,历宣、湣、襄三王,三为祭酒,成为稷下儒家的代表人物。晚年的荀子曾得楚国公子春申君的帮助,任兰陵(今山东苍山)令。

荀子同样曾收徒授学。韩非、李斯皆曾问学于荀子。不过,二人与荀子思想分歧甚大,终至分道扬镳,成为法家的代表人物。荀子被称为先秦时期最后一位儒家。他发展了孔子学说,丰富了儒学理论。荀子生前已经有"圣人"之誉,认为他与孔子相比毫不逊色,后人也对他有高度评价。

作为传经之师,荀子不仅终结了先秦子学,更开启了两汉经学。从"经"的传承上讲,汉代经师尊奉与研习的经典有不少与荀子有关。荀子重点发展了早期儒学中"礼"的思想,从而使儒学的内涵更加丰满。荀子对孔子礼学的继承和发展,不仅在于明确了礼的各种社会政治规定,而且使礼的操作性更切实可行。荀子尊崇周公,在他心目中,周公可谓儒者楷模。荀子自称继承孔子及其弟子仲弓,把周公、孔子和子弓(仲弓)同尊为"大儒"。从周公、孔子、子弓到荀子,形成了一个思想学说的传承统绪,这也是荀子礼学形成的渊源和脉络。

荀子的政治主张继承了孔子、子弓等的礼、法结合思想。荀子集中阐发了"礼"的起源、内容和作用。荀子认为,礼是治国的根本,即"人道之极",礼起着规范、法式的作用,为人们的行为规定界限和标准。社会成员必须尊重和遵守礼的规定,君主也要用礼统率群臣、治理国家。以礼导化和矫饰人性,通过礼义教化,诱导人们"化性起伪",去"恶"从"善"。与孟子主张"人性善"不同,荀子提出"人性本恶"的主张。荀子说:"人之性恶,其善者伪也。"① 所谓"伪",是指后天的人为作用,认为人性是天然的,礼义道德之善却不是与生俱来的,而是经过环境的教育、学习养成的。荀子认为"恶"源于情性,人的情性膨胀、发展,就会导致"恶",人的邪恶的品行是由人的欲望导致的。

荀子提出性恶论,与他所处的时代具有直接关系。当天下乱离之际,人们朝不保夕,在礼义道德的呼吁被战争的呐喊所淹没的时候,邪恶的事实不断地呈现出来。荀子时代稍后于孟子,他比孟子看到了更多的征战与杀伐,因此他更多地注意到了争夺、残贼、淫乱之类,主张人应当摒恶向善,改变人性。既然礼义产生于人为的努力,而不是由于人的本性,而圣人深思熟虑,常习人为之事,从而产生和建立礼义和法度,所以要改变人性之恶,就应该加强礼义教化,从而禁绝乃至去除邪恶。这正是荀子人性学说的价值导向。

(二)老子、庄子与道家学派

道家以老子、庄子为代表,是堪与儒学并驾齐驱的一大流派。

道家又称为"道德家"。道家思想是在老子思想的基础上,经过不断发展而形成的。老子是这一流派的奠基人。

老子姓李,名耳,字聃,是春秋后期的思想家。他曾经做过周朝的守藏史,负责周王室的图书管理,年龄可能略长于孔子。(见图2-6)老子的思想集中在《老子》一书中,现在通行的《老子》分为上、下两篇,有5000余字,称为《道德经》。1973年长沙马王堆汉墓出土的帛书《老子》甲、乙本与通行本相反,其《德经》在上,《道经》在下。1998年公布的湖北郭店楚墓又出土了竹简本的《老子》,据研究,该墓葬的年代为公元前300年左右,时当战国中期。以前人们认为《老子》成书在战国中期甚至更后,看

---

① 《荀子·性恶》。

来是不对的。

道家的思想核心是"道","道"是道家思想文化体系的最高范畴。在老子的哲学思想中,"道"就是一个超绝一切的虚无本体。在老子看来,"道"是"万物之宗",是第一性的。他说:"道生一,一生二,二生三,三生万物。"① 也就是说,世间的万物都是从"道"派生出来的。显然,"道"不是物质实体,而是一种"视而不见"的精神。所以他说:"天下万物生于有,有生于无。"② 在这里,"无"等同于"道",成了天下万物产生的根源。

图2-6　老子像

然而,"道"虽然看不见、摸不到,却无所不在、无时不在,具有普遍性。与之相适应,老子的政治主张表现为顺应自然,"无为而治"。所谓"无为",并不是真的无为,这正如老子所说,是"为之于未有,治之于未乱"③,是见微知著,洞悉变化,顺势而为。因而在政治领域,老子主张:"我无为而民自化,我好静而民自正,我无事而民自富,我无欲而民自朴。"④ 老子的思想体系是在天道自然无为、人道顺其自然的天人关系框架中展开的,其手段是因势利导,最终目的还是"无不为"。正如司马谈在《论六家之要指》中所说:"道家无为,又曰无不为,其

---

① 《老子》第四十二章。
② 《老子》第四十章。
③ 《老子》第六十四章。
④ 《老子》第五十七章。

实易行,其辞难知,其术以虚无为本,以因循为用。"①《汉书·艺文志》也说道家"秉要执本,清虚以自守,卑弱以自持"。

老子所理想的是"小国寡民"的清平世界。在他向往的社会里,人们安居乐业,"甘其食,美其服,安其居,乐其俗"②,各国都是圣人之治,展现了和平景象,虽然各国比邻而居,互相之间经常见面,鸡和犬的鸣叫声也都可以互相听得见,但彼此之间和平无争。百姓都能够寿终正寝,得享天年,互相之间不会发生战争。老子把这样的社会看成是"至治之极",这种社会理想与孔子儒家可以说是异曲同工。

以往,人们认为老子所说"民至老死,不相往来"是人们彼此不相互联系,认为老子在宣扬封闭、保守,提倡闭关锁国。其实,老子在这里强调的是,人们应该享有在和平条件下生活到老的幸福,就是死亡也是正常老死,得寿终,享天年。"往来"不是指正常生活来往,不是正常的物资交流,而是指国家间战争的你来我往。"往来",是使用"什伯之器"、使用"舟舆"、使用"甲兵"的往来。没有战争的往来,百姓也就会正常终老而不是战死或被杀死了。

可见,老子的"无为而治"其实是"无不为",这是一种很高的管理智慧与人生智慧。为了达到"为无为,则无不治"的目的,老子希望人们理解"利而不害"的"天之道",懂得"为而不争"的"圣人之道"③。理解了"其安易持,其未兆易谋,其脆易泮,其微易散"的道理,就能像《中庸》所说的那样"知远之近,知风之自,知微之显",从而防微杜渐,见微知著,防患于未然。只有这样,才能"慎终如始",持之以恒,最终长成"合抱之木",筑成"九层之台",完成"千里之行"。

庄子是战国时期道家的代表人物。庄子(约前369~约前286年),

---

① 《史记·太史公自序》。
② 《老子》第八十章。
③ 《老子》第八十一章。

名周,宋国蒙(今山东东明一带)人,在蒙做过短期的漆园吏。(见图2-7)他生活在战国中期,为人十分超脱,不愿意为政治所约束,拒绝楚威王的重金迎聘。据《史记·老子韩非列传》说:"其学无所不窥,然其要本归于老子之言。"也就是说,他的学问面很宽,其宗旨与老子学说有较强的一致性。庄子思想比较完整地保存在《庄子》一书中。

庄子继承并发展了老子"自然""无为""不争"的观点,在庄子那里,"道"是超感觉的,它无为无形,超越时空。"道"是万物的创造者,世界由它产生,万物由它铸造。他以"道"为宇宙本体的学说有一定的辩证思维因素,但却把老子学说引向了相对主义的道路。庄子看到一切都处于"无动而不变,无时而不移"①之中,忽视了事物本质的稳定性和差别性,主张泯是非,齐生死,忘物我,合异同,认为人通过修养可以得"道",从而与"道"同体,幻想一种"天地与我并生,万物与我为一"②的精神境界。庄子甚至认为不要以有限的生命去追求无限的知识,反映了一定的消极和没落情绪。他要人安时处顺,养生避害,逍遥自得。他首先提出了"万物之理"的范畴,用"气"的聚散解释人的生死,认为气"聚则为生,散则为死",对后代影响很大。

先秦道家创始于老子,而大成于庄子。正因如此,人们习惯上以"老庄"作为道家的代名词。除老、庄之外,道家学派还有不少著名的代表人物,如列子、杨朱、田骈、宋钘、尹文等,可以说是流派纷呈,蔚为大观。

图2-7 庄子像

---

① 《庄子·秋水》。
② 《庄子·齐物论》。

(三)墨子与墨家学派

墨家是先秦时期与儒、道鼎足而立的一大学派,其创始人是战国初期的思想家墨子。

墨子名翟,鲁国人。(见图2-8)他出身于手工业者,具有高超的手工生产技能,熟悉"农与工肆之人"的生活状况,是小生产者阶级的代表。低微的出身,使墨子对春秋战国之际剧烈动荡的社会现实感触较深,他看到了下层人民的疾苦,所以他的思想倾向于广大的小生产者。墨子早年曾经学习儒家的学说,接受孔子的思想。但是,他认为儒家提倡的礼节过于烦琐:丰厚的葬礼,耗费了资财,而使百姓贫困;长久服丧,伤害生命而妨碍政事,所以墨子走向了儒家的反面。

图2-8 墨子像

墨家学派是一个有严格组织纪律的团体。墨子的弟子多来源于社会下层,参加到这个学派的人在吃穿劳作等方面要自觉地接近下层人民。墨子之后的墨家领袖号称"钜子",所有的墨者都必须服从"钜子"的指挥,就好像参加宗教的人服从教主一样。墨子实际就是第一代的"钜子",据说为墨子服役者有180多人,每个人都可以"赴火蹈刃,死不还踵"①。

墨家初期以墨子本人的学说为中心。墨子的思想体系以功利主义为其突出特色。墨子反复说明,仁人在位,要"兴天下之大利,除天下之大害"②,使国强民富,政治清明。墨子学说以"利"为出发点,形成了他的一整套道德、宗教、哲理、政治等观点。也是从"利"这点,他提出了"尚

---

① 《淮南子·泰族训》。
② 《墨子·兼爱下》。

贤""节用""兼爱"等主张。在他看来，如果真正实现了他的这些主张，当时"饥者不得食，寒者不得衣，劳者不得息"[1]的问题就可以解决，天下的人都可以过上温饱安适的生活，也就能够做到"赖其力者生，不赖其力者不生"[2]。在他看来，"不与其劳获其实"乃是不仁不义的行为，对儒家的"仁""义"等观念作了新的解释。

墨子主张"兼爱""非攻"，反对战争。针对当时"有大国即攻小国，有大家即伐小家，强劫弱，众暴寡，诈欺愚，贵傲贱，寇乱盗贼并兴，不可禁止"[3]的社会现实，他企图用"兼相爱，交相利"的原则来拯时济世，主张国与国之间的纷争应用和平外交途径予以解决。这种普遍的、无差别的人与人之间的互爱，虽然是虚幻的、不存在的，但毕竟反映了小生产者要求平等、厌恶战争、希望安居乐业的愿望。墨子希望人人有一个相对稳定的生活，为此，他主张统治者"尚贤""尚同"，即要不分等级地举用贤才，向"农与工肆之人"开放政权。在这样的前提下，他要求社会上下在认识上同是非，最后集中到中央，这样社会才会稳定。他还要求统治者珍惜人民的劳动成果，倡导"节用""节葬"，反对穷奢极欲，挥霍浪费，要节约支出，葬礼从俭。

墨子当然没有也不可能摆脱传统思想的束缚。他"非乐""非命"，针对统治者沉湎于酒肉声色的腐朽生活，力图使他们明白音乐没有益处，命运根本不可信，但却主张"尊天""事鬼"，认为天有意志，能赏善罚恶，鬼神也有超越常人的能力。不过，在墨子的眼中，上天鬼神是为了百姓的利益来监督天子以至万民的最高权威，这与统治者利用天命、鬼神作为压迫人民的思想工具有很大区别。

墨子也曾怀着极大热情四处奔走，以兴利去害，拯救天下为己

---

[1] 《墨子·非乐上》。
[2] 《墨子·非乐上》。
[3] 《墨子·非乐上》。

任。后来,孟子曾用夸张的口气说:"墨子兼爱,摩顶放踵利天下,为之。"①墨子的思想反映了一种比较普遍的心理,"兼爱"的提法也让人耳目一新。

(四)商鞅、韩非与法家学派

法家也是战国时期的重要学派,有着较为久远的发展历程。其先驱人物是春秋时期齐国的管仲和郑国的子产,他们为了理乱强国,都尚法明刑,力主强化法令刑律。他们虽然还没有形成系统的法治观念,但对旧的制度进行了某些改革,从而为以后的法家提供了重要的思想资料。至战国初期,各诸侯国中出现了变法改革的浪潮。于是,作为法家创始人物的李悝、吴起、商鞅、申不害与慎到等人纷纷登台,他们大部分都参加或领导了变法活动。他们重视农业,制定了发展农耕的政策,改革田制,以更好地解放生产力;他们还主张严刑峻法,认为不论贵贱亲疏,应当"一断于法"。

商鞅(约前395年~前338年),战国时期的法家代表人物,卫国(今河南安阳)人。他是卫国国君后裔,故又称卫鞅、公孙鞅。秦孝公时,受命主持变法,后来因在征战中立功,获封商於十五邑,号为商君,又被称为商鞅。

商鞅通过变法使秦国成为富裕强大的国家,史称"商鞅变法"。政治上,商鞅改革了秦国户籍、军功爵位、土地制度、行政区划、税收、度量衡以及民风民俗,并制定了严酷的法律,主张重刑厚赏;经济上,商鞅主张发展农耕的经济政策,重农抑商、奖励耕织;军事上,商鞅重战尚武,具有军国主义思想。他作为统帅,率领秦军收复了河西。公元前338年,秦孝公逝世,其子秦惠文王继位。同年,商鞅因被公子虔诬陷谋反,被攻杀,其尸

---

① 《孟子·尽心上》。

身被带回咸阳,车裂后示众。

在变法之争时,商鞅提出:"圣人苟可以强国,不法其故;苟可以利民,不循其礼。"[①]在他看来,只要能使国家强盛,只要有利于人民,就不必沿用旧的法度与礼制。他认为,社会是向前发展的,社会的需要是随着时代而变化的,因而社会制度也要适应时代的需要而改革。他不因循守旧,不因袭前规,这样才能够强国利民。商鞅的主张成了秦国政治的指导原则。商鞅执法不避权贵,大夫与平民在法律面前平等,他以主张"明法"的态度和精神来推行政治改革,让百姓知晓法律,他也这样落实在行动中。

商鞅主张国家应统一民众的心智,制定统一的制度,实现统一的目标。商鞅死后,他的思想经过发展逐渐形成一门学派,名为"商学派",对秦国乃至秦朝的思想影响较大。商鞅的言行和思想及法家后学著作汇编为《商君书》,是法家学派的代表著作之一。

韩非(约前280~前233年),韩国都城新郑(今河南新郑)人,战国末期杰出的思想家。(见图2-9)韩非是法家思想的集大成者,他的思想学说集中在《韩非子》一书中。

韩非深爱韩国,但他的政治主张并不被韩国当政者重视,秦王嬴政为了得到韩非而出兵攻打韩国。李斯因嫉妒韩非的才能,将韩非害死在秦国。但韩非的思想却被秦王嬴政所用,帮助秦国富国强兵,最终统一六国。

韩非倡导君主专制主义理论,目的是富国强兵。在早期的法家人物中,商鞅重"法",申不害重"术",慎到偏重于"势"。韩非则认为,对于建立专制主义中央集权政治来说,"法""术""势"三者缺一不可。"法"指成文法令,"术"指国君统御臣下的手段,"势"则指国君所拥有的至高

[①] 《商君书·更法》。

无上的权威。韩非受道家与荀子思想的影响,认为人生来就是自私自利的,统治者与人民之间天然就具有矛盾冲突,不可能使人民心悦诚服地接受统治,只有用暴力进行压制,才能使统治稳固。在他看来,严厉的家庭没有"悍虏",而慈祥的母亲却常有"败子",他由此判定"威势之可以禁暴,而德厚之不足以止乱"①。所以他强调实行严刑峻法,轻罪重判,才能有效地防止反抗。

图2-9 韩非像

(五)孙武、孙膑与兵家学派

在先秦诸子百家中,兵家也是一个重要的学派,它一般是指对战略与战争研究的派别,其最具代表性的人物是春秋时期兵家思想的集大成者孙武,还有战国时期的著名军事家孙膑等。

自商末周初开始,中国就出现了姜太公那样的谋略家,其代表性著作《六韬》对后世兵家文化产生了重要影响,后世出现的兵学著作大都有它的思想的影子。由于中国幅员辽阔,在相互之间的往来征战中,人们为了宏观把握战争,使自己立于不败之地,遂悉心探索战争规律,研究兵战策略,从而形成了中国博大精深的兵家文化。到春秋战国时期,兵家遂成为一个重要的学派。

《汉书·艺文志·兵书略》所著录的兵家著作,分为兵权谋、兵形势、

---

① 《韩非子·显学》。

兵阴阳、兵技巧四类，分别侧重于军事思想与战略策略、用兵之形势、以阴阳五行论兵、兵器和技巧。这些著作中，孙武的《孙子兵法》是兵学的集大成者。兵家的主要代表人物与著作，还有吴起的《吴子兵法》、孙膑的《孙膑兵法》、尉缭的《尉缭子》等。这些著作都是那个时期战争和用兵经验的总结，各家学说虽有不同，但都提出了一系列的战略战术原则，包含有丰富的军事辩证法思想以及治兵作战的哲理，是我国古代军事思想的宝贵遗产。

孙武，字长卿，齐国人。（见图2-10）他曾以《孙子》十三篇见吴王阖闾，以惊世骇俗之宏论、卓越远见之谋略，使吴王动心。经伍子胥的推荐，被任命为将，率吴军攻破楚国。据说，吴王读完孙武的兵法后大赞，但欲证实其是否可行，于是命孙武训练两队各90名的宫女。孙武三令五申后，宫女仍嬉笑不止，不听军令，孙武即下令将两队为首的吴王爱妃斩首，吴王阻止，孙武不听，其后两队宫女均令行禁止，认真操练。

图2-10 孙子像

《孙子兵法》是从战国时期起就风靡流传的军事著作，古今中外的无数军事家们都使用其论述的军事理论来指导战争，其基本理论和思想还被运用到了现代经营决策和社会管理方面。孙武《孙子兵法》的思想，核心在于他的"先胜""全胜"和"不战而胜"的思想。在《始计》篇中，他指出战争要"经之以五事"，认为决定战争胜负的条件有五个方面："一曰道，二曰天，三曰地，四曰将，五曰法。"他把"道"放在首位。何谓"道"？他说："道者，令民与上同意，可与之死，可与之生，而不畏危也。"也就是说，"道"就是民心向背。当上下同心、万众一心时,这样的军队、这样的国家一定是不可战胜的。

孙武研究兵法,自然十分重视军队建设与兵战问题。他认为:"兵者,国之大事,死生之地,存亡之道,不可不察也。"在《孙子兵法》中,他提出一系列的战略与战术主张。如"知彼知己,百战不殆",注重了解情况,全面分析敌我、众寡、强弱、虚实、攻守、进退等矛盾的双方,主张通过对战争客观规律的认识和掌握以克敌制胜。他还提出兵无常势、水无常形,要做到因敌变化而取胜,认为这是一种很高的境界,强调了战略战术上的奇正相生和灵活运用。《孙子兵法》这一杰出的军事著作受到世人的广泛推重,影响后世既深且远。

孙膑,齐国阿、鄄间人,是孙武的后代,为战国中期的兵家代表人物。(见图2-11)孙膑曾与庞涓同学兵法,当庞涓作魏惠王将军时,忌其才能,把他骗到魏国,处以膑刑,把他的膝盖骨去除,故被称为孙膑。后经齐国使者秘密载回,被齐威王任命为军师,协助齐将田忌,设计大败魏军于桂陵、马陵。

孙膑继承和发展了孙武的军事理论,他的《孙膑兵法》也把"道"看作战

图2-11　孙膑像

争客观规律,提出了以寡胜众、以弱胜强的战法,主张以进攻为主的战略,根据不同地形,创造有利的进攻形势,重视对城邑的进攻和对阵法的运用。在继承孙武思想的基础上,孙膑在战略、战术、治军和军事哲学方面都有新的发展。

（六）邹衍与阴阳家学派

阴阳家也是先秦诸子中的一个重要学派，其代表人物是战国晚期的邹衍。

邹衍，阴阳家创始人，齐国临淄（今山东淄博）人。生卒年不详，据推断大约生于公元前324年，死于公元前250年。著有《邹子》一书，后人将该书列入道家部。邹衍提倡的主要学说是五行说、"五德终始说"和"大九州说"。他是稷下学宫著名学者，因他"尽言天事"，时人称他为"谈天衍"，又称邹子。他活动的时代约后于孟子。

齐宣王时，邹衍讲学于稷下学宫。关于邹衍学说的特点，司马迁《史记·孟子荀卿列传》说："邹衍睹有国者益淫侈，不能尚德……乃深观阴阳消息而作怪迂之变，《终始》《大圣》之篇十余万言。……然要其归，必止乎仁义节俭，君臣上下六亲之施始也滥耳。王公大人初见其术，惧然顾化，其后不能行之。……邹衍其言虽不轨，傥亦有牛鼎之意乎？"邹衍及其学说受到齐宣王和齐闵王的重视，"是以邹子重于齐"，被赐为上大夫。

在后世阴阳家的思想中，阴阳观念与五行思想有重要的联系，但开始时却都是解释世界的一种方式，二者的结合可能是后来的事情。"阴阳"和"五行"的观念都产生很早，至晚在西周初年已经形成。那时的人们用阴阳的对立和相互作用来说明自然变化的原因，用水、火、木、金、土五种物质来说明各种事物的构成，这对先秦时期人们的思维方式已经产生了重大影响。

战国时期，形成了专讲阴阳五行的阴阳家学派。阴阳家以阴阳五行为基础，夹杂一些巫术、宗教的神秘内容，用以解释日常生产和生活中的现象。他们不仅用以解释天地四时的变化，要求人们按照这种变化来进行生产，而且将一切人事都与阴阳五行比附。邹衍对传统的阴阳五行进行了改造，综括以前五行学说的理论方法，提供了一套由小到大、由近推远的方法论。具体地讲,便是"先验小物,推而大之,至于无垠"①,由构成物质世界的金、木、水、火、土这些"小物",推而广之到无限大的宇宙,认为整个世界都是由他们构成的。这种物质世界是变化的,其变化的方式就是五行相胜。邹衍进而把自然界的五行运转规律用于论证历史朝代的更换,形成了他"五德终始"的历史观。邹衍认为,从天地开辟以来,人类社会都按照五德转移的次序进行循环。他说:"五德之次,从所不胜,故虞土、夏木、殷金、周火。"②社会历史变化遵循着五行相克的规律,即按照土克水、木克土……的顺序进行循环。不难看出,阴阳五行学说解释自然变化有一定的合理性,但用它来对社会发展进行的比附则是荒谬的,属于神秘的历史循环论。

邹衍的"五行终始说"在诸侯混战的战国时代,得到一些国家的肯定和承认,秦始皇则将这一理论作为秦王朝吞并诸侯列国、统一天下的理论依据;邹衍的阴阳禨祥制度也被汉代思想家吸收,成为西汉时期的"谶纬学说"的滥觞。邹衍的"五行终始说"虽然没有像儒家思想那样成为中国传统社会的主导理论,但却潜伏于人们思想意识的深处,成为各种政治观点、哲学理论的基本框架,各种自然科学也都以邹衍的学说作为其构架理论大厦的工具。难怪郭沫若先生在《十批判书》中称"邹衍是一位大思想家",英国的李约瑟说他是"中国古代科学思想的奠基者"。

二、百家争鸣与第一次思想解放运动

春秋战国时期的"礼崩乐坏",使周朝的思想文化发生了裂变,先秦各诸子学派在不同的区域形成,他们接受了传统思想文化中的不同方面,分别代表不同的阶级或者阶层,从而继续发展并强化自己的主张,于

---

① 《史记·孟子荀卿列传》。
② 《汉书·严安传》引《邹子》。

是,他们都"各引一端,崇其所善,以此驰说,取合诸侯"①。各家各派无不坚持自己的学说,对宇宙、对社会、对万事万物作出解释或提出主张,著书立说,广收门徒,高谈阔论;对不同的主张则进行评论、指责或者批判,彼此之间不可避免地产生了交锋。于是出现了思想领域里"百家争鸣"的局面

诸子百家的形成与争鸣意义十分重大。一方面,它作为一种文化现象出现在夏、商、周三代文化充分发展的后期,在摆脱了远古时期的蒙昧之后,人们又逐渐走出天命、鬼神的束缚,从而比较冷静与理智地研究社会、思考人生,可以说,它是我国历史上的第一次思想解放运动;另一方面,他们在中国古代文化的土壤中萌发、生成,以后又通过各派之间的讨论与争辩,深化、完善着自己的学说,从而形成了各自的突出特点,在不同程度上具有存在的合理性。于是,在中国长达两千多年的历史发展中,无论是哪一类的学说或者主张,都能在战国诸子中找到其思想的因子。

各家在争鸣中也有了充分的交流与提升。应当承认,战国诸子"各引一端"的特点,决定了他们应当积极吸纳不同学说的合理因素,只有这样,才能经得住实践的检验。事实上,每一学派形成与发展的过程,正是总结批判其他学说的过程;而诸子学说相互批判与论争的过程,也恰恰是各派学说互相影响的过程。

那么,诸子学说相互论辩的情况如何? 他们之间产生了怎样的影响呢?

就诸子百家的关系来看,儒家与其他各家的关系是诸子学说相互关系的主线。作为学派,儒学形成最早,在先秦时期具有突出的影响。儒学之所以成为中华民族传统文化的主体,正是在与其他诸子学说的论战与交融中得到充实与发展的。

---

① 《汉书·艺文志》。

(一)儒家与墨家的论争

儒家与其他学派的冲突首先表现为儒墨之争。

墨家学说在战国时期的影响仅次于儒学,所以,有人说,只有儒、墨才是那时的"世之显学"。这一点,连儒家的孟子也不得不承认。他看到了墨家的重大影响:"杨朱、墨翟之言盈天下。天下之言不归杨,则归墨。"①杨朱是战国时期的魏国人,他与墨子对抗,反对墨子学说,主张"贵己""重生",反对人与人之间互相侵夺,孟子则抨击他"拔一毛而利天下,不为也"②。但作为学派,墨子的影响大于杨朱。

墨子本来学于儒家,后来背弃了儒家。也就是说,墨家一出现便站在了儒家的对立面。墨子开始主要学习儒家的六艺,他勤奋好学,自称曾经遍读"百国春秋",平时谈话也常常引经据典。可是,在学习的过程中,他却渐渐由尊儒、学儒,变成了反儒、非儒。

为了反对孔子的"仁爱",墨子提出了"兼爱"的思想主张。孔子的"仁爱"是一种以血缘亲情为基础的亲亲之爱,它偏重于心理感情的要素,没有附加其他内容。而墨子的"兼爱"则有所不同。"兼爱"指的是普遍的"爱",没有差别的"爱",也就是爱一切的人。墨子的"兼爱"包含着功利性目的,"兼相爱"就是"交相利","利"是"爱"的基础和内容。"兼爱"是墨子思想的核心,他的其他主张都围绕着"兼爱"而展开,但这又都以"利"为出发点。不仅如此,墨子的一整套道德、宗教、哲理、政治等观点,也都是以"利"为出发点而形成的。

墨子思想是对儒家思想进行批判的结果。墨子曾对"一道术学业"、以行仁义之正的孔子之行进行抨击。《墨子》中有《非儒》篇,其中极尽对孔子的诽谤和攻击。例如,他借晏婴诋毁孔子:"孔某深虑同谋以奉贼,劳思尽知以行邪。劝下乱上,教臣杀君。"他还编造一些故事,讽刺、丑

---

① 《孟子·滕文公下》。
② 《孟子·尽心上》。

化孔子。实际上，孔子与墨子所描绘的形象有显著差异。孔子希望匡时救世，为此而栖栖惶惶，到处奔走。只是到了后来，儒者末流过分注重形式，徒说空话，于事无补；而且他们没能够继承孔子学说的要义，只讲究丧葬礼仪等琐碎小节，这种作风自然为注重实践力行的墨家所不齿。

墨子的一些主张也遭到了儒家的强烈攻击（见图2-12），战国时期的两位大儒孟子和荀子都曾经批判墨家。孟子激烈地抨击墨子，认为他的不分亲疏的“兼爱”实际否定了对父亲的尽孝，就是目无父母，几近禽兽。在他看来，墨子等人的学说不消灭，孔子的学说就无法发扬，他们用荒谬的学说欺骗百姓，从而阻塞了仁义的道路。荀子之重视音乐与墨子反对音乐也形成鲜明对比。《墨子》中有《非乐》篇，记载了墨子的许多言论。墨子从功利的角度出发，认为音乐没有实际的用途，甚至认为其他的一切娱乐活动也都没有必要。儒家则十分重视礼乐的价值，重视乐的作用。《荀子》中专有《乐论》篇，系统论述了乐在陶冶性情、表达情感等方面的功能和作用，并对墨家的“非乐”主张进行批判。

然而，尽管儒、墨之间互相诟病，但两家毕竟有大致相同的时代背景，

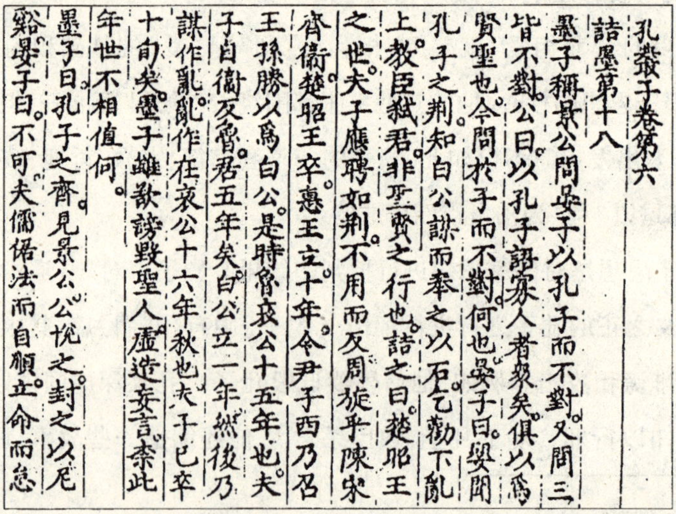
孔叢子卷第六
詰墨第十八
墨子稱景公問晏子以孔子而不對。又問三
皆不對。公曰。以孔子語寡人者衆矣。俱以為
賢聖也。今問於子而不對。何也。晏子曰。嬰聞
孔子之荆。知白公謀而奉之以石乞。勸下亂
上。教臣弑君。非聖賢之行也。詰之曰。楚邵王
之世。夫子應聘如荆。不用而反。周旋乎陳宋
齊衛。楚昭王卒。惠王立十年。令尹子西乃召
王孫勝以為白公。是時魯哀公十五年也。夫
子自衛反魯。居五年矣。白公立一年。然後乃
謀作亂。亂作在哀公十六年秋也。夫子已卒
十旬矣。墨子雖欲謗毀聖人。虛造妄言。奈此
年世不相值何。
墨子曰。孔子之齊。見景公。公悅之。封之以尼
谿。晏子曰。不可。夫儒倨法而自順。立命而怠

图2-12　《孔丛子·诘墨》书影

而且墨家与儒家都产生在当时的鲁国，都深深植根于鲁文化的土壤中，所以，他们其实也有不少相通之处。以两家的政治观点来说，儒家"宗周道"，墨家"背周道"，但墨家却在非议奢侈靡财的丧葬礼仪和"俯仰周旋威仪之礼"的同时，对周礼采取了退让和保留态度。例如，周礼的基本精神是维护尊卑贵贱的秩序，而墨子则以为当时天下出现战乱，原因就是礼教遭到了破坏。他说："无君臣上下长幼之节、父子兄弟之礼，是以天下乱焉。"①正因如此，墨子主张"亟遍礼四邻诸侯"，试图用"礼"的秩序来安定社会。这表现了墨子在反对周礼的同时，又在向周礼复归。又如，墨子主张没有差等的"兼爱"，并以之批判儒家的道德观念，然而，在不少方面，墨家的价值取向几乎与儒家如出一辙。如前所说，墨子把父慈子孝的伦理道德遭到破坏作为天下丧乱的原因，说："入则不慈孝父母，出则不长弟乡里，居处无节，出入无度，男女无别，使治官府则盗窃。"②

（二）儒家与道家的论争

儒道关系也是诸子关系中十分重要的一个方面。

道家作为诸子中的重要学派，在战国时期得到了充分发展，并与儒家进行了激烈的论争。从根本上看，儒家与道家都是在批判现实社会的基础上形成的，两家都不满于当时的社会现实，只是所采取的应对态度截然不同。儒家的态度是积极入世，他们深入思考现实，总结历史的发展，在对传统文化的继承中体会出改造社会的主张。道家则不同，他们似乎对传统文化采取了否定态度。一般说来，儒家重视礼、乐、仁、义，道家则从特定的角度，表面看来是持明显的否定态度，说"大道废，有仁义，智慧

---

① 《墨子·尚同中》。
② 《墨子·尚贤中》。

出,有大伪"①,"绝圣弃智,民利百倍,绝仁弃义,民复孝慈"②,"圣人不死,大盗不止","绝圣弃智,大盗乃止"③;儒家注重群体的价值,注意从社会的角度看待人生,把人伦关系作为社会的基本关系,道家则"爱身""贵身",十分注重个体生命,强调个人价值;儒家强调刚健,而道家重视阴柔。在战国时期的"百家争鸣"中,道家与儒家进行了激烈论争,彼此相互批判和攻击,出现了儒、道两家思想主张的显著差异。

作为先秦时期的两个不同的思想文化流派,儒、道之间后来的争斗是剧烈的。例如,道家斥责儒家所推崇的仁义,主张废弃仁义。庄子甚至把仁义看作窃国大盗手中的工具,说他们是假仁义之名,行盗国之术;他更认为孔子在鲁国推行周礼,简直就像给猿猴穿上周公的衣服那样很难做到。孟、荀对道家的抨击也十分激烈。比如孟子批评杨朱的"为我"实质上是"无父",就是说连自己的父亲也不要了;对稷下道家的重要人物宋钘以利害关系劝阻楚国与秦国罢兵的做法,孟子也表示反对,认为只有用仁义的道理相劝才会收到成效。荀子在《非十二子》中也对宋钘、田骈等道家人物进行了批评。

儒家与道家的思想虽有重大分歧,但在开始时可能并不是水火不容的,这是新出土的资料给我们的最新信息。早期儒家与道家的关系一直是中国哲学乃至思想史上的一个重要话题。在考察先秦时期的儒、道关系时,人们往往征引司马迁《史记·老子韩非列传》中的一段话:"世之学老子者则黜儒学,儒学亦黜老子。道不同不相为谋,岂谓是邪?"二者的争斗可见一斑。然而,1993年在湖北荆门郭店新发现的楚简中,既有儒家著作,也有道家著作。对照此前其他时代相近的墓葬,也有大致相同的情形出现。许多儒、道二家之书同出一墓,在学术界引起了巨大震动,专

---

① 《老子》第十八章。
② 《老子》第十九章。
③ 《庄子·胠箧》。

家们不仅惊喜地从郭店楚简中看到了"当时中国哲学的繁盛景象",同时也发现其中的道家竹简不见排斥儒家仁义道德之语。郭店楚简的发现,说明直到郭店竹简本《老子》出现并且流传的年代,老子道家的思想与孔子儒家的思想仍然是互相涵化、兼容并包的。儒、道互黜的局面至少在战国的早期尚未出现。

由于郭店楚墓儒、道学术著作同出,因此,不仅需要对早期儒、道互黜的观念进行更新,也需要进一步探究其深层内涵。除了郭店楚墓,长沙马王堆汉墓中也是儒、道著作同出,《老子》与儒家思孟学派的《五行》并见,其意义显然非同寻常。儒家的"五行"与后来阴阳学派所讲的"五行"有明显不同,前者是把仁、义、礼、智、信视作"五行",这可能是春秋时期共同的观念。

早期儒道关系的新材料,让我们回头思考传世文献中孔子问礼于老聃(即"孔子适周问礼")的记载(见图2-13)。现在看来,《孔子家语》《史记》中孔子见老子的许多相关明确记载应当是可信的。二位先哲的聚首在中国哲学史上意义重大,它象征儒、道两家开始时绝无任何有意的

图2-13 现存最早的孔子见老子图(山东东平汉墓出土壁画)

相互排斥,不仅如此,他们之间交流很多,对孔子的影响也一定很大。孔子所作的《易传》中兼有所谓道家的思想倾向,可能也与孔、老相会不无关联。在先秦哲学研究中,人们发现儒、道的互补在孔子和老子时期就已经开始了,实际上,儒、道两家有大体一致的学术宗旨、文化理念和致思路向。

综观儒家与道家关系的发展历程,不难发现:二者的对立与排斥只是问题的一个方面;另一方面,它们同时也互相依存和补充,互相影响和吸收,二者之间并没有不可逾越的鸿沟。我们应该更多地看到他们的相通与相同,看到他们深层的一致性。例如,要看到老子的冷眼更要看到他的热心,要看到孔子积极入世也要看到他的出世境界。再如,荀子可能也吸收了老庄的天道自然无为的思想;秦汉思想家及其著作中有不少就是儒、道思想并存,《吕氏春秋》以儒家思想为主体,其中却吸收了大量的道家等各家的思想;魏晋玄学的"三玄"——《老子》《庄子》《周易》,实际也是引儒学以解《老》《庄》;至于宋代的儒家,受道家思想影响者更是比比皆是,《宋史》的《道学传》明确地说他们是"出入于老释,泛滥于诸家"。在具体的每一个人身上,于不同的环境、不同的时期,儒、道两家的思想因素也会有不同程度的显现。一般士大夫或其他知识阶层的人,天下太平时,思想面貌往往表现为积极入世的儒家精神;而在社会急剧动荡的乱世,消极避世的道家思想便容易抬头。经过认真考察后,学者们认为儒、道作为中华文化的重要组成部分,是一种互补的结构。这应当是十分正确的看法。

(三)儒家与法家的论争

儒家与法家之间的分歧也十分明显,二者形成了明显的壁垒。

在殷周之际,政治家们已经形成了比较完备的统治思想,他们主张礼治,有重视德治的一面,也有重视法治的一面。广义的"礼"也包含有法的思想。如《周礼》注重教化,设有"掌邦教"的地官司徒,同时也有"掌邦禁""佐王刑邦国"的秋官司寇,他们以"五刑"纠万民、听万民之狱讼。春秋战国时期,随着王室的衰微,诸侯之间开始了连年不断的战争,各国诸侯无不急功近利,希望国家迅速强盛起来。于是,原来礼治思想中"法"的一面被格外地强化起来,法家思想由此应运而生。

显然,儒、法两家都有强烈的入世精神和治世愿望,只是在理论主张上有较大差别。简单地说,儒家主德治,法家主法治,两家在治国路线上有所不同。其实,儒家也不完全排斥法治,而是把德治看得更为重要、更为根本而已。孔子就不是一位完全的德治主义者,他主张"德主刑辅",认为治国者不可不有"德教"和"刑罚",只有盛德薄刑,才能天下大治。关于德、刑关系,应该像《尚书·大禹谟》所说的"明于五刑,以弼五教",而在具体措置之时,应当像周公所讲"明德慎罚"。总之,刑罚是作为德教的补充而出现的。

法家与儒家不同,他们主张治国"一任于法",完全排斥了德治,并将儒家置于自己的对立面,视之为推行法治的障碍,有人甚至主张取缔儒学;而且法家的改革主张否定了西周以来的宗法礼乐传统。因此,儒家便起而反对。儒法斗争就成了"百家争鸣"的重要方面,并对后世产生了很大影响。

儒家与法家思想主张的差异,源自二者在人性问题上认识的不同。中国人很早就开始探讨人性问题,儒家的孔子、子思也对人性问题有具体论述,孟子、荀子则明确提出了人性善恶的问题。孟子坚持道德本位原则,认为人性本善;荀子则认为人之性恶。在荀子看来,所谓的"善",都是后来教育的结果。荀子与孟子对人性的认识有别,却都认为可以用道德的力量使人归于善。

法家与儒家不同。法家的慎到认为人皆自为,提出"人莫不自为"[①]的说法,意思是人都为自己打算。韩非也认为人"皆挟自为心"[②],认为人总是利己而不愿利人。在韩非那里,人际关系的理论以利益为核心,人与人之间的关系以利益来维系,人的行为都受利益的驱动。他甚至举例子说,卖车的人希望人人富贵,这不是因为他有仁爱之心,而是希望多卖车子,以得到更多的利益;卖棺材的人希望人人短命,这当然也不是他心肠狠毒,而是企图多得利益。由此,他进一步推论君臣、父子、夫妇等关系也是利益关系。人际关系既然都是利害关系,人都是唯利是图者,那么,只有通过刑法才能使人收敛这种自然的恶性,儒家所提倡的教化便是徒劳无益的。

法家反对儒家。韩非把包括儒家在内的五种人视为"五蠹",即五种蛀虫,认为他们妨碍了法的施行,无益于耕战,无益于国计民生。商鞅也抨击儒家,并把儒家的一些核心内容指斥为"六虱"。所谓"六虱",是指礼乐、诗书、修善、孝悌、诚信、贞廉、仁义、非兵、羞战。他认为,国家有此"六虱",必然国力削弱;去除这"六虱",国家就会强大。商鞅还认为,国家有诗、书、礼、乐、孝、悌等会使国力削弱以至灭亡,去除这些就会成就王者之业。总之,以商鞅为代表的法家认为儒家的主张干扰人们的视听,无助于富国强兵;既然儒家不事耕战,却反而妨碍耕战,就应当坚决去除。

关于儒、法两家学说的特点,后人在实践中不断地深化认识。虽然儒、法两家中都有人认为两家的思想主张不能并立,但他们之间的互补特征还是比较明显的。秦朝实行法家主张,排斥儒家的仁义,虽然取得了天下,但终究还是激起了人民的反抗,成为中国历史上的一个短命王朝。汉代治理天下,虽然定儒家思想为一尊,但仍然在施政中不忘吸收法家的思

---

① 《慎子·因循》。
② 《韩非子·外储说左上》。

想,儒法兼济,这便是史籍中所说的"内多欲而外施仁义"[①],"以霸、王道杂之"[②],最终取得了较好成效。

总之,不论是一味主张德治,还是单纯强调法治,都有其偏颇之处。社会治理应当道德教化与政令刑罚相互为用,才会收到良好成效,抛弃任何一方都不可取。孔子等早期儒家深刻分析了社会现实,以长远的发展眼光看待社会,以对人性与人的价值的深刻认识为前提,主张"宽猛相济"、刑德并用,与中国社会的具体实际更为切近。也就是说,以德治为主、以刑罚作为补充的主张有更为明显的合理性。无论儒家还是法家,由于他们的出发点都在于整顿社会秩序,更快地发展社会,因而其思想主张并无根本的区别。

(四)儒家与阴阳家的论争

阴阳家与儒家渊源较深,从某种意义上说,阴阳家的思想就来源于儒家或者儒家的经典。例如,阴阳家的宇宙演化论自然观利用了《周易》里面的阴阳观念;阴阳家的"大九州"说来源于《尚书·禹贡》的"九州"划分。在历史观上,阴阳家提出了"五德终始"理论,认为历代王朝的更替兴衰均由五行所主运。这一点,恐怕就是对《尚书·洪范》的"五行"观念的改造。在政治理论方面,阴阳家与儒家相通。例如,阴阳家的创始人邹衍作为稷下学宫的著名人物,与孟子、荀子等儒家人物相互论辩,一定受到不少的影响。汉代桓宽在《盐铁论·论儒》中说他"以儒术干世主,不用,即以变化始终之论,卒以显名"。他开始也主张"君臣上下六亲之施",赞成儒家的仁义学说,只是其思想以"阴阳五行"为基础,以阴阳学说为其明显特色。

阴阳家的学说以阴阳五行为中心,包含不少忌讳等迷信内容,但他们

---

① 《史记·汲郑列传》。
② 《汉书·元帝纪》。

却懂得天文知识,能够掌握季节变化,对农业生产十分有益。正由于阴阳家所掌握的天文知识往往与迷信相混杂,所以《汉书·艺文志》称其"牵于禁忌,泥于小数,舍人事而任鬼神"。所谓"小数",指鬼神巫术。阴阳家的思想对早期儒家也产生了一定影响,如阴阳家的"五德终始"说就为不少儒者所接受,成为他们论说朝代更迭的理论依据。

汉代以后,阴阳家的思想又与"天人感应"相结合,对后儒产生了重要影响。董仲舒的学说就是将阴阳五行与"天人感应"相结合的产物。"阴阳""五行"等概念也为宋儒所接受,成为他们哲学的重要范畴。

三、诸子学说与中华文化的奠基

每个民族都有自己的文化,中华文化却是世界上历史最为悠久、内容最为丰富的文化之一。每个民族的文化都有本民族的显著特征,中华文化更加具有"无穷的魅力"。

中华文化是儒、道、法、墨、阴阳诸家互补兼综,并融会其他各种外来文化而形成的多民族的综合文化,但中华文化的雏形在春秋战国时期已经出现,作为一个继往开来的时代,这一时期的文化达到了中华文化发展的第一个高峰。这一时期诸子百家在政治、经济、法律、哲学等领域所形成的思想理论,对后世文化学术的发展产生了极大影响,从而构造了中华民族传统文化的基本精神,成为中华文化有机构成的不可缺少的部分。

(一)儒家与中华文化

在先秦诸子百家中,孔子所创立的儒家高居"显学"地位,儒家思想在后世成为支配中国两千多年上层建筑和意识形态的正统思想,在海外,"儒学"几乎成了中华民族传统文化的代名词。到目前为止,世界上大概还找不出第二个人像孔子这样受到亿万人的关注,从尊崇、膜拜,到评论、指责,乃至谩骂、揶揄,竟从未中断过。人们关注孔子,固然是因为他创立了儒家学说,还因为儒家为后人留下了丰厚的文化遗产,而儒家学说确实支配着中国传统社会中大多数人的思维方式和行为特征。

首先,孔子整理"六经",使之成为儒家经典,这是留给后人弥足珍贵的历史文化遗产。

从早年起,孔子便致力于推行个人的主张。然而,他到处奔走,"干七十诸侯"而终不见用。孔子感叹无法达成自己的救世理想,于是便思考用什么来奉献社会。孔子认为,只讲空话是无用的,不如举出《春秋》上的人和事以证明是非得失,或许切实得多。因此,他又致力于整理古代文献,修订而成《春秋》等典籍。(见图2-14)

孔子整理古代文献的对象主要是"六经",即《诗》《书》《礼》《乐》《易》《春秋》。他对"六经"的整理方式各不相同,分别说来,即删《诗》《书》,修《礼》《乐》,赞《易》,作《春秋》。其于《诗》《书》《礼》《乐》,主要在于重新编订,也就是删除杂芜,选录精华,订正错误,编次顺序。相传古代文诰繁多,孔子选取其中数十篇,进行排列整理,这便是《书》,又称《书经》或《尚书》。《诗》亦如此,据说孔子从三千余首诗中进行了去取

图2-14　孔子退修《诗》《书》图

选择,得305篇,称"诗三百",对这些诗,孔子皆能配乐弦歌。

孔子对《诗》《书》《礼》《乐》的整理在周游列国时就开始了,而对《易》的研究则是他晚年的事情。《易》本为卜筮之书,其中有丰富的思想内容。孔子赞《易》,阐发其中的哲理,成《易传》,或称"十翼"。"十翼"即《彖传》上、下,《象传》上、下,《系辞》上、下,《说卦》,《序卦》,《杂卦》,《文言》。《史记》《汉书》也说《易传》为孔子所作。史籍中称孔子对《春秋》是"修",其实是依据鲁国史记,按照自己的标准,"笔则笔,削则削",托古见意,隐微地表达了自己的观点,内涵了孔子一贯的纲常名分和与之相应的礼制。

其次,孔子创立的儒家学说,还为我们留下了丰富的精神财富。孔子说自己"述而不作,信而好古",他"祖述尧舜,宪章文武",总结了夏、商、西周以来的历史文化,把它融入到自己的理论之中。他特别注重对历史文化的继承,在更高层次上对历史文化进行总结、凝练与提升。他深入研究历史与现实提出的政治和文化问题,从而以"仁"和"礼"为核心,进行多方位的思考,构建起了他的儒学理论体系,奠定了儒家学说的理论基础。

孔子所创立的儒家学说十分注重人的因素,对人性等问题进行思考,重视人生价值,提倡人的道德修养和人格的独立与完善,主张"仁者爱人";同时还具有积极的入世精神,关注现实,关注社会问题,希望社会上下和谐。他不仅主张臣民"事君尽礼""事君以忠",还要求君主"为政以德""使臣以礼"。"以德治国"意味着他看重下层民众的力量,希望实行"仁政",主张"使民以时",爱惜民力,关心人民生计,有一定的民本主义色彩。另外,孔子主张"敬鬼神而远之",有显著的人文主义精神。因此,儒家格外强调积极培养人才,发展文化教育。儒家倡导"中庸""中和",不仅注重人际和谐、社会和谐,更注重天人和谐、人生自身的和谐。孔子的这些理论,正是整个儒学的理论根基。

再次,儒家学说为中国传统社会提供了完善理想人格和提升道德品质的精神食粮。

儒家十分重视个人学养的充实和理想人格的培养,注意塑造高尚的人格典范。在儒家看来,人只有具备了完整的知识结构,才会有完善的理想人格。人应当积极进取,具有刚毅的品格,具有远大的抱负,只有这样,才能确立人生理想目标,才能做到仁、义、忠、信,才能够不计较个人的利害得失,从而注重对社会的整体责任,积极为社会和国家多做贡献。

在孔子和儒家那里,"仁"是人格完善的具体要求,认为仁就是"爱人",对人生的理解是"泛爱众,而亲仁"[①]。儒家以此入手,将孝顺父母、友爱兄弟、克制自己、推己及人等都视为仁,亦即仁德表现在人的行为的各个方面。因此,孔子和儒家所倡导的仁是一个由己及人,由父母及君王以至整个社会、国家的与人为善、乐于奉献的高贵品德。另外,儒家提倡"义以为上"[②]、"见利思义"[③]、"义然后取"[④]、"不义而富且贵,于我如浮云"[⑤]等价值取向,可以克服"唯利是图"等价值观和人生观;儒家主张用道德力量和人生有为的价值取向克制个人的私欲,以达到追求理想的精神境界和人格的完善,对于树立远大理想和高尚的道德情操从而努力奋发、积极进取产生了重要作用。儒家传统的忧患意识和坚持正义、追求真理的献身精神,注重情操和气节,倡导"舍生取义""杀身成仁"的主张,培养了国人的民族气节和爱国主义精神。

在道德修养方面,儒家认为,人必须十分注重自身人格的完善,注意自身的行为符合社会公德。记载孔子及其弟子言论的《论语》以及《孟子》《大学》《中庸》《孝经》等,都是关于道德与价值观的教科书。

---

① 《论语·学而》。
② 《论语·阳货》。
③ 《论语·宪问》。
④ 《论语·宪问》。
⑤ 《论语·述而》。

经过长期的历史实践,以孔子为代表的儒家思想与学说已经成了中华民族精神的基调,诸如我们民族精神中的自强精神、中和精神、仁爱精神、礼让精神、大同精神等等。这些精神无不打着时代的印记,其积极的层面都为历代的仁人志士所继承和发展,成为中华民族长期发展的巨大力量。中华民族的许多传统美德,都与孔子与儒家思想的影响有重大关系。

儒家的思想主张影响了一代又一代的中国人,人们评人论事也都以这样的原则为道德标准。孔子有丰富的关于德政的论述,强调为政者身教重于言教,强调道德教化以及为政者的垂范作用,主张为政者勤政、尚贤、以民为本,努力做到忠于职守,勤奋工作,不计名利,积极奉献,在其影响下,人人自觉注重品格修养,由修身始,然后"齐家、治国、平天下",使整个社会处于有序的状态之中。

(二)道家与中华文化

多元互补的中华文化以儒、道为主体,作为与儒家互补的思想学派,道家的思维方式是历代中国哲学的主要思维方式。老子讲矛盾的对立,又讲矛盾的转化,已经接触到了"辩证法的精华"。他还从相互对立、互相排斥的事物中看到双方的依赖和联系。在先秦诸子中,道家思想富于哲学内涵,宏远精微,对中国古代学术思想的发展具有深远影响,是中华传统文化的哲学基础。

道家哲学基础在于"道",以"道"为世界的本原,万物由"道"而生。"道"也可以表述为事物发展变化的规律,不依自然界的存在而存在。"道"的概念构成了老子客观唯心主义的哲学体系,贯穿于道家思想的全部学说之中。道家的思维方式,特别是老子的思维方式,对战国中后期的黄老学派产生了直接影响。老子的道论,既为后代的道家各派所继承和发展,也与儒家相互渗透,儒、道两家相互取长补短,互相影响,共同发展。

图2-15 庄周梦蝶

在政治上,老子是夏、商、周三代文化的批判者,他总结了历史的教训,揭示和批评文化发展中的弊端;庄子继承了老子,他要求"处无为之事,行不言之教",既反对儒家倡导的礼义,也反对法家提倡的变革,主张清静无为,向往"小国寡民"。老、庄都推崇自然,提倡"无君"的社会。他们把自然、社会和人看成一个浑然的整体,其思想体系追求身心内外的和谐,注重人与自然的和谐,开创了推天道以明人事和天、地、人一体观的思维方式,这对中华民族的传统文化影响极深。尤其是道家追求自然无为,摆脱外物的牵缠,在精神上获得充分自由。这种充溢着大彻大悟后的达观与洒脱,视世间生死毁誉穷富为过眼云烟的人生哲学,为历代文人士子所崇拜倾倒,如魏晋名士"三日不读老庄,则舌本间强"。另外,道家美学思想把审美情趣同超功利的人生态度联系起来,在我国传统的美学思想史上具有一定的地位,成了中国古代艺术的审美原则。

(三)法家与中华文化

法家思想作为一种政治哲学,它随着春秋战国时期的政治变革生长起来。与其他各家相比,法家注重实际需要,不尚空谈,提出了进化论和性恶论等重要理论观点,提出了明确的治国方案和政治主张。作为先秦诸子百家中影响较大的思想流派,法家随着秦王朝的灭亡而退出了历史舞台。然而,法家思想中的一些观点和主张却为后人吸取。经过法家之手,中国两千年前确立了郡县制,法家的思想主张导出了秦朝统一帝国的建立。接着,汉承秦制,以后的历代王朝也基本沿袭了秦代的制度。

在历史发展的过程中,法家思想始终发生着影响,成为后世励精图治、变法革新的思想武器。后来的不少进步思想家、政治家,都程度不同地继承了法家的变革精神。法家的法治思想、不阿权贵的品格、严明执法的精神,还有历史进化论以及奖励耕战的功利主义等等,都在历史上产生了积极的影响。直到晚清时期,为了国家的富强,一些学者在积极向西方学习时,对西方的法制极为赞赏,也十分自然地推崇法家的"法治"主张。

法家思想也有贪狠残暴的消极面。法家思想是秦朝的理论基础和国家社会政治生活的指导原则,秦朝的暴虐统治和速亡,使法家遭到汉代思想家的严厉批判。后世的士大夫都认为,法家强调暴力,不施仁义,主张严刑峻法,不利于政治统治。然而,后来的统治者似乎并没有能够真正接受秦朝灭亡的教训,依然大多推重权术、崇尚残暴,这些主张时常在政治运作中被使用。

(四)墨家与中华文化

在先秦时期的诸子中,墨家与儒、道两家是势力较大的学派。在学术思想上,儒家尚"仁"贵"中",道家尚"自然"贵"无为",墨家尚"利"贵"用",三家相反相成,组成了中华文化的基本构架。西汉以后,诸子百家在形式上不复存在,但同其他各家一样,墨家的思想因素也融入到了中华文化的深层结构之中。

墨家代表了社会基层民众的利益,主张以具体劳作换取财富,取得成果,从而满足自身对物质生活的需求。他们认为,只有努力生产,积极工作,为天下人兴利除害,才是道德高尚的表现。墨家代表了"农与工肆之人"的利益和愿望,十分讲求"实利"和"功用"。他们主张勤俭节约,节省不必要的费用,避免劳动力的无谓牺牲,从而扩充财富,增长人力,这种"尚功用"的思想很容易被后人所接受。事实上,墨子所提倡的"兼爱""非攻""节用""非命"等主张,与我国劳动人民互助互利、热爱和平、吃苦耐劳、勤俭节约等传统美德完全一致。墨家"摩顶放踵利天下,为之"①,只要有利于人,就不惜代价拼命去做,这种积极进取、乐于奉献、为了他人利益不惜献出一切的高尚品德,正是中国优秀文化传统的具体体现。

墨家还重视自然科学和科技知识,墨家后学在数学、几何学、物理学、光学等许多领域都有十分重要的发现和成就,这为后世的科学技术发展创造了有利条件。只是后人对墨家的这些成就重视很不够,甚至加以排斥,留下了很大缺憾。墨家在逻辑学上也取得了较高的成就,只是同墨家的科学传统被中断一样,他们建立的逻辑学也随着墨学的衰微而被淡忘。

(五)阴阳家与中华文化

阴阳家学说基于天文、地理等方面的知识,将阴阳与五行结合起来。他们的理论虽被讥为"闳大不经",却是一个涵盖天、地、人的思想体系,几乎可以说明世界万物的构成和运动规律。后来,西汉的经学大师董仲舒把阴阳五行学说进一步神秘化,使之融入到儒家思想中。在他那里,自然界的任何事物都统一于五行,五行统一于阴阳,最后统一于具有意志和目的的天。

董仲舒还用阴阳五行论证封建社会的尊卑与等级制度,认为"君臣、父子、夫妇之义,皆取诸阴阳之道"②,从而推衍出作为我国封建时代理论信条的"三纲五常"。按照这一学说,社会的发展是"五德转移"的结果,其他任何事物的发展变化也都与五行的变化相互联系。这样,阴阳五行思想逐渐沉积而形成为十分普遍、十分顽固的观念和思维习惯,世间万物

---

① 《孟子·尽心上》。
② 董仲舒:《春秋繁露·基义》。

几乎无不可以与五行比附。以后的方术之士正是利用了这一点,他们将所谓看相、算命、占星、堪舆等"专门技术"与阴阳五行学说结合起来,从而以"妖言"惑众,为进步的思想家所不齿,所以近代的梁启超称阴阳五行学说"为二千年迷信之大本营"[①]。

阴阳五行思想产生在战国时期,那时人们还很难认清事物发展的本质。按照阴阳五行学说,任何事物都有阴、阳两重属性,二者作为矛盾的对立面,其消长变化是引起事物变化发展的内因,这排除了所谓上帝、鬼神等的外力作用。因此,在不少问题上,阴阳五行学说包含着科学的思想方法,有其合理、科学的一面,成了推动医学等古代科技发展的积极因素。

【思考与讨论】

1.先秦诸子主要有哪些代表人物?他们的主要思想主张是什么?你认为哪一学派的思考更加切近于社会治理的实际?

2.你最喜欢先秦诸子中的哪一位?你怎样评价他在中华传统文化中的地位?

3.为什么儒家与其他各家的关系构成了诸子学说相互关系的主线?

【参考文献导读】

1.张岱年、方克立主编:《中华文化概论》,北京师范大学出版社1994年版。该书是当时国家教委布置编写的推荐教材,分上、中、下三篇,上篇介绍中华文化的形成与发展的历程,中篇介绍中华文化的各个方面,下篇分析中华文化的类型和特点、基本精神、价值系统,以及中华文化的近现代转型。

2.柳诒徵编著:《中华文化史》(2册),东方出版中心1988年版。该

---

① 梁启超:《阴阳五行说之来历》,载《东方杂志》1923年5月。

书分为上古、中古、近世三编,时代上自邃古,下至民国初年。以传统的观点阐述我国文化的发展,内容广泛,资料丰富,有不少独到见解。通读本书,可以获得我国上下几千年文化发展的比较系统的认识。

3.王冠英主编:《中华文化通史·先秦卷》,中共中央党校出版社1999年版。该书论述中华文化的起源,介绍了先秦时期中国的哲学、伦理、教育、史学、文学、艺术、自然科学以及风俗等,对深入了解诸子文化很有帮助。

4.任继愈主编:《中国哲学史简编》,人民出版社1978年版。该书在《中国哲学史》(4卷本)教科书的基础上缩编而成,着重实事求是地介绍中国哲学史上哲学体系或流派的思想内容,力求从认识发展史的角度对中国哲学的发展规律有所体现。

5.刘泽华:《中国政治思想史·先秦卷》,南开大学出版社1984年版。该书为多卷本《中国政治思想史》的第1卷,对商周以至春秋战国时期的政治观念和政治思想及其发展变化进行了系统梳理,对诸子百家的政治思想进行了细致解剖。

第三章 儒学与中华传统文化的走向

孔子所创立的儒家学说对中国社会与中华文化的影响是其他学说无法比拟的。孔子植根于巨变的春秋时代，集上古三代文化之大成，使他所创立的儒学的核心观念具有了文化的"永恒价值"和"超越意义"。在此后的两千多年中，儒家学说处在不断地发展与变化中，其思想体系不断完备，积淀着中华民族最深沉的精神追求，一直是历代王朝所秉持的正统思想，是中华传统文化的主干，它与其他各思想学派与文化形态一道，共同奠定了中华传统文明的基础，成为中华文明生生不息的文化源泉。孔子及儒家思想对东、西方世界也都产生了深远影响，其文化已远远超出国界、超越时空，是中华民族带给世界最为重要的文化财富。

一、儒家的基本思想

儒家的基本思想来自于孔子思想，孔子思想是整个儒家思想体系的基础。无论是儒家的政治思想、伦理学说还是其哲学思想，都是孔子思想的具体体现和继承发展。

（一）积极入世的政治思想

积极的入世精神，是儒学的显著特征。因此，政治思想是儒家思想体系中最为基本的部分。儒家政治思想的理论基础是孔子的德政学说，虽然儒家学说经过了后来一代又一代儒家学者的丰富和充实，但德政思想一直是儒家政治思想的核心。儒家经典《大学》可以看作儒家政治思想的总纲。《大学》开篇说:"大学之道,在明明德,在亲民,在止于至善。"后人视之为儒家政治思想的"三纲领"。"三纲领"之下又有"八条目",即格物、致知、正心、诚意、修身、齐家、治国、平天下。儒家的最高理想在于"明明德于天下"。为实现这一理想,儒家希望人们从个人做起,加强自身修养,下一番招致良知、格除物欲、端正内心、真诚意念的功夫。儒家认为,正人必先正己,只有在修身的基础上,才可以追求"齐家、治国、平天下",而且强调"自天子以至于庶人,壹是皆以修身为本"[1]。孙中山先生曾指出:

> 中国有一段最有系统的政治哲学,在外国的政治家,还没有见到、还没有说得那样清楚的,就是《大学》中所说的格物、致知、诚意、正心、修身、齐家、治国、平天下那一段话,把一个人从内发扬到外,由一个人的内部做起,推到平天下止。像这样精微开展的理论,无论外国什么哲学家都没有见到,都没有说出,这就是我们政治哲学的知识中独有的宝贝,是应该要保存的。[2]

礼是儒家学说中最基本的范畴,可以说孔子一生都在思考"礼"的问题。孔子主张"复礼",但绝非要简单地恢复周礼。在他看来,"人之所以为人"者,无非礼义而已,所以他认为,无论个人自我成长,还是对人教育培养,无非都是礼义的完善。无论人际交往还是家国天下,都离不开礼的规范。

孔子十分重视礼的教化作用,希望人们通过加强修养,以礼为标准来约束自己的行为,达到人际关系的协调;主张人应当"立于礼""不学礼,无

---

[1] 《礼记·大学》。
[2] 孙中山:《民族主义第六讲》,《孙中山选集》,人民出版社1981年版,第684页。

以立"①;希望通过"礼",使人"敬上""弗畔",最终实现社会的稳定。

儒家提倡"礼",其着眼点在于处理好君民关系和君臣关系,儒家的政治思想正是围绕如何妥善处理这些关系展开的。从本质上讲,"尊尊"与"亲亲"是礼的两个重要原则,也是最基本的政治与伦理原则。"尊尊"是等级制原则,即以尊为尊。首先要尊君。《论语》中所记孔子的此类主张很多,他不仅要求"事君尽礼",还希望"事君,能致其身","事君,敬其事而后其食"。"亲亲"是宗法制原则,即以亲为亲,包括父慈、子孝、兄友、弟恭,"孝悌"是"亲亲"原则最为重要的部分,甚至是君子的所务之本。孔子认为"入则孝,出则弟""事父母,能竭其力"②。孟子则说:"人人亲其亲,长其长,而天下平。"③

为了挽救社会秩序,维护尊尊、亲亲的宗法等级制,孔子十分注重"正名",即按照周礼的标准匡正混乱的等级名分,使人的言论、行动都符合名分的要求,使君、臣、父、子各安其位。孔子"正名"的主张,针对的对象是当时的诸侯对天子、卿大夫对国君、陪臣对大夫的僭越行为。孔子欲变天下"无道"为"有道",用周代的礼制改变"礼坏乐崩"的现实。

为了达到礼治目的,儒家又提出了仁爱原则,再进而推衍出了"爱""敬"等具体原则。《孔子家语》《礼记》等典籍记载说:"古之为政,爱人为大。所以治爱人,礼为大。所以治礼,敬为大。"又说:"弗爱不亲,弗敬不正。爱与敬,其政之本与!"在孔子那里,"仁"是向内求,"礼"是向外求;"仁"靠内在的自觉性,"礼"有外在的约束性。"礼"与"仁"密不可分,以"礼"的标准求仁,修己爱人;用"仁"的自觉复礼,实现等级有序。正如孔子所说:"人而不仁,如礼何?人而不仁,如乐何?"④"仁"是

---

① 《论语》之《泰伯》《季氏》。
② 《论语》之《八佾》《学而》《卫灵公》。
③ 《孟子·离娄上》。
④ 《论语·八佾》。

"礼"的主要内容,"礼"是"仁"的外在表现。在此基础上,孔子提出了著名的"仁政"理论。"仁政"是孔子的政治理想,孔子提倡"仁政"的目的就是要建立一个充满"爱"的社会。这种"爱"包括"爱亲人""爱人类"和"爱自然",是一种无限博大的"爱"。"博爱"是孔子留给中国人和中华文化最宝贵的遗产,在此基础上,早期儒家乃至中华文化具有了"天人合一""厚德载物"的博大胸怀。

图3-1　金声玉振(山东曲阜孔庙牌坊)

孔子和早期儒家的政治思想对后世影响很大,经过后代儒家的充实,逐渐形成了一套处理君民、君臣关系的政治原则:

首先,儒家认为应当重视人民。儒家产生之前,中国已经有了明确的重民思想,儒家明确地继承了这一点,历代儒生都高倡重民之论,都认识到"民惟邦本,本固邦宁";"得民者兴,失民者亡"。所以,儒家主张不仅要"因民之所利而利之",还要"取于民有制",不宜过度剥夺百姓。

第二,儒家认为应当以德待民。儒家的德治主张,要求对民众进行伦理教化,不仅要富裕人民,还要教化和引导人民,绝不能以武力强迫人民,违背人民意愿。儒家反对法家以强力压制民众的做法,认为应当尊重民众,以德服民。君主为万民表率,社会风气的好坏取决于君主,社会秩序稳定与否是对君主治政功过的检验。政治混乱,风气败坏,其咎不在民而在君,君上应该好好反省,认真检讨。

第三,儒家认为应当用诚信维系人心。与德治主张相联系,儒家认为君上应以至诚的信任维系天下人心,君臣、君民相互信赖,同心同德,上下一致,才能形成社会凝聚力。就君臣关系而言,君上应当信任和尊重臣下,在君尊臣卑的具体情势下,君主如果一味地刚愎自用,独断专行,就很难形成君臣同心的局面,臣下的股肱作用就不会发挥出来。相反,如果君臣一体,励精图治,能者在朝,贤者在位,社会就容易达到大治。

(二)以仁爱为基点的伦理思想

儒家的伦理思想以道德问题为核心,是一种典型的伦理型人文主义学说。其中,"仁"是儒家道德理论的基本原则,是各种道德规范、道德要求的基本出发点,儒家的道德规范体系正是以"仁"为核心展开的。儒家提出过很多的道德范畴,在具体的道德方面提出过某些特殊的要求,除了"仁",还有义、礼、智、信、忠、恕、孝、悌、温、良、恭、俭、让、宽、惠、敏等,这些德目都是"仁"的体现,都是从"仁"的基本原则下派生出来的。与之同时,它们反过来又可以归结为"仁",或者说贯穿着"仁"的思想和要求。

儒家伦理思想大致可归纳为孝悌、仁爱、忠恕三个方面:

孝悌是仁爱的根本内容,历代儒家都十分重视孝悌之道。在孔子那里,孝悌是指孝顺父母和敬爱兄长。但儒家倡行孝悌之道绝不满足于此,他们又由这种亲子骨肉之情出发推及宗族,从而尊敬长辈,厚待亲友,最后再推及于整个社会,即孔子所说的"泛爱众"。孝悌的本质在于使长幼有序,它的外延则在于肯定尊卑等级的合理性,要求每一个人在具体的社会行为中给自身有准确合理的定位。这就是说,孝悌不仅是家庭伦理,也是社会伦理、政治伦理。所以《孝经》说:"夫孝,始于事亲,中于事君,终于立身。"《孔子家语·哀公问政》所载孔子说:"立爱自亲始,教民睦也;立敬自长始,教民顺也。教之慈睦,而民贵有亲;教以敬,而民贵用命。民既孝于亲,又顺以听命,措诸天下,无所不可。"树立仁爱的观念,从亲爱自己的双亲开始,从而教导他们尊敬别人,乐于听从政令,把这种教化方法扩大开来治理天下,就不会有什么办不到的事情。由血亲之爱这种天然的亲情推而广之,形成了孔子"仁学"的思想体系。

仁爱是儒家伦理思想的灵魂。在充分肯定亲情之爱的基础上,孔子的"仁爱"学说逐渐向外推延。以"亲亲"作为起点或第一步,"爱人"则是"仁"的第二步。所谓"爱人",就是人与人之间相互尊重,相互关心,相互信赖,相互帮助。可以说,在孔子看来,人人都应当具备仁爱之心,如果以仁爱作为人与人之间关系的纽带,人际关系便可以和谐融洽,就会社会晏然,天下太平。

由于血缘之"亲"与非血缘之"人"属于同类,具有类的共同性,所以由"爱亲"到"爱人",很自然地具有逻辑上的必然性。孔子向往的仁爱境界是:"人不独亲其亲,不独子其子,使老有所终,壮有所用,幼有所长,矜寡孤独废疾者皆有所养。"[1]由"亲亲"到"不独亲其亲",也就是孟子所说的"老吾老,以及人之老"[2],进而就能达到一种"博爱",即"泛爱众而亲仁"[3]、"四海之内皆兄弟"[4],这正是孔子伦理学说的"泛爱"。

忠恕是推行仁德的方法,也是仁爱思想的重要内容。孔子认为他有自己的一贯之道,他的弟子曾子说,这个一贯之道就是"忠恕"。朱熹在《四书集注》中解释说:"尽己之谓忠,推己之谓恕。""忠"的含义包含尽心为君王服务,也包含尽心为他人做事,即"为人谋"。孔子所说的"恕"

---

[1] 《礼记·礼运》。
[2] 《孟子·梁惠王上》。
[3] 《论语·学而》。
[4] 《论语·颜渊》。

是对他人的体谅与宽容,即"己所不欲,勿施于人"①。《大学》则提出"絜矩之道",发挥了孔子的恕道,要求以己度人,将心比心,从而宽恕容人。可见,"忠"与"恕"二者相互结合,构成了"仁"的完整内涵。可以看出,忠恕之道正是孔子仁爱思想的进一步引申和发展,是儒家处理人己关系的基本道德原则。

(三)以中庸为核心的哲学思想

儒家的哲学思想指儒家对天地自然和社会人生等问题的原则看法,是他们认识自然界和人类社会的指导思想和方法。它从儒家的政治思想和伦理思想中抽象出来,又反过来对政治思想、伦理思想产生了指导作用。

儒家的哲学思想首要的是儒家对于天道运行规律和天人关系的认识。早期儒家继承尧、舜以来关于"人心"与"道心"关系的论述,继续思考"人情"与"人义"、"天理"与"人欲"的关系,将传统的天命观进行哲学升华,最终以"天理"作为本体。所谓"天理",意思是指社会的伦理原则和道德规范是天经地义、千古不变的规则。在"天理"与"人欲"的关系上,以"理"或者"天理"作为谈论的话题。人们的思考以"天理"为本体,使之作为包罗宇宙和人生的庞大思想体系。

儒家哲学是"内圣外王"之学,它十分重视天人关系。早期的儒家都强调人在天地之间的能动性,如孔子主张"不怨天,不尤人,下学而上达"②。他虽然相信天命,但绝不是宿命论者;主张知天命,并上达于天命,必须发挥人的主观能动性,听天命而尽人事。荀子也主张利用、顺应"天命",提出"制天命而用之"③,"知命者不怨天"④,与孔子的"知天命"完全

---

① 《论语·卫灵公》。
② 《论语·宪问》。
③ 《荀子·天论》。
④ 《荀子·荣辱》。

一致。孔子作《易传》,称天、地、人为"三才"。荀子也发扬儒家重视人事的思想,指出人能够与天、地并立,强调人有征服自然的能力。儒家思想贯通天地自然和人类社会,所以汉儒扬雄说"通天地人曰儒"①,宋儒也大都如此,由此而强调人在天地间的作用。

那么,天地是怎样产生的?事物又是如何发展的?早期儒家提出了"太一"的概念,这与《易传》提出的"太极"概念一致,它由阐释卦象而推衍出天地万物及其本原,对儒家的宇宙论影响很大。《系辞》说:"易有太极,是生两仪,两仪生四象,四象生八卦。"宋明理学家们以"理"为本体论,如朱熹说"太极只是一个'理'字",显然是受了《易传》太极观的启发。这里所谓的"两仪"即阴阳,由于阴阳两个对立面的激荡、斗争、消长而引起事物的运动、变化、发展,天地、君臣、父子、夫妇无不可以纳入到这样的对立面中,也就是说,阴阳观可以贯穿自然和人类社会的各个领域。《系辞》中说:"生生之谓易。"又说:"易穷则变,变则通,通则久。"儒家哲学中的辩证法思想,尤其变化发展的观念都与之相关。

在孔子儒家思想中,"中"是一个十分重要的概念。"中"不仅是儒家的道德准则,还是一种思想方法,"中"谓中和、中正;"庸"谓常、用。所谓"中庸",简单地说就是"用中",是指以不偏不倚、无过无不及的态度为人处世。所谓"中庸",可以看成孔子儒家哲学思想的核心概念。

孔子的"时中""中庸"思想渊源有自。如《论语·尧曰》记载尧对舜说:"天之历数在尔躬,允执其中。四海困穷,天禄永终。"而"允执其中"也成为孔子心目中上古三代圣王传"道统"的不二法门。在古代圣王中,孔子十分赞赏舜,认为他是真正的大智者。在孔子看来,舜是"好问而好察迩言,隐恶而扬善,执其两端,用其中于民"②的圣王。孔子继承并发展了"执两用中"思想,其中的"时中"理念成为早期儒学的重要组成

---

① 《法言·君子》。
② 《礼记·中庸》。

部分。而"时中"实际上包含了两个层面的意思:一是"无可无不可",一是"无过无不及"。没有一定可行之事,也没有一定不可行之事,一切都应以合"义"与否而定。

作为一种行为方式,"中庸"具有很强的实践性,在社会生活的各方面,孔子主张都包含有中庸思维方式。孔子认为,历史总是在不断发展,在"损益"中前进。他晚年喜《易》,在《易传》中充分阐发了"时"的哲学思想。可以说,孔子的《易传》都在讲"时",讲"变化",多次说到"与时偕行"。无论进退、出处,不管自励、教学,孔子一生都体现了"时"的智慧,体悟着"时中"的哲学。孔子说:"愚而好自用;贱而好自专;生乎今之世,反古之道。如此者,灾及其身者也。"[1]孔子是十分重视权变、通达的圣者。如《论语·子罕》记孔子说:"可与共学,未可与适道;可与适道,未可与立;可与立,未可与权。"学习、得道、有所立,最重要的是要权衡事物的轻重、缓急,这也正是孔子说"谨权量,审法度,修废官,四方之政行"[2]的原因所在。也许正是因为如此,孟子才称其为"圣之时者"[3]。

孔子"中"的思想与他的政治思想相互联结。孔子主张以礼"制中",用礼作为衡量标准。礼是不断发展变化的,孔子的中庸思想本身也讲究"权变"与"时中",他希望处理事情审时度势,随时势的变化而处"中"。在政治管理中,孔子同样重视"中"道。他说:"名不正,则言不顺;言不顺,则事不成;事不成,则礼乐不兴;礼乐不兴,则刑罚不中;刑罚不中,则民无所措手足。"[4]在刑罚之中,实际蕴含着应当如何为人处世、治国行政的标准,而"礼乐兴"是"刑罚中"的前提;"礼乐不兴,则刑罚不中"。反过来说,断案理狱,其标准还在于礼义,考虑的重点在于对社会的影响,

---

[1] 《礼记·中庸》。
[2] 《论语·尧曰》。
[3] 《孟子·万章下》。
[4] 《论语·子路》。

在于对民众的教化意义。只有眼光远大、富于智慧的人才能找到"刑罚之中"。

总之，孔子将他以往的"中"赋予了"时""权"的意蕴，奠定了儒家"中庸"的思维模式。尤其是子思作《中庸》，将早期儒家的天命观、心性学说以及社会教化结合在一起，将孔子"中庸"学说定位于"实学"的范畴。"中庸"不仅是认识世界的基本方法和处事准则，而且成为中国人的思维方式的核心特征。

二、儒学的发展历程

在漫长的历史发展中，尽管儒学一直被作为正统思想，成为中华传统文化的主导力量，但它与各种思想、各种学派的矛盾与摩擦一直未曾间断。就在这不断的矛盾运动中，儒学兼收并蓄，砥砺前行，经历了不同的发展阶段，在每一阶段都涌现出自己的代表人物，形成了代表时代水平的思想成就，深刻影响了中国社会的方方面面。

（一）儒学独尊地位的确立

春秋战国时期，孔子学说的政治命运不济，然而，它体大思精，意蕴高远，其影响注定要不断扩大。孔子弟子毕竟更了解孔子，更深切感知了孔子学说，认为孔子"仰之弥高，钻之弥坚"[1]，说孔子像日月"无得而逾"[2]。人们感慨说："大哉孔子！博学而无所成名。"[3]就连反对孔子学说的墨子也说他"博于诗书，察于礼乐，详于万物"[4]。孔子去世后，他的弟子流散四方，将孔子学说传播到各地，以后还出现了像孟子、荀子这样的儒学大

---

[1] 《论语·子罕》。
[2] 《论语·子张》。
[3] 《论语·子罕》。
[4] 《墨子·公孟》。

师。大量新的出土材料证明,战国时期,儒家的典籍著作甚至在南方的楚国都得到了很好的传播。

秦统一后,儒家思想继续影响着社会。秦以法家思想变革社会,迅速强大,统一后的秦王朝,统治者试图建构起与统一大帝国相适应的统治思想体系。然而,秦始皇将主要精力投到了官僚机构建设上面,在施政定制上基本以法家思想为依据,也兼采了阴阳家等的思想。与之同时,秦设博士官,包括儒家在内的诸子百家均可立为博士。终秦之世,儒生的活动史不绝书。因为儒学之盛影响到了秦王朝既定的政治方向,才出现了秦始皇"焚书坑儒",这种"焚""坑"的直接目的是为了限制儒生,使其就范,并非要消灭儒学,因为焚书的对象是《诗》、《书》、"百家语",即使《诗》《书》,在禁止民间收藏时,还允许秘府收藏、博士掌握。

"焚书坑儒"毕竟使儒家等各派思想遭到一定的禁锢。儒生失却了原来在社会舞台上的地位。《太平御览》卷八六引《异苑》曰:"始皇既坑儒焚典,乃发孔子墓,欲取诸经传。"孔子的地位明显下降,儒生的境况也急转直下,他们不敢公开传道授学。这种文化高压政策,激起了人们的极大怨愤。当陈胜起而反秦时,儒生们便加入到了反秦的行列中。

汉王朝建立后,刘邦等汉初君臣不能不思考秦"二世而亡"的教训。陆贾因此撰成《新语》,认为秦"用刑太急",不知教化,是导致强秦速亡的重要原因。人们也对儒学与政治的关系进行反思,叔孙通认为:"夫儒者,难与进取,可与守成。"[①]这种观点很具代表意义。叔孙通"征鲁诸生",参秦仪,采古礼,制汉仪,使刘邦感知到"为皇帝之贵"[②]。从此,孔子与儒学开始受到重视。汉高祖还"以太牢祀孔子",开了历代封建帝王祭祀孔子的先例。

---

① 《史记·刘敬叔孙通列传》。
② 《汉书·叔孙通传》。

不过,由于汉初的社会凋敝,百业俱废,在统治思想上不得不采用"清静无为"的黄老思想。黄老思想强调"无为而治",对于经济与社会的恢复能起到积极的推动作用,但黄老思想对"礼"的蔑视,也容易构成对社会秩序的威胁,而且其因循的成分较多,虽可成功于一时,却不能保全久远。相反,儒家"序君臣父子之礼,列夫妇长幼之别"①的特点,却可以巩固政治秩序,维护社会伦常。所以,汉初并非以黄老思想作为统治思想或定其为一尊,而是利用各家而偏重儒、道。汉初对黄老的"尊"并不是建立在"抑"儒的基础上。

至汉武帝时代,政治、经济形势发生了很大变化,统治者由"无为"变"有为",主张"清静无为"的黄老思想已不能适应社会发展的需要,亟需建立维护中央集权和大一统的思想体系。汉武帝首先用儒术代替百家,以经学统一思想。他重新启用好儒术的田蚡为相,罢黜不治五经的太常博士,不许黄老、百家之言入官学,并延揽儒生数百人。元光元年(前134年),武帝又诏令各地推举博学之士来京城应试对策,就如何安邦定国、如何看待天人之际等问题进行垂问。董仲舒(见图3-2)在众贤良中脱颖而出。

董仲舒(前197~前104年),广川(今河北枣强)人。其治学勤奋,以治《春秋公羊传》闻名于当时,现存著作有《春秋繁露》。景帝时曾任博士,教徒授业,弟子甚多。

图3-2 董仲舒像

① 《史记·太史公自序》。

武帝诏举贤良文学之士,他献上对策三篇,即著名的《天人三策》或称《举贤良对策》。在对策中,他建议"罢黜百家,独尊儒术"。汉武帝采纳了他的建议,从此以后,儒术定于一尊,历代王朝均奉儒家思想为正统,长达两千多年。

为适应统治阶级的需要,董仲舒糅合儒家、阴阳、名、法及黄老等诸家学说,对《春秋》大义作了大量的引申和发挥,对孔子学说进行了系统的修正和改造,建立起以"天人感应"为核心、阴阳五行为框架的神学唯心主义思想体系,为汉王朝大一统的中央集权奠定了思想理论基础。

他认为天是至高无上的神,"天者,百神之君也,王者之所最尊也"[①]。天能支配一切,主宰一切,人间的君主都是"受命于天"、秉承天的意志来统治人民的,与天始终有着密切联系。君主统治得好,天就会降祥瑞,如凤凰、灵芝之类,以示褒奖;君主统治得不好,天就降灾异进行警告和惩罚。董仲舒的"天人感应"学说虽有限制君权的一面,但主要是论证"君权神授"和专制制度的合理性。

董仲舒从"天人感应"学说出发,建立起一套神学化的伦理道德观念。其核心是"三纲五常"。"三纲"就是君为臣纲,父为子纲,夫为妻纲,"五常"是指仁、义、礼、智、信。这些道德伦理观念也是天的意志,是永恒不变的,"王道之三纲,可求知于天""天不变,道亦不变"[②]。他把神权、皇权、族权、夫权和由此决定人的行为规范说成了永恒的准则,长期制约着人们的思想和行为。

董仲舒在政治上主张大一统,反对诸侯割据,提出"诸侯不得专封",全国政权应"一统乎天下",要求统治者革除弊政,改善民众的生活环境,"限民名田,以赡不足,塞兼并之路""去奴婢,除专杀之威""薄赋敛,

---

① (汉)董仲舒:《春秋繁露·郊义》。
② 《汉书·董仲舒传》。

省徭役,以宽民力"①。这些思想对缓和当时的社会矛盾,巩固中央集权和维护大一统的局面有一定积极意义。

汉代儒学与政治的结合,使儒学拥有了广泛的社会基础,儒生们著书立说,授徒讲学,竭力研究经书。人们十分重视《诗》《书》等儒家经典,从师习读成为风尚,形成了盛极一时的汉代经学——宽泛地讲,经学即训解和阐述儒家经典之学。人们在谈论经学时,虽然常常溯源到春秋战国时的子夏和荀子,然而直到汉武帝"罢黜百家,独尊儒术",才设置五经博士,以通经作为晋选人才的标准,经学始成为中国封建文化的正统。从此,其盛衰、分合、争辩往往与当时的政治相关联。

两汉是经学的兴盛时代,由于所依经书文字字体的不同,篇章多少的不同,而且对于经学内容的解释也有很大差异,由此分为两种不同的思想体系和学术派别——今文经和古文经。今文经采用的是当时通用的文字"隶书"记录抄写经书,古文经则是用汉以前的"小篆"写成的。古文经学重视考证,用章句训诂方法,企图恢复儒家经书的本来面目,探究经书本意。今文经学注重阐发经书的微言大义,尽量利用经书为政治服务,思想比较灵活,只是过于枝蔓。特别是东汉经学的谶纬化,人们不仅繁琐注经,而且大讲灾异,神化孔子,甚至曲解经文。西汉时期今文经学一统天下,后来孔壁藏书出,古文经仍未立为官学。西汉末到东汉,古文经学逐渐兴起,到东汉中叶,就大有取代今文经的地位而跃居独尊之势。为了统一说法,汉代多次召开经学会议,如石渠阁会议、白虎观会议等,直到东汉末郑玄注"三礼",取优汰劣,杂糅了今、古文两派学说,今、古文两派的斗争才告平息。

---

① 《汉书·董仲舒传》。

(二)儒学与佛教、道教的交融

东汉后期,社会危机不断加深,黄巾大起义后不久,东汉王朝解体,接着,军阀混战,朝代更易,社会长期动荡不安。这种局面也导致了意识形态领域里的巨大变化,于是,玄学产生,佛教、道教流行,对魏晋至隋唐时期的社会历史产生了很大影响,动摇了西汉以来儒家学说在思想文化界的一统局面。

然而,尽管玄学、佛教、道教盛极一时,甚至佛教在梁武帝时一度被定为"国教",唐代也时而崇道时而尚佛,但统治者还是要依靠儒家思想治国,儒家的天命论仍是魏晋到隋唐皇权的支柱,儒家的纲常名教仍是立国之本。虽然儒学受到玄学、佛教、道教的冲击,但并没有达到不可两存的地步,而是在斗争中趋于融合。有学者说,这种多元的文化酝酿出了一些味道浓郁的精神文明成果,像陶渊明的诗,其基调是儒家的,但又不为儒家所限。儒家思想也是这样,它在这时期的独尊地位虽已不存在,但它却顽强地深入到人们的意识之中,并表现了一定程度的涵容性。儒家思想的根深蒂固,使得佛教、道教等也始终没有在中国的政治和思想上占统治地位,只能作为一种精神统治的辅助工具而存在。

魏晋时期,思想界盛行玄学。这时,士大夫把道家的《老子》《庄子》和儒家的《易》称为"三玄"。所谓的玄学,就是糅合儒、道而形成的一种新的思想体系。他们谈论本与末、有与无、名教与自然等哲理问题,反映了魏晋南北朝时期政权更迭频繁、社会动乱不定的历史实际。所以,文人士大夫或绝经世之志而兴厌世之想,或斥责儒道之无益于天下而纵酒消忧,或痛骂仁义礼法之不足用而寄托于老庄之虚无,于是玄学盛行,清谈成风。

图3-3 清·华喦《竹林七贤图》

在魏晋玄学盛行的时代,儒学受到了一定冲击,如阮籍(见图3-4)、嵇康对"名教"的批判即是。阮籍认为:"君立而虐兴,臣设而贼生,坐制礼法,束缚下民";名教礼法乃是"乱危、死亡之术"①。为求得解脱,嵇康提出要"越名教而任自然"。他还"轻贱唐、虞而笑大禹","非汤、武而薄周、孔"②。阮、嵇的思想后来发展为鲍敬言的无君论,对儒家的名教纲常展开猛烈的抨击。

从魏晋南北朝到隋唐,与儒家长期并存,互相斗争融合,而且流行最广、影响最大的要数佛、道二教。

佛学创自印度,传经西域,自东汉以来逐渐在中土传播开来。道教也是在东汉末年形成发展起来的中国本土宗教。这两大宗教的繁荣都出现

---

① (三国魏)阮籍:《大人先生传》,陈伯君校注:《阮籍集校注》卷上,中华书局1987年版,第170页。
② (三国魏)嵇康:《释私论》《卜疑》《与山巨源绝交书》,均见武秀成译注:《嵇康诗文选译》,巴蜀书社1991年版,第203、88、72页。

在南北朝与隋唐时代,儒、道、佛之间的斗争也贯穿了这一时代。从"华夷之辨"的角度出发,在三家共争正统地位的斗争中,儒、道往往结成联盟,同佛教展开斗争,这种斗争往往具有民族矛盾的色彩。除了道教反佛教外,儒家学者们也从儒家的角度反对佛教。如宋末顾欢《夷夏论》说佛教徒"剪发旷衣""狐蹲狗踞","下弃妻孥,上绝宗祀",与华夏礼俗不合,应当废绝。唐初反佛斗争的代表人物傅奕也从维护儒家的伦理道德观念着眼,

图3-4　阮籍像

斥责僧徒"不忠不孝,削发而揖君亲;游手游食,易服以逃租赋"①。中唐以后的反佛主将韩愈也指责佛教,说它灭弃封建伦理纲常,使得"子焉而不父其父,臣焉而不君其君,民焉而不事其事"②,希望发扬儒家之道以取代佛、道的宗教理论。韩愈反佛,还曾仿照佛教传法世系的祖统说,建立从尧舜开始到孔孟时代相传的儒家道统,以此来论证儒家的正统地位。佛教外来,其生活习俗异于中土,加上佛教徒的出家与宣扬出世的教义,至少在表现形式上与封建伦常相悖,正如傅奕说信佛的萧瑀"非孝无亲",斥佛教为"无父之教"那样,儒佛的矛盾主要表现于此。

对于儒家思想适宜于封建政治的优势,佛教思想可以说无法企比,这也是佛教受到压抑的一个重要原因。一方面,佛教让人们忍受现世苦难,也给永享荣华富贵的贵族阶级以美妙的幻想,使得不少统治者大力倡佛,并围攻反佛斗士。另一方面,封建统治者又不能不限制佛教势力的过度

---

① 《旧唐书·傅奕传》。
② 韩愈:《原道》,马其昶校注,马茂元整理:《韩昌黎文集校注》,上海古籍出版社1998年版。

发展。北魏太武帝、北周武帝、唐武宗的"三武灭佛"很能说明问题。佛寺遍地,上百万的劳动力离开土地隶籍佛寺,严重影响了政府的兵源、财源,寺院经济和僧侣地主势力恶性膨胀带来了严重后果,使政府不得不"求兵于僧众之间,取地于塔庙之下"①,禁断佛教,没收财产,僧尼蓄发,以充军国之用。这样,佛教便只能以精神统治的辅助工具的形式出现。

儒学自身的特点非常适合为政者维护国家长治久安的局面,儒家思想也得到了世俗封建统治者的支持,那么,这种形势就注定了这样一种结果,即佛、道二教与儒学的矛盾,还是以前者的妥协与相互交融而告终。

道教思想为适合封建政治的需要,在批判、斥责原始道教的同时,把许多封建伦理教条变成道教的教义。例如,寇谦之(365~448年)是北朝时期道教的代表人物与领袖,他就教人"不得逆君王","于君不可不忠",要求民众安于贫贱,"勿怨贫苦",等等,这与儒家倡导的忠君尊王等思想是一致的。

佛教宣扬"因果轮回""出世解脱"的说教,也可以起到安顿民心、麻醉人民的作用。另外,刚传入并流行开来的佛教,其逻辑思维方式等引起人们的高度重视也在情理之中,甚至有人认为佛学高于道,道高于儒。

儒家尽管也有自身的弱点,缺乏佛、道二教的宗教理论和修养方法,但是,儒家思想有一整套伦理道德学说,特别是经过后来的改造,具有了一套适应于君主政治的理论,在满足封建统治方面长于佛、道两家。所以,佛教和道教只好在思想上妥协、调和,与儒家的伦理原则一致起来。如华严宗的密宗,其《原人论》曾说"佛且类五常之教,令持五戒",将佛教的"五戒"比附"五常",以显示佛徒也拥护儒家伦常。他们还有《父母恩重经》《孝子报恩经》等,声称"孝道"乃"儒释皆宗之"②。佛徒要避免"非教无亲"的指责,就不得不适应中土习俗,靠拢周、孔之教而趋向儒学。

---

① (唐)释道宣:《广弘明集》卷二四,万历十四年丙戌吴惟明刻本。
② (唐)宗密:《佛说盂兰盆经疏·序》。

佛教的重要支派禅宗也结合中国实际，简化教义和修行方法，吸收儒家的思想因素，增添世俗宗法色彩，逐步从外来宗教转化为具有中国特色的宗教。

总之，从魏晋南北朝到隋唐，尽管儒家的独尊局面已被打破，佛、道二教在思想领域占有重要位置，而且儒、佛、道之间也进行着斗争与融合，但如前所说，儒家思想仍是历代统治者思想的根基，即使由游牧民族而后入主中原的北朝鲜卑族，在汉化过程中，也吸引大量汉族士人参政，依靠他们根据儒家经典建立各种服务于封建统治的典章制度。北朝比汉族为主的南朝有着更重的推广儒家文化的紧迫感，甚至对儒家经典的了解程

图3-5　明·丁云鹏《三教图》

度成了他们汉化的标志。所以，北魏道武帝初定中原，始建都邑，"便以经术为先"①；北魏孝文帝改革鲜卑族文化习俗的同时，重用儒生，崇尚经术。他还崇儒兴学，亲至鲁城祀孔，改谥孔子为"文圣尼父"，对孔子的尊崇及对孔子后裔的封赐超过前代。

实际上，忠君和孝亲是中国传统宗法制度的根本要求，是历代统治者都不能不加以维护的。北魏孝文帝对群臣讲："《孝经》一卷，足以立身治国。"②唐太宗说："朕今所好者，惟尧舜之道，周孔之教，以为如鸟有翼，如鱼依水，失之必死，不可暂无耳。"③儒学维护封建伦常的作用是其他思想

---

① 《北史·儒林传》。
② 《资治通鉴》卷一七五。
③ （唐）吴兢：《贞观政要》卷六。

流派所不能替代的,这在魏晋南北朝以至隋唐时期又一次得到证明,这也是儒家思想经受了佛、道冲击而仍然不失统治思想地位的根本原因。

(三)程朱理学与陆王心学

宋明时期,在社会上占统治地位的哲学思想是理学和心学,它是佛家和道家思想渗透到儒家哲学以后出现的一种新儒家学说。

如前所说,唐对儒、释、道兼容并包,除唐武宗曾一度毁佛外,其他各朝利用儒学作为统治思想,却也同时都不排斥佛教与道教。北宋也承袭了这一政策,使得三教在斗争和交流的基础上,呈现出了更为明显的融合趋势。宋儒中不少有名的理学家都曾经出入佛、道。如张载"访诸释、老之书,累年尽究其说"[1],程灏则"泛滥于诸家,出入于老、释者几十年"[2],朱熹亦自称其"出入释、老者十余年"[3]。然而,宋儒入释、老的目的却在于出释、老,他们都主张变革图强,但他们大都以为佛、道并不能强兵富国;恰恰相反,北宋"积贫积弱"局势的形成倒与佛、道盛行有着显著的关系。因而,他们主张必须改变"三教"并用的政策,摒弃佛、道,振兴儒学。于是,不再重复唐韩愈以来在伦常、财政以及夷夏等问题上对佛、道的攻击,而是开始从"本然之全体"[4]上建立新的儒家学说,他们把儒家的礼法纲常和道家与道教的宇宙生成、万物演化,以及佛教关于抽象与具体、本质与现象的思辨哲学相融汇,构思出了既是儒家、但又不是原本意义上的儒家的理学哲学体系。这便是宋明时期理学的特征。

理学,或称"道学",是中国历史上的一大时代思潮。理学兴起于北

---

[1] (宋)吕大临:《横渠先生行状》,陈俊民辑校《蓝田吕氏遗著辑校·文集佚存》,中华书局1993年版,第587页。
[2] (宋)程颐:《明道先生行状》,程颢、程颐撰,王孝鱼点校:《二程集·河南程氏文集》卷十一《伊川先生文七》,中华书局2004年版,第638页。
[3] (宋)朱熹:《答江元适》,《朱文公集》卷三,宋刻明修补本。
[4] (唐)韩愈:《与孟尚书》,《昌黎先生集》卷五,廖莹中世堂本(明徐氏东雅堂翻刻)。

宋,它是在唐代儒家经学和佛道思想融合、渗透的基础上孕育发展起来的。它经历了由"汉学"到"宋学"的转变和经学哲学化的过程。理学思潮的兴起,标志着唐代以来儒、佛、道鼎立的多元文化格局的终结。"北宋五子"周敦颐、张载、邵雍、程颢、程颐,是北宋时期的著名理学家,他们力倡经学革新,把事物运动变化的规律称为"理",提出了"天理"范畴。他们认为,要使儒学得以振兴和发展,就不能简单排斥佛、道,只有从根本上提高自己的哲理性,才能战胜佛教、道教学说。他们以传统儒学为主干,以是否有益于纲常名教为价值尺度和取舍标准,发掘儒家经学之"义理",吸取佛、道理论之精华,创建了理学思想体系,从而实现了经学的哲学化。

从宋代义理之学的兴起到二程理学思想体系的形成,经历了一个较长的历史过程。经过周敦颐、张载、邵雍等人的共同努力,宋明理学思想体系大体形成,而作为一种典型的思想形态,理学的正式形成要归功于"洛学"兴起。

"洛学"是宋明理学中的重要学派,由世称"二程"的程颢、程颐兄弟所开创,因为二程兄弟是河南洛阳人,又长期在洛阳从事讲学活动,故名。程颢(1032~1085年),字伯淳,称明道先生。程颐(1033~1107年),字正叔,称伊川先生。"二程"在十五六岁时,就受学于理学创始人周敦颐。到宋神宗的时候,建立起自己的理学体系。二程的"洛学"后来由南宋朱熹等理学家继承发展,成为"程朱"学派。

二程的思想具有相当的独创性,别具一格,自成体系。特别是他们进一步摆脱了道教的影响而归到儒学正宗,其思想理所当然地成为理学的正统与典型形态。二程思想的分歧也不小,他们的理论区别更有意义。虽然二人都是理学创建者,但是他们对于"理"的理解却同中有异。

程颢认为,理是自然而然的自然趋势,"理者,天也"。他将道视为无始无终的万物主宰,强调"天人本无二,人心与万物不可分。人心本无内外,天地万物与我浑然一体"。只要"诚敬存之",使心寂然无事,便可以达到"仁"的境界。他强调天理内在于心,人应当穷理尽性。既然理心一体,万物皆在我心,人们就不必去认识客观世界,而只需认识自心即可。这一学说上承周敦颐等人的思想,也开启了此后的陆王心学。他们将天理作为宇宙本体,把全部学说建立在天理的基础上,认为"理"是先于万物的"天理","万物皆只是一个天理",从而开创了宋明理学的新体系。

在此基础上,二程将"天理"与"人欲"对立,以天理遏制人欲。在他们看来,天地之性是性之本,是天理在人身上的体现。可以说,性就是理,气质之性是人出生之后形成的,因而气质之性有善有恶。他们强调个体道德对社会伦理的认同,从而提出"存天理,灭人欲"的口号,以此化解个体与社会、个体欲望与社会秩序之间的矛盾。"存天理,灭人欲"是二程理学的最高境界,也是其伦理修养的最高要求。那么,怎样才能达到这种境界和要求呢?这便是二程提出的"居敬集义"与"克己改过"的主张。

在他们看来,道教的"绝圣弃智"与佛教的"坐禅入定"只能达到"寂灭湛静"的初级目的,只能使人身如枯木,心如死灰,而无法达到存理灭欲的境界。反之,如果用"主敬"的方法代替佛道"主静"的方法,便很容易达到对伦理纲常的敬畏心,从而培养高尚的道德情感,并能真心实意地去履行社会公认的道德规范,达到"慎独"的精神境界,以虔诚的心理专一于天理。这样,天理才能存在,人欲才能有效遏制,儒家的伦理规范才能变为现实。至此,二程完成了对理学思想体系的基本建构,从而成为理学发展史上的重要人物。

理学自宋初肇始后,中经周敦颐、张载、邵雍、二程兄弟等人的发挥和发展,到南宋中期,又造就了二位在深度和广度上都远远超过前人的学者——朱熹和陆九渊。

朱熹(1130~1200年),字元晦,号晦庵,晚号晦翁、沧州病叟。(见图3-6)因为朱熹长期居住福建,并在考亭讲学,所以他创立的学派被称为

"闽学",又称"考亭之学"。朱熹造诣高深,形成了自己完整、精密而独特的思想体系。他的思想成了元、明、清时代占统治地位的官方理论,产生了重大影响。

朱熹理学思想体系的核心是天理论,主要继承和发展了二程的理学思想,还吸取了周敦颐、张载等人的理学思想,使其最高哲学范畴"理"或"天理"得到了充分论证,他的天理论学说更为严密、深刻。朱熹认为,"理"或"天理"是宇宙之本体,是天地万物的根源。"理"不依赖于天地万物而独立存在,它无始无终,永恒不灭,而又无所不在。他承认宇宙万物的不断运动,但把这些归之于道体的本然作用,即"天理"的本然作用。

图3-6 朱熹著书

"理"或"天理"不仅是宇宙之本体,还是社会道德规范的源泉,一切道德的准则和礼仪都是"理"或"天理"的体现。他认为,"理"是先于各种社会道德关系而存在的。

在天理论的基础上,朱熹在人性论上提出了"心统性情"说。其主旨在于强调"心"为"性情"的主宰。以"天理"作为社会道德的最高准则,要求人们不仅思想上具有道德的基本要素,而且要在行动中处处符合道德规范,维护社会政治秩序。

朱熹把"人欲"又称为"私欲",认为这是"恶"在人身上的具体表现,它与一般的"欲"是有区别的。他认为,"欲"是由"情"发出来的,是指人们的要求和欲望,其中也包括物质生活的欲求。他认为这种对物质生活的正当要求和正常生理需要的"欲",是好的,而且合乎"天理"。他对"欲"与"人欲"的区分,是对二程"天理"与"人欲"之辨的重要修正,同时也划清了与佛教禁欲主义的界限。朱熹还提出了"天理人欲,同行异情"的观点,认为天理、人欲既对立又相互依存。他不同意二程把天理、人欲截然对立开来的观点,认为天理、人欲之间并非截然对立的,而是有其相互依存的一面。朱熹主张把"革尽人欲,复尽天理"与"克己复礼"结合起来。

总之,朱熹总结了北宋以来理学的成就,成为理学之集大成者。在朱熹的严密和丰富的思想体系中,不仅镕铸了传统的儒家思想,而且还吸取了佛、道思辨哲学的营养,更富于理论思维色彩。朱熹思想是理学发展的高峰,是理学的成熟形态,也是中国儒学发展的又一新阶段。朱熹的地位和影响,在中国理学发展史上是首屈一指的。

陆九渊(1139~1193年),字子静,号存斋,抚州金溪(今属江西)人,因曾在江西贵溪象山讲学,学者称之为象山先生。

在继承孟子思想的基础上,陆九渊吸取了禅宗的思想,接受了程颢"天"即"理"、"天"即"心"的思想,提出了"心即理"的心本论学说。他把"心"视为宇宙万物的本原,将宇宙与"心"等同起来,把"心"看成是无所不包的实体。在陆九渊眼里,"心"还是伦理性的实体,而人的道德行为乃是"心"的外在表现。他虽以"心"为本,但并不排斥客观天理的存在,承认"天理"的客观存在性和至高无上性,认为"理"是宇宙本原和事物存在的根本原则,与整个理学保持了一致。这样,陆九渊的"心"就具备了"理"的基本特征,据此,他提出了"心即理"的命题。这种把"心"与"理"同一的观点,正是儒家"天人合一"传统观念的继续和发展。这表明陆九渊的"心即理"的命题不仅具有唯心论的一般特点,而且还具有传统儒家思想和宋代思想的特色。

陆九渊从"心即理"的观点出发,认为认识"理"就是认识"本心"。与朱熹有所不同,陆九渊的认识论是与客观世界相脱离的,实际上就是反省内求的道德修养论。他所谓的"发明本心"的道德修养方法,只是对封建伦理道德的自我反省、自我认识过程,它不需要接触客观事物,只需闭目塞听,终日静坐,冥思苦想,便能获得对世界万物之理的认识。他的这种"发明本心"如同禅宗的"顿悟"方法,具有神秘的非理性的色彩。陆九渊不仅主张"安坐瞑目",反对感性认识,而且也无须书本知识。他说:"学苟知本,六经皆我注脚。"所谓"本",就是"心"。"知本"也就是"知心",这是为学的根本。既然六经都是我"心"的注脚,所以就无须读书、求学和问事。他甚至认为,如果忘记了这一根本,读书越多越有害。

图3-7 谈心图

陆九渊的"心学"体系极富个性特色,它作为南宋理学的一个主要学派,与朱熹的"理学"交相辉映。后经过其弟子杨简等人的发展,变成了唯我主义。到明代,又由王守仁进一步阐释、发展,成为封建社会末期影响很大的社会思潮。明代中期,王守仁心学崛起,王学广泛传播而风靡天下。此时,朱学虽仍是官方哲学,但其影响已逐渐退居次要地位。

王守仁(1472~1529年),字伯安,号阳明,浙江余姚人,因曾在故乡的阳明洞中筑室攻读、讲学,故世称阳明先生。(见图3-8)

王阳明的思想体系包括"心即理""知行合一""致良知"以及"万物一体之仁"等几个方面,其核心是"致良知",而其基点和出发点则是建立在对朱熹格物致知说的批判上。这种批判主要表现在两个方面:一是从道德修养的角度批判其理论的内在矛盾;二是从朱熹身后的影响来批判格物致知说的"学术之弊"。从前一个方面看,王阳明年轻时笃信朱学的

图3-8 王守仁像

格物说,并不足以解决个人的道德修养问题;至于后一个方面,朱学支离割裂的学术之弊必然给现存的社会秩序带来危害,有以学术杀天下的危险。

王阳明接受了陆九渊"心即理"说,提出了"心外无物,心外无理"的命题。他把"心"作为哲学的逻辑起点,认为"心不是一块血肉,凡知觉处便是心。如耳目之知视听,手足之知痛痒,此知觉便是心也。"从"心"出发,加以推演,便是"理"。他说:"理也者,心之条理也。""物理不外于吾心;外吾心而求物理,无物理矣。"换言之,"心"就是"理","理"就是"心","理"存在于"心"中,在"心"之外是找不到"理"的。他认为宇宙万物的规律皆可归于"吾心判断"的范畴,并由此说明道德修养只需在心上下功夫。

在认识论上,王阳明提出了"致良知"的主张,认为人心之灵就是良知,良知即是天理,从而要求人们认识与恢复内心固有的天理,即把一切行为和活动都纳入中国传统社会道德规范的轨道。如何"致良知"呢?王阳明也提出了"格物致知"说。但与朱熹不同,他是从"心外无学"来讲"格物致知"的。他所说的"格物致知",其实就是"穷究吾心之良知",即把心中固有的天理贯彻到客观事物中去,而不是去探求客观事物的规律。不仅如此,王阳明还把"致良知"的哲学扩展到社会政治层面,并与《大学》中的政治伦理学说结合在一起,提出了"万物一体之仁"说。"万物一体之仁"说的意义,在于强调天地万物以人为中心,圣人之心应以天下万物为一体,便能救社会于水火之中。

从程朱理学到陆王心学,儒学的发展显示了它的开放和强大生命力。佛教自东汉末传入中国后,作为一种外来文化,它便与中国本土的道教、儒家思想开始了斗争和交融的过程,最后儒家的思想取代了佛、道,改变了隋唐以来三教并重的局面。理学家在关心现实社会问题的同时,注重了"天是何物"等问题的思考,对自然和社会之外的形而上学的道体进行不同层面、不同方位的探讨,建立了他们的理论,把中国哲学推到了一个新的高度。

三、儒学对中华传统文化的引领

儒家学说既是中华传统文化的主流形态,又是中华传统文化的重要组成部分,它对中华传统文化的影响是全方位的,从各王朝的统治思想到各种思想学说、思想流派,从士大夫、各阶层社会精英到乡村百姓、市井工商,无不受到儒家学说的深刻影响,可以说,儒家学说融汇到中华文化的方方面面,融汇到每一个中国人的灵魂与血脉中。因而,无论怎样评价儒家学说对中华传统文化的影响都不过分。

回望孔子与早期儒学,追寻儒学历史变迁的轨迹,我们发现,儒学可以满足稳定社会的需要,因而受到历代统治者和广大民众的认同;儒学又具有开放的精神,能够广泛吸纳各家各派的思想营养,使自身牢牢地在中华传统文化中居于核心地位。作为中华传统文化的主流,儒学持久而深刻地影响了社会文化的各个领域,在政治、哲学、教育、史学、文学、信仰等方面广泛渗透,规定了它们的发展方向,使之深深打上了儒学的烙印。经过两千多年的发展,儒学逐渐沉潜于中国人的思想观念之中,主导了亿万人的人生价值取向。

在政治上,儒学主张仁政德治。为了使天下由"无道"归于"有道",儒家设计过一整套治国方案。在内容上,它要求为政者依据"仁者爱人"的准则,加强自身道德修养,从"正己"而"正人",以维护社会的正常秩序；在形式上，要求当政者"为国以礼""为政以德"，使人们从内心深处自觉遵循社会生活行为规范，使上下有分，和谐有序。儒家向来注重道德教化，反对独用刑政；倡导平政爱民，反对富而不仁；主张举用贤才，反对任人唯亲。历代开明的君主，都以儒家的这种思想作为治国纲领，他们注意轻徭薄赋，励精图治。儒家将"尊君"与"重民"主张相辅相成，共同对中国传统政治产生了巨大作用。

在哲学上，一般认为儒学作为修己治人的学说，作为伦理特色比较鲜明的学说，其思辨色彩并不十分突出，其实，在对人生和社会问题的深入思考中，儒家学说的哲理化倾向十分显著。所以近代思想家梁启超曾认为儒家舍人生哲学外无学问，舍人格主义外无人生哲学。可以说，这种看法抓住了儒家哲学的本质特征。《易传》《中庸》等经典著作中蕴涵了丰富的思辨哲学材料，宋明理学家也吸收了佛家的思辨哲学与道家的道本论和"道法自然"思想。在儒家哲学中，"中庸"思想对后世的思维方式影响最大。"中庸"是孔子及其后学对整个世界的看法，是他们处理问题的基本原则和方法。"中庸"与所谓的折衷、调和有别，它闪烁着辩证思想的光芒。儒家思想是一个庞大的体系，儒家哲学的内容也是十分丰富的。

在教育上，儒家的影响可谓至深且广。中国有重视教育的传统，认为"建国君民，教学为先"，"化民成俗，其必由学"[①]。国家政治要安定，要培养国家所需的人才，必须首先重视教育；社会风俗要改善，要形成良好的道德风尚，同样要重视教育。中国古代典籍中蕴涵了大量的教育资料，儒家典籍如《论语》《孟子》《荀子》等也有不少关于教育的论述，《礼记》的《学记》《大学》，《荀子》的《劝学》篇等更是论述教育问题的专著。孔子是我国私学的开创者，在长期的教育实践中，他

---

① 《礼记·学记》。

积累了丰富的教育经验,形成了他的教育学说,对儒家教育思想起了奠基作用。

历史上,中国产生了系统完备的教育制度,而儒家的思想、儒家的学术典籍一直是教育的基本内容。中国古代的教育是一种人文主义的教育,古代教育家们把教育作为社会大系统的一个子系统看待,因而儒家教育便十分注重道德教育,注重"做人"问题的教育。古代教育家们积累和总结了丰富的教学经验,对教育理论、教育原则和方法,以及对教师的要求等,都提出了有价值的思想见解,诸如因材施教,启发诱导;温故知新,学思并重;长善救失,言传身教;由博返约,循序渐进;尊师爱生,教学相长等。直到今天,这些仍然受到教育工作者的重视。

在史学上,儒家思想的影响可谓无处不在。可以说,儒家思想是整个中国传统史学的灵魂。中国是世界上著名的文明古国,也是唯一一个历史不曾间断的国家,中国形成了重视历史的传统,历代儒者都重视历史的撰述,形成了儒家独特的历史观、史学观以及自觉的历史意识。作为儒家的创始人,孔子又是伟大的历史学家,由孔子作《春秋》所开创的史书义例,对后世史学影响极大。儒家认为,史学著述应当纲纪天人,推明大道,通古今之变,成一家之言。儒家反对避世,主张史学经世致用;认为应当循名责实,寓意时事,资治垂鉴;倡导在史学著述中注意通识、通变,要理合名教,尊王重统,拒斥异端。中国传统史学中的历史学方法论,如注重义例、多闻阙疑、求是考信、六经皆史,以及史家记事的原则,如秉笔直书、善恶必记,以及为尊者讳、有裨世教、无益不书、无关不书、记录实迹、杜绝妖妄等方法,都深深打上了儒家思想的烙印。

在文学领域,儒学的影响同样不可低估。在文学中,《诗经》《尚书》等古代文献经过了孔子的删订,成为中国古典文学的重要典籍。《左传》则是我国记事文学的重要作品,在文学史上具有很高的成就。不少文学家就是著名的儒学大师,他们希望通过历史事件的记述以"明褒贬,别善恶",希望"文以明道""文以载道",在文学作品中体现儒家的仁义道德和政治教化,反对单纯追求文学形式的"以辞为工",反对文风上的华丽雕琢,而十分注重思想内容。当然,儒家的崇性抑情、重道轻文的文学思想,也给文学的自然发展带来了一定的制约。

在信仰上,中国人多不信奉宗教,中国自古以来虽然崇拜天神,有时也相信天命,但与西方对宗教的虔诚和狂热有显著区别。归根结底,这是因为传统的中国人受到了传统儒学纲常伦理观念的深刻影响,这种影响阻挡或者冲淡了宗教精神对国民意识的渗透。自然,中国本土也有所谓宗教的传播和盛行,但是,无论哪一种外来宗教,它们都有一个中国化的过程,这个过程其实就是与儒学接近的过程。由于儒学的深刻影响,任何宗教都难以绝弃人伦,都不能不主动适应中国社会。佛教正是如此,在传入中国后,佛教与儒学、道教之间有斗争又有融合,最后,佛教只能在尽孝、尽忠两大伦理观念上有所修正,才获得了民众的接受和理解,得以顺利传播。

儒学有时被以"儒教"相称,却没有发展成为具有典型宗教意义的宗教。儒学与佛教、道教等不同,它没有给人展示一个彼岸世界,它缺乏神秘的教义和繁琐的宗教仪式,其中虽不乏诸如天人关系、敬天祀祖之类,而更多的却是把人们的情感心理消融在以亲子关系为核心的人与人的世间关系中,而不是把它导向外在的崇尚对象或神秘境界。因此,儒学尽管有与宗教相似的功能,扮演准宗教的角色,却不是真正的宗教。儒学属于文化思想体系,即使类似董仲舒的"天人感应"思想,也不能改变这个性质。儒学面向社会,面向现实生活,具有积极的政治追求和理想,是入世的,而不是出世的,所追求的是理性而非神灵与缥缈的天国。

由于长期以来儒学与社会的结合,儒学的价值观念已经渗透到百姓的社会生活的具体实际中,成为他们"日用而不知"的东西,"逐渐凝聚成中华民族一种生活方式,浸润了士、农、工、商的各个社会群体,从而也渗透到作为一种文化结构的诸如制度、器物、风俗等各个层面上,并且在有决定意义的程度上塑造了它们的形态"①。儒家思想深深积淀到历代中国人的心灵深处、人们的思想观念、行为习惯、情感心理,影响到社会生活的方方面面,成了处理各种事务与人际关系的基本准则,形成为中华民族的共同性格特征,积淀为一种文化心理结构。

四、儒学对世界文化的影响

儒学在影响与主导中华传统文化的同时,还影响到了中国以外的许多地区。它直接影响了东亚诸国的文明过程,在"东亚文化圈"的形成中发挥了重要作用。其核心理论与价值体系还远播欧洲及其他地区,为西方世界的文化发展与文明进步提供了重要的文化参照。

(一)儒学对东方文化的影响

自秦汉以来,东亚、东南亚地区就受到中华文化的影响,尤其是儒家思想对他们的文化影响很深。一些学者于是把中国及受中国儒家文化影响的东亚及东南亚地区称为"东亚儒学文化圈"或"中华文化圈""孔子文化圈""汉文化圈"。

以上概念在内涵上有一定差异,不过都从不同的角度说明了作为中华传统文化的儒学对这一地区的影响。在东亚儒学文化圈中,与中国相邻的越南、朝鲜以及隔海相望的日本,深受汉文化的影响,曾使用汉字,输入中国的典籍、文化、制度。在历史上,儒家思想还曾长时间地作为这些国家的统治思想,成为东方文化的一个重要组成部分,影响极为深远。在东南亚各国,尽管由于华人移民众多,儒家思想也有一定的社会基础,却

---

① 崔大华:《儒学引论·自序》,人民出版社2001年版,第3页。

没有像上述三国那样深受汉化影响。不过,总的说来,在"东亚儒学文化圈"中,注重儒家教育,注重伦理道德,注重个人修养,注重家族观念,却是一致的。

东亚儒学文化圈的形成有深刻的历史原因,儒学文化圈也随着历史的发展逐渐扩大,最终影响到了整个东亚及东南亚地区。汉武帝统治时,儒学成为汉朝的正统思想。随着古代中国对外文化交流的扩大,儒家思想也传播到中国的周边地区。

据研究,在公元前3世纪,儒学已传播到朝鲜。儒学在朝鲜真正受到重视和广泛传播,则是在朝鲜半岛的三国时期。公元1~7世纪,半岛出现了高句丽、百济、新罗三国鼎立的局面,经过数百年的传播、吸收,儒家思想成了三国的统治思想。高句丽在建国之初就使用汉字,公元372年设立了儒学教育机构太学,传授"五经",儒家经典成了青年士子的必读书籍。到唐朝时,又大量派遣留学生来唐朝学习。百济也很早就受儒学的影响,不仅设立儒学教育机构,还在南北朝时期请梁朝的诗学、礼学博士去讲学。到7世纪时,百济君臣都受儒学的熏陶,国王义慈以孝事亲、友于兄弟,号称"海东曾子"。新罗处在半岛的南端,通使中国较晚,在唐朝时,与高句丽同年向唐派遣留学生,设立儒学教育机构。675年,新罗统一朝鲜,继续以儒家思想作为统治思想。918年建立的高丽王朝及1392年建立的李朝,也均以儒学为统治思想。

儒家思想传入越南也很早,长期作为统治思想。自秦赵佗割据南海、桂林、象三郡,就开始"以《诗》《书》而化训国俗,以仁义而固结人心"。公元前112年,汉朝平定南越,设置南海、交趾、九真、日南等九郡,此后千余年间,越南多为中国势力所及地区,儒家思想得以进一步传播并深入人心。1010~1885年越南沦为法国的殖民地,其间先后经过了李朝、陈朝、胡朝、后黎朝、阮朝等王朝的统治,各朝均大力提倡儒家思想,设立儒学教育机构,修建文庙,供奉祭祀孔子、周公、七十二贤等儒家人物,实行科举制度,儒学为越南君臣上下所信服。

在日本,自公元285年由百济博士王仁传入《论语》《千字文》后,儒家学说就扎下了根。513年,五经博士段杨尔从百济入日本传"五经",从此,以五经为中心的儒学就盛行于日本。隋唐时代,日本先后有20多次派遣使者及留学生来中国,学习隋唐的制度、思想、文化,日本进入了直接模仿隋唐文化时期。大批遣唐使返回日本,在日本兴起了唐文化热,促成了大化革新。日本不仅在京师设大学,地方诸国有国学,太宰府有府学,法令制度以至于京城宫殿建筑、服饰制度也都以唐制为准,在官吏选拔时以受儒学教育的程度而定。从奈良时代到镰仓、江户时代的一千多年间,儒学在日本进一步普及,儒家思想的地位进一步加强。如孔子先被称为"先圣孔宣父",后称"文宣王",各地设立文庙,祭孔典礼广受重视。江户时代,德川幕府奉儒学为圣教,并以严厉手段禁异学。整个德川时代,从朱子学派发展起来的儒教思想,在日本人的哲学思维中占统治地位。1868年明治维新后,儒教思想在日本有所削弱,但明治政府依然以儒家思想作为教育的重要内容,实行复兴儒教的政策,各地也不断维修文庙,祭祀孔子,输入儒家经典。

东南亚地区的儒学传播与中国移民直接相关。明清以来,中国与东南亚地区文化交流频繁,大量华人移民到东南亚谋生,尤其在近代向东南亚移民数量倍增。华人移民多是以家族的形式,不仅给当地的开发做出了贡献,也将儒家思想带到了当地。在新加坡、印度尼西亚、菲律宾等国,儒家思想有广泛的社会基础。

(二)儒学对西方文化的影响

儒家思想对西方地区的影响要稍晚一些。中华文明与西方文明在古代就有来往交流,那时的交流多停留在物质层面,思想文化的交流则晚得多,尤其儒家思想的西传,是伴随着西方传教者的东来而传入西方的。

将儒家思想学说介绍到西方的，首先是意大利人利玛窦。明万历二十一年（1593年），利玛窦将《四书》译为拉丁文，寄回本国，是为儒家思想传入西方之始。此后，随着西方各国传教士尤其是耶稣会士大批来到中国，儒家思想大量传入欧洲，如1626年法人金尼阁译《五经》为拉丁文；1662年郭纳爵译《大学》，以《中国之智慧》为名，附有孔子传；殷铎泽译《中庸》，以《中国之政治道德学》为名，于1667、1669、1672年分别出版于中国广州、印度果阿、法国巴黎，书末附有法文及拉丁文的孔子传；殷铎泽还以拉丁文译《论语》；1687年，耶稣会士们奉路易十四的敕令编纂《中国之哲人孔子》一书，中文标题为《西文四书解》，在巴黎出版，此书多次再版，产生了巨大影响。

儒家思想的不断西传，对欧洲的启蒙运动及资本主义社会文明进程产生了深远影响。赖赫淮恩在《中国与欧洲》一书中说："那些耶稣会中人，把中国经书翻译出来，劝告读者不但要诵读它，且须将中国思想见诸行动。他们不知道经书中的原理，刚好推翻了他们自己的教义；尤其重要的，就是他们不但介绍了中国哲学，且将中国实际的政情亦尽量报告给欧洲的学者，因此欧洲人对于中国的文化便能逐渐了解，而中国政治也就成为当时动荡的欧洲政局的一个理想的模型。当时欧洲人都以为中国民族是一个纯粹德性的民族了。"

18世纪的欧洲，儒家思想的影响达到了历史高峰。法国启蒙运动时期，思想家需要新的文化精神资源的支持反对神学统治，孔子儒家思想就起到了启蒙催化的作用。早期启蒙的代表笛卡尔学派的培尔就深受儒家无神论的影响。在他们看来，儒家对中国社会、政治、哲学、道德的设计是完美的，儒家思想也是理性而反对神学的。对儒家思想推崇倍至的是大革命时期的百科全书派和重农学派。

百科全书派的代表伏尔泰、霍尔巴赫、孟德斯鸠、卢梭、狄德罗等莫不深受儒家思想的影响。霍尔巴赫主张以中国的道德政治为模范，宣称

"欧洲政府非学中国不可",又说"中国可算世界上所知唯一将政治的根本法与道德相结合的国家"。伏尔泰对孔子及儒家思想敬佩之至。他说:"我们不能像中国人一样,这真是大不幸!"伏尔泰对中国、孔子的赞美,使他成了一个"全盘华化论者"。比如他称赞孔子"常说仁义,若使人们实行此种道德,地上就不会有什么战争了",认为孔子总是站在真理一边。他在自己的礼拜堂里装饰孔子的画像,朝夕礼拜。重农学派的魁奈、杜阁、亚当·斯密、密拉博等也深受孔子儒学的影响。重农学派以自然法即中国的天理("天")代替上帝的职能,使政治经济学成为一门科学。魁奈号称"欧洲的孔子",他推尊孔子,宣扬儒学,认为一部《论语》就足以打倒希腊七贤。有人认为,他的名著《经济表》是完成孔子的遗业。由于重农学派推尊中国儒家,使路易十五于1756年仿中国习惯举行籍田礼。儒家思想成为法国批判专制统治的思想来源之一,是形成大革命的哲学基础之一。

在欧洲其他各国,尤其是德国、英国,儒家思想也有广泛传播与影响。德国的莱布尼兹深受《易经》之影响,从而发明了二进位制。他的学生沃尔弗赞美儒家思想,将孔子思想传播于德国知识界。1721年他在哈尔大学讲《中国的实践哲学》,对欧洲学者了解孔子哲学起了极大的作用,获得了青年人的支持,取得了极高的声誉。此后,歌德、海涅、康德、谢林、黑格尔、叔本华等人均不同程度受到儒家的影响。显然,儒家思想在德国哲学思想由古典向近代的转化中起了一定的作用。

19世纪以来,西方资本主义殖民势力进一步扩张,儒家思想很少再像18世纪那样广受赞誉,然而儒家思想的传播却进一步扩大,不仅传入英国,而且传入美国。英美各地建立了有关中华文化的研究机构。20世纪尤其是第二次世界大战以后,随着中国国际影响日益扩大,儒家思想获得了世界性的传播。

【思考与讨论】

1. 孔子在中华文化史上的巨大成就或历史贡献有哪些?
2. 儒家"礼""仁""中庸"思想的主要含义是什么?
3. 怎样理解儒家学说的历史地位?

【参考文献导读】

1. 赵吉惠等主编:《中国儒学史》,中州古籍出版社1991年版。该书是较早的全面、系统论述儒学发生、发展和演变的专著,全书按照时代分为五编,以儒学的演变与历史形态为主线,以文化史为背景,概括了当时国内外儒学研究的最新成果。

2. 吴龙辉:《原始儒家考述》,中国社会科学出版社1996年版。该书研究儒学作为诸子学说时期的历史面貌,探讨自孔子到董仲舒约400年间儒学的发展及其演进,旨在考察儒学演变的历史轨迹及其内在的学术逻辑。

3. 匡亚明:《孔子评传》,齐鲁书社1985年版。该书系统研究了孔子的生平及社会背景,深入分析了他的哲学、伦理、政治思想,客观评述了他对后世的影响。

4. 李启谦等主编:《孔子思想与当代社会》,天津社会科学院出版社1992年版。该书系统全面地论述孔子及儒家思想与现代文明之间的关系,首先介绍孔子思想及其影响,然后分别论述孔子的政治思想、伦理思想、管理思想、中庸学说、教育思想的现代价值。

5. 杨朝明等:《儒家文化面面观》,齐鲁书社2000年版。该书从高品位的要求着眼,以普及的形式着手,将儒家文化分解为120多个问题逐一解说,力求深入浅出地阐述儒家的基本概念、重要人物、历史事件、文化典籍等。

6. 杨朝明主编:《论语诠解》,山东友谊出版社2012年版。该书汇集作者多年来研治《论语》心得的结晶,将文献、思想融会贯通,表达了对

《论语》文本、思想的独特认识。在对前人成说批判总结的基础上,该书对《论语》的许多核心问题提出了独到见解。

第四章 佛教、道教与传统宗教文化

在中国古代各种宗教中,有佛教、道教、伊斯兰教、天主教、基督教(新教)等,其中以佛教与道教对中华民族的影响最大。佛教是外来宗教,传入我国以后逐渐中国化;道教则是中国古代文化土壤中土生土长的宗教,尽管它在成长过程中吸收了儒、佛的一些营养,但更多地还是凸显了中华民族传统信仰的特性。中国化的佛教和道教是中华传统文化的重要构成部分,对中华传统文化的其他方面乃至世界文化,也产生了巨大影响。

一、佛教的传入与发展

佛教为世界三大宗教之一,产生于公元前六至五世纪的古代印度,两汉之际传入中国,在与中国本土文化的碰撞、交流与融合中逐渐中国化,成为中华传统文化不可或缺的组成部分。

(一)佛教的传播与中国化

公元前565年,位于尼泊尔与印度交界处的迦毗罗卫国国王乔达摩·首图驮那喜得贵子,取名为悉达多——意为"目的达到了的人"。悉达多的母亲早逝,由其姨母抚养长大。他天资聪颖,自幼受到良好的教育,精通哲学、文学、艺术等。29岁时,悉达多正式出家修行,寻求人生真谛。对于他出家的动机,佛教界的说法不一,一说是他14岁时驾车出游,看到了人间的丑恶痛苦,看到了生老病死的凄惨景象,深感世事虚幻,生死无常;一说是由于经历了一场亡国灭族的惨祸所致①。35岁那年,他在伽耶(今菩提伽耶)一棵毕钵罗树(后称"菩提树")下,经过七天七夜的沉思默想,终于大彻大悟,悟道成佛,此即有名的"菩提悟道"。此后,他到处传教,教化众生,直到80岁逝世。他便是后来的佛祖释迦牟尼。释迦是悉达多所属种族的名称,牟尼是"圣人"之意,释迦牟尼意为"释迦族的圣人"。后来,释迦牟尼又被尊称为"佛陀""如来""世尊""无上师"等。

图4-1 北魏佛像(大同云冈石窟)

大约在两汉之际,佛教通过西域传入中国内地。《三国志·魏书·东夷传》裴松之注引鱼豢《魏略·西戎传》说汉哀帝元寿元年(前2年),大月氏国使者伊存向博士弟子景卢传授"浮屠经",这是关于佛教传入中国的最早的文献记载。东晋史学家袁宏《后汉纪》记载:

---

① 参见牟钟鉴、张践:《中国宗教通史》上卷,中国社会科学出版社2007年版,第219页;杜继文主编:《佛教史》,江苏人民出版社2006年版,第8页。

初,明帝梦见金人长大,项有日月光,以问群臣。或曰:"西方有神,其名曰佛。陛下所梦,得无是乎?"于是遣使天竺,问其道术而图其形像焉。①

对此事件,在佛经《四十二章经序》《后汉书·西域传》《牟子理惑论》及王浮《老子化胡经》等文献中有类似但更为详细的记载。大体是说,在东汉初年,明帝梦见佛陀,遂派使者西去求取佛经。永平十年(67年),天竺高僧迦叶摩腾、竺法兰以白马驮载佛经、佛像随汉使者来到洛阳,汉明帝给予极高礼遇。第二年敕令于洛阳西雍门外修建白马寺(见图4-2),迦叶摩腾、竺法兰在此翻译了《四十二章经》等。汉明帝遣使取经,是史事还是传说,尚难以断言。但汉明帝时佛教已在中国内地尤其是上层统治者中传播,则是无疑的史实。如《后汉书·光武十王列传·楚

图4-2 河南洛阳白马寺

---

① 《后汉书·光武十王列传·楚王英》注引袁宏《后汉纪》。

第四章 佛教、道教与传统宗教文化

王英》记载,永平八年(65年),明帝在班示各诸侯王国的一道诏书中说楚王刘英:"诵黄老之微言,尚浮屠之仁祠。"《后汉书·西域传》也记载了楚王刘英信奉佛教之事。东汉后期,佛教又传入宫中。《后汉书·襄楷传》云:"又闻宫中立黄老浮屠之祠。"

然而在较长一段时期内,佛教在中国内地的影响并不大,往往被世人视为黄老神仙方术,未受到统治者的重视。据《晋书·艺术传·佛图澄传》记载,汉代有不准百姓出家的法令,唯一的例外就是一个叫严佛调的

图4-3 敦煌石窟、龙门石窟、云冈石窟佛教造像

人出家为僧。不过,他也只是剃去须发、身披袈裟而已。当时的礼佛活动与祭祀鬼神没有太大区别。如汉献帝时,笮融大搞礼佛活动,"每浴佛,多设酒饭,布席于路,经数十里"①。魏王曹芳嘉平年间(249~254年),天竺高僧昙柯迦罗来到洛阳,译出戒律,朝夕诵读,检点僧人言行,从此佛事活动才逐渐严格、正规起来。从东晋十六国开始,佛教在中国内地广泛传播开来;到了南北朝时期,由于统治者的支持与信奉,佛教空前发展。如南朝梁代时,全国竟有寺院2846所,僧尼达82700多人;北朝的北魏有僧尼200多万人,寺院3000多所,仅首都洛阳一地就有寺院1367所②。举世闻名的敦煌、云冈、龙门三大石窟(见图4-3)就是此时期开凿的,大量的佛经也在这一时期被整理和译出。

文化传播大致有两种方式:一是区内传播,即在同一文化区内中生成的文化又在该文化区内传播。二是跨文化传播,是指一种文化越出本文化区而传入另一个新的文化区。在同一文化背景下进行的文化区内传播,传播中的文化很少发生变异。而在不同文化背景下发生的跨文化传播,不可能"原版"输入,必将发生种种变异。佛教在中国的传播也不例外,无论是在价值观念上还是在行为规范上,佛教都与中华文化存在着很大的差异,尤其是佛教宣扬众生平等、出家修行、超越名教等,与中国古代社会的统治思想、宗法制度、伦理道德形成了尖锐的对立。佛教和儒学在伦理道德观念上的分歧,很大程度上集中在忠、孝两大问题上。六朝以降,佛教为了自身的生存和发展,特别注意将儒家的忠、孝思想纳入自己的思想体

图4-4 唐代佛经翻译家玄奘和尚像(现存日本东京国立博物馆)

---

① 《三国志·吴书·刘繇传》。
② 参见牟钟鉴、张践:《中国宗教通史》上卷,中国社会科学出版社2007年版,第289页。

系，也充分兼顾到中国传统社会的价值取向和信仰诉求。至唐代，完成了佛教中国化的进程，也就是说，唐代佛教已是中国化的佛教，它已具有了中华传统文化的基本内涵和品格。

唐代禅宗是佛教中国化的突出标志。依禅宗之说，"禅"源自释迦牟尼的拈花一笑。当年释迦牟尼在灵山聚众说法，曾拈花示众，信徒不解个中奥妙，只有摩诃迦叶心领神会，颔首微笑。释迦牟尼高兴地宣布："吾有正法眼藏……付嘱摩诃迦叶。"①所谓"正法"就是全部佛法；"眼藏"就是普照天地的佛法。据说释迦牟尼传给摩诃迦叶的是一种"以心传心"的佛法，此即禅宗的宗旨。这种佛法实际上只是古印度佛教众多修行方式中的一种。摩诃迦叶的第二十八代弟子菩提达摩于普通七年（526年）九月到达金陵，面觐梁武帝，试以禅机。但笃信佛法的梁武帝懵然无知，令达摩大失所望。他渡江北上，在嵩山面壁七年，连鸟儿在其肩上筑巢都没觉察，最后圆寂于此。（见图4-5）达摩传法于慧可，慧可传僧璨，僧璨传道信，道信传弘忍。弘忍年老之后，宣布用呈偈的方式选择衣钵传人。他的大弟子神秀作了一首偈：

> 身是菩提树，心如明镜台。
> 时时勤拂拭，莫使惹尘埃。

意思是说，要想成佛，必须刻苦修行。弘

图4-5 明·吴彬《达摩像》

---

① （宋）普济著，苏渊雷点校：《五灯会元》卷一 中华书局1984年版，第10页。

忍大师看了,并不满意。这时,一个在碓房舂米的法号慧能的和尚写了两首偈:

菩提本无树,明镜亦非台。
佛性常清净,何处有尘埃。

心是菩提树,身为明镜台。
明镜本清净,何处染尘埃。

意思是说,人心是清净的,没有尘埃污染,只要一心向佛,就可以顿悟。弘忍大师认为他找到了衣钵传人,但他告诫慧能,此处不可久住,应速速离去。慧能遂下山南去,开创了"南宗禅";而留在北方的神秀一派被称为"北宗禅"。

慧能创立的禅宗,是一个崭新的佛教体系,可谓佛教中的"新教"。与印度佛教相比,中国禅宗呈现出重人本、重平民、重自性、重现实、重顿悟、重简易等思想特色,这些特色就是佛教中国化的表现。慧能根据中国社会的实际,宣扬人性平等、佛性平等,提出了适应平民的信仰诉求的宗教理念:反对执着经典文句,主张体悟精神实质;提倡在家修持,宣扬孝顺父母、上下相爱;强调禅修与日常行为相统一。这样,使禅修与现实生活隔阂减少,甚至趋于一致。①

唐代中叶以后,南宗禅发展起来,成为中国内地佛教的最大宗派。后来,南宗禅又分化为沩仰宗、临济宗、曹洞宗、云门宗、法眼宗,其中的临济宗又分化为黄龙、杨歧两派,这便是所谓的"五宗七派"。北宗禅逐渐衰微。

---

① 方立天:《慧能创立禅宗与佛教中国化》,《哲学研究》2007年第4期。

不独教义,佛教的其他事象如建筑、雕塑、绘画、音乐等等,也都不同程度地中国化。

以上所说佛教,一般称为"汉传佛教",这一派所传以大乘佛教为主。在中国西藏流传的佛教,一般称为"藏传佛教",这一派所传以密宗为主,除藏族外,我国蒙古族、满族、裕固族、纳西族等也信奉藏传佛教。

(二)佛教的基本教义

佛教经典统称为"三藏"。"藏"本指装东西的箱子。古印度当时没有纸张,佛经写在经过加工的贝多罗树叶上,故称"贝叶经"。贝叶写好后用绳子穿起来,两头用木板夹紧,同类经文装入一只箱子中,称为一"藏"。佛经"三藏"包括"经""律""论"三种。"经"是佛祖释迦牟尼所说的教义,由后代弟子在其圆寂后追述而成;"律"是为僧侣制定的戒律威仪等;"论"是对经、律的解释与阐述。佛教典籍总汇——《大藏经》,在中国有多种不同文字的传本,迄今保存完整的有汉文《大藏经》、藏文《大藏经》、蒙文《大藏经》、满文《大藏经》、傣文《大藏经》,还有仅剩残本的西夏文《大藏经》等。

"四谛"是佛教的基本义理,也称"四真谛""四圣谛",分别为"苦谛""集谛""灭谛""道谛"。

"苦谛"是说一切皆苦,世间的现实都是烦恼、痛苦,全无幸福欢乐之可言。佛经关于"苦"的分类很多,有"四苦""五苦""八苦""九苦""十一苦"等。大致可以分为两类:一是生老病死,即人生的自然过程充满痛苦;二是悲欢离合等,即主观愿望不能得到满足而产生的痛苦。"苦谛"是佛教教义的出发点。

"集谛"是说明诸苦和人生原因的,也叫"因谛",是佛教的理论基础,内容很丰富,大致可以概括为"五阴聚合""十二因缘"和"业报轮回"三个方面。

佛教认为宇宙间一切事物和现象都不是孤立存在的，是由多种因素集合而成的。众生则由"五阴"组成。"阴"也译作"蕴"，为集聚之意。"五阴"为"色""受""想""行""识"。"色"相当于物质概念，也含有少数精神现象，包括"四大"（地、水、火、风）、由"四大"组成的感觉器官（眼、耳、鼻、舌、身）和感觉对象（色、声、香、味、触），以及起到物质作用的精神现象。"受"指主体领受客体给予的痛、痒、苦、乐等体验，包括"苦受""乐受""不苦不乐受"。"想"指摄取表象，形成语言概念等思维活动。"行"为思想中决定和支配人的行为的那些因素。"识"指一切认识活动赖以发生的主体，分为眼、耳、鼻、舌、身、意六种。"五阴"组成的众生是独立自主、有绝对自由的永恒精神体。"五阴"理论目的是为了引出因果报应的宗教观念。

佛教把人类的苦难分为有因果联系的十二个环节，以此来阐明人生痛苦的终极原因。这十二个环节分别是："老死"——人生的终结；"生"——人生的开端；"有"——生命全部活动的总和；"取"——对人生和物欲的热切追求；"爱"——一切贪欲；"受"——苦乐感受；"触"——肉体、精神与外界的直接接触；"六入"——眼、耳、鼻、舌、身、意六种感觉和认识机能；"名色"——肉体与精神的统一；"识"——灵魂；"行"——过去诸业和推动诸业趋向因果报应的过程或力量；"无明"（也译为"痴"）——愚昧无知，为人生和世俗世界最后的本原。佛教认为人生就是这十二个互为因果的环节所构成的流转过程，即"无明缘行""行缘识""识缘名色""名色缘六入""六入缘触""触缘受""受缘爱""爱缘取""取缘有""有缘生""生缘老死"，此即"十二因缘"，又称"十二支缘起"。

"十二因缘"是历涉过去、现在和未来三世的因果链条，现世的果有过去的因，现世的因造成来世的果，叫作"三世二重因果"："无明""行"为过去的二因；"识""名色""六入""触""受"为现在的五

图4-6 南宋·六道轮回图（重庆大足石刻）

果；"爱""取""有"为现在的三因；"生""老死"为未来的二果。过去的一生行为，决定今世一生状况；今世一生行为，决定来世一生状况。此即因果报应。导致果报之因的行为，叫作"业"（或译"羯磨"），为梵文音译，意为"造作"。"业"分"身"（行为）、"口"（言语）、"意"（思想）三类。任何行为、言语、思想都给本人带来一定的后果，叫作"报应"或"果报"。"业"有一种不导致报应决不消失的神秘力量，叫作"业力"。作什么性质的"业"，得什么性质的"报"。报有迟早，有"此世报"，也有"他世报"。为了来世不遭报应，在现世生活中就要一心向善，此即"业报轮回"。（见图4-6）

"灭谛"说的是消除痛苦，彻底解脱，最后达到佛教的最高境界——"涅槃"。"涅槃"是梵文的音译，意译为"灭度"或"圆寂"。"涅槃"熄灭了一切烦恼、痛苦，超越时空、超越生死。

"道谛"是通向"涅槃"之路，有八种正确的思维和行动方法，叫作

"八正道",也称"八圣道",分别是:"正见":对佛教教义正确的认知;"正志":对佛教教义正确的思维,舍弃享乐观念,不怀恶意,无伤害之心;"正语":不说违背佛教教义的话,不妄语、不恶语、不绮语、不谤语;"正业":正确的行为方式,不杀生、不偷盗、不邪淫、不做一切恶行;"正命":从事正当的职业,不做屠宰、卖酒、星相占卜等;"正精进",又名"正方便":坚持不懈,止恶修善;"正念":一心以解脱为目标,不想邪辟之事;"正定":一心一意修习禅定。佛教认为,人们按此来观察、思考、言语、行动和生活,就可以抵达涅槃的境地。

"四谛"可以分为两部分,"苦谛""集谛"说明人生的本质及其形成的原因,"灭谛""道谛"说明人生的归宿与解脱之路①。

用来判断、印证某一说法或教理是否是佛法,叫作"三法印"。"法"指法理、佛理、理性;"印"即印证。"三法印"分别是"诸行无常""诸法无我"与"涅槃寂静"。佛教各派,千差万别,但在这三点上都是一致的。佛教有"依法不依人"的说法。教徒以"三法印"教理作为评鉴依据,若与"三法印"相违背,即使号称"佛说",亦将之归于冒充;但如果有一教理合乎"三法印",不管是谁发起的,即列入真佛说。这也是佛教学说与其他流派相区别的标志。"三法印"与"四谛"的思想是完全一致的,不同的是以命题的形式出现,且更富有哲学意蕴。

(三)寺院及其管理模式

印度称"伽蓝"(或称为"阿兰若""兰若""僧伽蓝")为僧侣修道说法之所,中国叫作"寺院"。相传汉明帝时,西域僧人迦叶摩腾、竺法兰被请到京城洛阳主持佛经的翻译,朝廷将洛阳西门外原来迎接宾客的官署鸿胪寺加以改建,供两位僧人居住,"寺"也就由此成了佛教庙宇的专

---

① 参见杜继文主编:《佛教史》,江苏人民出版社2006年版,第11—22页。

称。较小的寺又称"院",尼姑的寺称为"庵"。以后,寺、院、庵又被其他宗教所借用。

佛教传入之初,其寺院建筑仿照印度佛寺的模式,以塔为中心,四周建有殿堂。自晋至唐以后,这种建筑格局逐渐改变,塔的中心地位削弱,最终被移置于寺外,而殿堂成了主要建筑。一般来说,殿是供奉安置佛像以供信徒礼拜祈祷的场所,依照我国传统宫殿府第的布局兴建;堂为僧众说法行道和日常起居的地方,参照了我国传统民居的格局。从整体上讲,它们基本上采用了我国庭院式建筑布局,即以"间"为单位构成单座建筑,再以多座建筑组成庭院,比较大的寺院再由各个庭院组成建筑群。寺院的平面布局讲究东西对称,沿南北中轴线布置。一般来说,从南向北依次为山门、天王殿、大雄宝殿、法堂、毗卢殿或藏经楼、方丈室等。在上述坐北向南的正殿的两旁,有东西配殿,通常为伽蓝殿、祖师堂、观音殿、药师殿等。生活区集中在东侧,有僧房、香积厨(厨房)、斋堂(食堂)、职事堂(库房)、茶堂(接待室)以及寺院住持居住的方丈室等。接待四方云游参学僧人的云水堂等则在西侧。这只是就一般的建筑格局而言,具体到某一座寺院,其建筑布局各有不同。

山门为寺院大门,因以往寺院多建在山中,故称。又称"三门",因其一大二小共三座门并立,象征空门、无相门、无作门"三解脱门"。一般为殿堂式,故也称"山门殿"。殿内两侧各塑一尊金刚像。

天王殿是进入寺院的第一重殿堂,殿前院内两侧分别建有钟楼与鼓楼,寺院有"晨钟暮鼓"之制。天王殿的主尊为袒腹露乳、笑口常开的弥勒,供养在正中,两旁供养四大天王,即东方持国天王、南方增长天王、西方广目天王、北方多闻天王。弥勒的背后供养韦驮,戎装站立,持金刚杵。韦驮在印度佛教中无征,是中国僧人创造的佛教护法神。

大雄宝殿是寺院的正殿,供养的主尊一般有一、三、五、七尊等几种。一尊者为释迦牟尼,即佛教的缔造者,有坐像、立像、卧像三种。三尊者有法身毗卢遮那佛、报身卢舍那佛、化身释迦牟尼佛三身佛，过去燃灯佛、现在释迦牟尼佛、未来弥勒佛三世佛，东方世界药师佛、娑婆世界释迦牟尼佛、西方世界阿弥陀佛等三世佛等情况。五尊者为五方佛，多见于宋辽古刹中，属于密宗系统，中央为大日如来（亦即毗卢遮那），左手第一位为南方宝生如来，左手第二位为东方阿閦如来，右手第一位为西方阿弥陀佛，右手第二位为北方不空成就如来。七尊者为过去七佛，即在释迦牟尼之前已经成佛的毗婆尸佛、尸弃佛、毗舍婆佛、拘楼孙佛、拘那含佛、迦叶佛等六佛，再加上释迦牟尼佛，这种供奉形式甚为少见。

在大雄宝殿中，围绕主尊还配置有其他塑像。在主尊两侧常有左右近侍，称"胁侍"。胁侍因主尊而异。释迦牟尼的胁侍一般为迦叶、阿难两大弟子，或为两弟子、两菩萨，有的还增添天王、力士等。殿内东西两侧，近世多塑十八罗汉。在大殿主尊背后，不少寺院还塑有坐南向北的菩萨像。大殿的墙壁上常有壁画千佛或在阶梯形台座上陈列千佛塑像，表示千佛同会。

大雄宝殿之后是法堂，或称"讲堂"，是宣讲佛法归戒集会的场所，为寺院中仅次于大雄宝殿的重要建筑。除设置佛像外，特设上置座椅的高台，称"法座"，供法师讲经之用。法座后挂象征释迦牟尼讲经说法的画像。法座前有讲台，台上供小佛坐像，象征听法诸佛。台下设香案，两侧设听法席。堂内还设有钟鼓，法师上堂说法时要鸣钟击鼓。

藏经楼是收藏《大藏经》及其他佛教典籍、法器的地方。一般为两层的楼阁式建筑。内置经橱，贮存佛经等。

寺院的每进院落除了主殿外，东、西两侧一般均有配殿。大雄宝殿的两侧一般为伽蓝殿与祖师殿。伽蓝殿供奉伽蓝神，亦即寺院的保护神。祖师殿为该寺院供奉本派祖师的殿堂①。

---

① 参见方广锠：《佛教志》，上海人民出版社1998年版，第364~370页。

寺院以住持传承方式的不同，基本上可以分为两种类型：一类叫"十方丛林"，一类叫"子孙小庙"。

十方丛林为比较大的寺院，有的十方丛林僧众达千人以上。十方丛林的最高首领称为"住持"，因其住在寺中方丈（意谓地方狭窄，只有方丈之地）内，又称为"方丈"。住持一般从寺中资历较深、德高望重的僧人中选举产生，任期六年，或连任或终身，情况不一。一般僧职分为四大班首和八大执事。四大班首为指导本寺僧众修行念佛之人，分为首座、西堂、后堂和堂主。首座负责僧众修行，由住持兼任；西堂辅助首座指导僧众修行；后堂是禅堂中后堂的负责人；堂主负责禅堂、念佛堂中佛事活动。八大执事：一是监院，总理全寺的事务，尤以财务经济为主；二是知客，负责接待僧俗弟子及来访宾客；三是僧值，管理纠察僧众威仪；四是维那，掌管宗教仪式；五是典座，管理厨房、斋堂（食堂）；六是寮元，负责接待云游僧人；七是衣钵，方丈室中协助住持的总务负责人；八是书记，管理资料文书。此外，寺中其他各项事务，还有专职的负责人，如水头、园头、塔头、柴头、钟头、鼓头等等。

子孙小庙为比较小的寺庙，其组织、管理机构没有十方丛林那样完备，住持的继承人在本寺徒弟中选任，外人没有这种资格。一般来讲，住持如同家长，任职为终身制。庙产为寺院私有。由于寺院规模小，只供本寺僧众居住，外来云游的僧人一般不予接待，原则上也不允许开堂传戒，但住持可以为弟子剃度。

（四）教徒与戒律

佛教徒一般统称为"僧人""僧侣"，我国汉族民间俗称为"和尚""尼姑"，通常分为出家与在家两大部分。出家人又分为比丘、比丘尼、沙弥、沙弥尼、学戒女五种；在家信徒分为优婆塞、优婆夷两种。以上总称"七众"。

比丘,指受过具足戒的成年男性出家人。佛教戒律规定,年满20岁方可举行受具足戒的仪式。在实际执行中略有宽松,一般为十七八岁。

比丘尼,指受过具足戒的成年女性出家人。

沙弥,指虽然出家,但因为年龄尚小,还没有受过具足戒的男性出家人。

沙弥尼,指虽然出家,但因为年龄尚小,还没有受过具足戒的女性出家人。

学戒女,指婚后女性出家人。因不知这位已婚妇女是否怀孕,故先以两年时间为"学戒女"。如果怀孕,则用这两年时间生产与抚育子女。两年后子女可以离开母亲,该学戒女就可以正式受具足戒成为比丘尼。

优婆塞,指归依三宝,遵守五戒与八斋戒的男性在家信徒。

优婆夷,指归依三宝,遵守五戒与八斋戒的女性在家信徒。

沙弥、沙弥尼、学戒女实为比丘与比丘尼之前的预备阶段。故此七众中最主要的是比丘、比丘尼、优婆塞、优婆夷四众。佛教认为,在家与出家相比,出家为尊,指导在家信徒;男性与女性相比,男性为尊,指导女性信徒。四众之中,比丘的地位最高。

佛教对其信徒是否能出家有一定的要求:首先,必须审查其出家的动机是否纯正,是否有舍弃世间享乐和吃苦的决心。除了自愿献身佛门外,还要经过其父母家长及监护人的允许,正式出家的年龄一般在20岁以上。佛教律典明文规定十四种人禁止出家:7岁以下的儿童;70岁以上的老人;身体有严重缺残的人;未经父母及监护人同意的人;阴阳两性人;变性人;犯有重戒曾被开除僧团的人;犯有杀父、杀母、杀阿罗汉、破和合僧、恶意出佛身血五逆罪的人;强奸过比丘尼的人;曾偷听比丘诵戒的人;破坏诋毁佛教的人;犯罪在逃的人;负有债务的责任人;在职的官员。按照佛教的规定,信徒如果要求出家,应该首先到寺院中找一位僧人做自己的"依止师",也就是师傅。这位僧人要向全寺僧众说清徒弟出家的情由,征得大家的同意后,方可收留此人为弟子。

信徒被允许出家后，首先要进行剃发、染衣。一般来说，比较严格的寺院在剃发的同时也必须剃须。染衣，即舍弃在家时的服装，改穿僧服，所以人们也将出家称为"披剃"，即剃须落发、披上袈裟之意。"袈裟"是僧人服装的总称，它是由梵文音译过来的，别名很多，如"道服""法衣""莲花服""慈悲服""卧具"等等。染衣的作用似乎是为了让僧侣丢掉美好的装饰，过一种朴素无华、清心寡欲的生活，也有统一着装，区别于世人之意。按照我国汉族佛教的规定，僧侣的服装忌用青、黄、赤、白、黑五种正色，及绯、红、紫、绿、碧五种间色，只能用染成的三种杂色：铜青、泥（皂）、木兰（赤而带黑）。根据佛教的制度，僧衣只限于"三衣"或"五衣"。"三衣"分三种：一是五衣，由五条布缝制而成的内衣，音译为"安陀会"，其形状纵横交错，拼作"田"字形，供僧侣日常劳动和夜间休息时穿用。二是七衣，由七条布缝制的中衣，音译为"郁多罗"，供僧人平时诵经做功课时穿用。三是相当于礼服的祖衣，由九条乃至二十五条布缝制，音译为"僧伽梨"，用来见客或出门时穿用。传统的"五衣"是以上三种再加上译作"僧祇支"的覆肩衣和译作"涅槃僧"的裙子。"三衣"忌用正色或纯色，只能用"坏色"，即在新衣的一处点上另一种颜色，名为"点净"，以破坏衣色的整齐美观。由于僧衣多由碎布补缀而成，所以又称"衲衣"。"三衣"或"五衣"是根据佛教发源地古印度特有的亚热带气候条件所制定的，佛教传入中国内地以后，根据各地的气候环境，也发生了一些变化。如在我国北方，冬季气候寒冷，出家人即使是"三衣"合穿也难以御寒，僧人们必须另外添加其他棉毛衣服才可以过冬，比较常见的是加穿一件圆领的长袍，又名"海青"，样式与一般百姓所穿无异，只是颜色多用褐、黄、黑、灰四色。

出家和尚都在寺院的斋堂内进餐，不分职务高低，饭菜基本一样，每人一份。起初，僧侣不事生产，云游乞食。佛教传入我国初期，出家僧人仍靠乞食维持生活，人称"乞士"或"乞胡"。随着佛教的发展，僧侣增多，乞食制度难以推行，广大僧侣除坐禅修道之外，还必须参加农耕或其他劳动，大多数僧侣也不再乞食，寺院中也建起了香积厨、斋堂。早期的出家人并非完全吃素，可以适当地食用"三净肉"，即没有看见、没有听闻和没有怀疑是杀生得来的三种肉食。汉族僧人持斋吃素的风习是经梁武帝萧衍提倡以后逐渐形成的。严格的持斋方法是禁止食用"荤腥辛辣"的食物。但是在我国少数民族地区，尤其是内蒙古、西藏地区的僧侣，由于地处牧区，蔬菜缺乏，所以习惯上仍以食肉为主[①]。

教徒日常修持仪轨主要是课诵，也叫"功课"，分早、晚两课。早课先念诵阿难赞佛发愿偈或香赞等，然后是《大佛顶首楞严神咒》，此为正文；其后念诵《大悲咒》《十小咒》《心经》等。晚课的正文是念诵《阿弥陀经》，念诵正文前也有相应的偈赞，念诵正文后念《往生咒》《礼佛大忏悔文》《蒙山施食》等，最后是回向，赞偈念佛名，称"三菩萨名"。如果遇到朔、望日，结夏、解制、冬至、新年等一年四节，以及佛、菩萨、祖师诞辰、忌日、成道日等各种纪念日，早、晚课还要增加各种相应的祝颂、念唱内容。

与教徒有关的事务由教团处理。教团称"僧伽"，梵文Safigha的音译。僧伽仅指出家两众，亦即比丘教团与比丘尼教团。其他五部人众没有独立的教团组织。所有教徒都是释迦牟尼的弟子，所有教团都属于一个大僧团，称"十方僧团"。在同一所寺院共同生活、修习的僧人，谓之"现前僧团"[②]。

二、道教的形成与发展

道教的源头可以追溯到我国远古宗教，是远古宗教发展的产物，又吸

[①] 参见张映勤：《佛道文化通览》，天津社会科学院出版社2000年版。
[②] 参见方广锠：《佛教志》，上海人民出版社1998年版，第200~204页。

收了若干道家的思想。闻一多先生在《道教的精神》一文中说：

自东汉以来，中国历史上一直流行着一种实质是巫术的宗教，但它却有极卓越的、精深的老庄一派的思想做它理论的根据，并奉老子

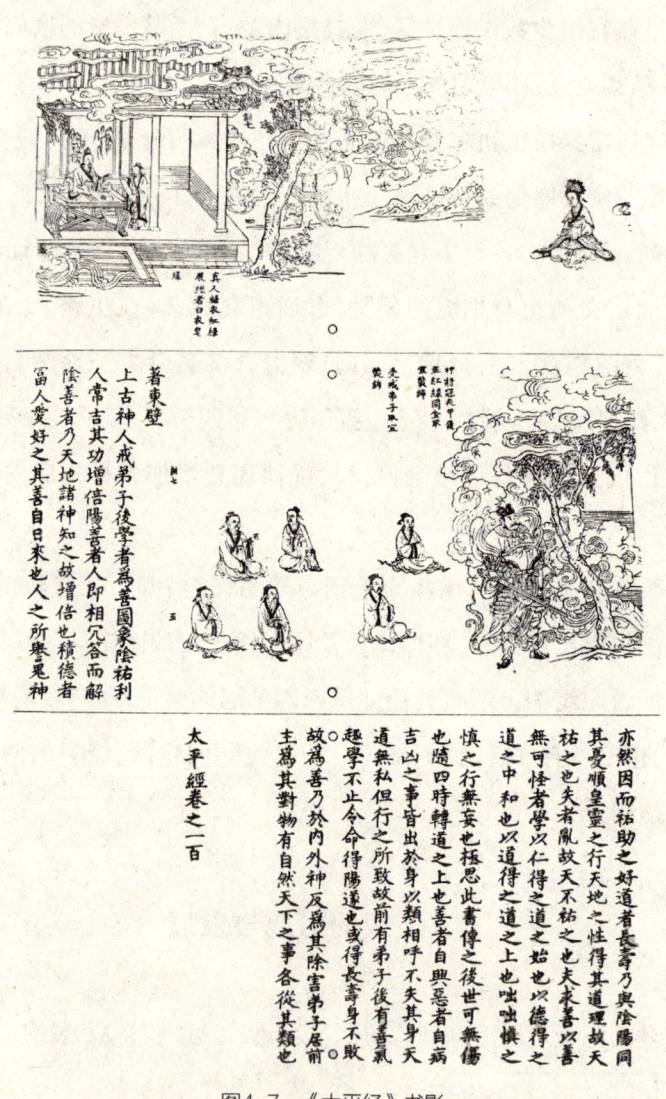

图4-7 《太平经》书影

为其祖师。①

此外,道教还融会了儒家、墨家等学派的某些思想以及佛教的某些观念与仪规。

(一)道教的起源与传播

道教发端于与西汉成帝时代。西汉王朝在成帝一朝已走向腐败、黑暗,民不聊生。此时,社会上出现了一部十二卷本的《天官历包元太平经》,②因书中宣言汉家"再受命"的谶言,其作者齐地方士甘忠可被捕入狱,死于狱中。甘忠可的弟子夏贺良又向汉哀帝宣传老师的说教,后来也被治罪,该书被秘藏于当时的国家图书馆——兰台。一百多年后,琅邪人宫崇向汉顺帝进献了一部《太平清领书》。唐人李贤注《后汉书·襄楷传》,说《太平清领书》即《天官历包元太平经》(见图4-7),两书即使不是一书,至少也有渊源关系。《太平清领书》是道教早期的经典著作。

据《后汉书·襄楷传》记载,《太平清领书》的传人中有一个叫张角的,钜鹿(今河北平乡)人,他创立了一个教派,号曰"太平道",他以传教为掩护,组织农民起义。史载:

> 钜鹿张角自称"大贤良师",奉事黄老道,畜养弟子,跪拜首过,符水咒说以疗病,病者颇愈,百姓信向之。角因遣弟子八人使于四方,以善道教化天下,转相诳惑。十余年间,众徒数十万,连结郡国,自青、徐、幽、冀、荆、扬、兖、豫八州之人,莫不毕应。③

---

① 《闻一多全集》第1集,三联书店1982年版,第143页。
② 该书系一书还是分为《天官历》《包元太平经》两部书,学术界看法不一,一般认为是一部书。
③ 《后汉书·皇甫嵩传》。

张角创立的"太平道"被称为"黄老道",说明道教与道家的思想关联。"太平道"以"符水咒说"给人们治病,又夹杂着巫术迷信。张角借助"太平道"发动了黄巾起义。

当张角"太平道"在东部地区传播之时,西南地区也出现了一个道教的派别,即"五斗米道"。"五斗米道"的创始人为丰县(今属江苏)人张陵。张陵又称张道陵,曾在蜀郡鹤鸣山(今四川大邑西北)学道,著书立说。因入教者需交米五斗,故称"五斗米道"。张陵死后,其子张衡继续在蜀中传教。张衡死后,其子张鲁继承其衣钵,势力扩充到汉中,在汉中一带建立了一个政教合一的政权:

> 鲁遂自号"师君"。其来学者,初名为"鬼卒",后号"祭酒"。祭酒各领部众,众多者名曰"理头"。皆校以诚信,不听欺妄,有病但令首过而已。诸祭酒各起义舍于路,同之亭传,悬置米肉以给行旅。食者量腹取足,过多则鬼能病之。犯法者先加三原,然后行刑。不置长吏,以祭酒为理,民夷信向。①

"五斗米道"与"太平道"名称有别,但性质相类。《三国志·魏书·张鲁传》说"五斗米道"的教义、教规等基本与张角"太平道"相似。但是,"太平道"与"五斗米道"又是各自独立的两个地方教派。张角"太平道"领导的黄巾起义以失败告终。张鲁后来投降曹操,他本人及五子皆封侯,女儿嫁为曹操之子曹宇妇,信徒散在民间。入两晋以后,在佛教广泛传播的同时,道教也逐渐发展起来,经过葛洪、寇谦之、陆修静、陶弘景等人的丰富、完善,道教趋于成熟,成为与佛教颉颃相争的一大宗教。

道教的一个重要特征是门派众多,互不统属。这个特征贯彻于道教

---

① 《后汉书·刘焉传》。

始终。在中国古代影响较大的道教门派是"正一道"和"全真道"。

正一道是从"五斗米道"发展而来。张鲁死后，其子张盛移居江西贵溪之龙虎山，信徒尊称其"天师"，这一名号由其子孙世袭。"五斗米道"的教名也逐渐被"天师道"取代。传至元朝，第三十八代天师张与材被成宗皇帝封为"正一教主"，从此后该派便以"正一道"为名。正一道保留了早期道教的传统，以符箓禁咒、驱邪治病为事，道士大多不出家，可以娶妻生子，俗称"火居道士"。

图4-8　丘处机画像（现藏北京白云观）

全真道的创始人王重阳本是陕西咸阳大魏村的一个富家子弟，传说他48岁时出家当了道士，提出了儒、道、释三教同源论。鉴于关中地区无人信从，他东去山东半岛昆嵛山，在当地富户马钰的帮助下，修建了"全真庵"，收徒传教。到他的弟子丘处机（见图4-8）时，全真道迅速崛起。与正一道不同的是，全真道的信徒必须出家修炼，不娶妻室，不茹荤腥。

明朝建立以后，朱元璋特别看重正一道，敕命正一道天师执掌全国道教事务。自此以后直到清代，正一道天师成为道教领袖。

（二）道教的基本教义

道教经典统称《道藏》。以"藏"命名、编修道教经典，始于唐玄宗开元年间，共编集为3744卷。以后，经历代不断搜集、编修，至成吉思汗时达到7800多卷。元世祖忽必烈尊崇喇嘛教主巴思八，在至元十七年（1280年）的一场佛、道论辩中，道教失利，元世祖诏令焚毁《道藏》经版。明成祖朱棣即位后，诏令重新编纂《道藏》，至英宗朱祁镇正统九年（1444年）刊刻，名曰《正统道藏》，全藏5305卷。明、清两代曾多次刊印，颁赐各地道教宫观。1900年,八国联军侵入北京,《道藏》经版悉遭焚毁,各地所藏《道藏》印本也因战乱而保存下来的甚少。北京白云观所藏明代《道藏》一部,是迄今所能够见到的唯一保存完好的明代《道藏》。《道藏》内容庞杂,卷帙浩繁,其中有道教经典、论集、戒律、符图、法术、科仪、赞颂、宫观山志、神仙谱录、道教人物传记等,还收入了儒家及诸子百家著作上百种,以及医药养生、天文历法、堪舆占卜方面的著作,是研究我国古代学术思想史的重要资料。

道教的思想除了道家思想外,还吸收了黄老思想、儒家思想、墨家思想、《易》学和阴阳五行思想、谶纬之学、鬼神思想、巫术和神仙方术等①。

道教没有像佛教那样固定的教义,道教的基本经典是老子《道德

图4-9 道教诸天众神(山西永乐宫三清殿元代壁画)

---

① 卿希泰:《中国道教史研究的意义》,《宗教学研究》2013年第1期。

经》,以"道"为最高信仰,但与老子道家的"道"不同,它从宗教的角度把"道"说成是神异之物、灵而有信,宇宙、阴阳、万物都是由它化生的,"道"可以幻化成神,老子也被看成是由"道"化生的。修道成仙是道教的核心思想,其他的教理教义和各种修炼方术都是围绕这个核心而展开的。道教的终极目的不在死后升入天堂,而是长生不老。此乃中华传统文化的世俗性在道教上的体现。

道教把"三清尊神"——元始天尊"天宝君"、灵宝天尊"太上道君"、道德天尊"太上老君"——作为"道"的人格化身。人们通过内修外炼,达到"道"的境界,就可以成为肉体、精神两不灭的神仙。内修外炼也就是所谓的"内丹"与"外丹"。内丹是以人体为炉鼎,以体内的精、气为药物,通过行气、导引等方式,吐故纳新,使精气神凝,结成"圣丹";外丹是指用铅汞等矿物冶炼而成的丹药,服食以延年益寿。

在道教的神仙世界里,除了至高无上的"三清尊神",还有各司其职的众多神仙,这些神仙共同组成一个完整的神仙谱系:统率天地的万神之首"玉皇大帝",专门掌管仙籍的东王公和西王母,分管天、地和水的"三官大帝"。(见图4-9)

道教的标志是"八卦太极图",其整体画面犹如黑白两鱼环抱成圆,黑白二色代表阴阳两方、天地两部,白中黑点表示阳中有阴,黑中白点表示阴中有阳。

(三)宫观及其管理方式

"太平道"最早的组织为"方","五斗米道"的组织为"治"。宗教活动场所叫"静室",南北朝时称为"仙馆",北周武帝时改称为"观",取观星望气之意。唐朝皇帝认老子为先祖,追封老子为"太上玄元皇帝",道教建筑便也堂而皇之地以"宫"命名了。

图4-10　老子像（福建清源山）

　　道教宫观的布局吸收了我国古代的阴阳五行学说,根据八卦乾南坤北、天南地北之方位,以子午线为中轴,坐南朝北,讲究对称,两侧日东月西,取坎离对称之意。一般由神殿、膳堂、宿舍、园林四部分组成,在格局上采用了传统宫殿和民用住宅相结合的方式,而每座建筑的布局设置又吸收了佛教寺院的一些特点。宫观门前多建有华表、幡杆。沿南北中心线依次为:山门、灵官殿,供奉"三清""四御"的三座大殿居中,后面是藏经楼。宫观前面大多建有影壁,用来表示藏风聚气之意。正殿两侧为东、西配殿,供奉次要的道教尊神。由于道教的神团体系复杂混乱,而且各宗各派所供奉的神祇并不统一,所以每座宫观配殿的名称也不一样。正殿两侧的配殿除供神外,还设置有客堂、斋堂、厨房、仓房等生活用房。道士的宿舍区和园林区多散建于宫观的静僻处或附近。有些规模比较大的宫观在中庭的两边还单独建有东西两座道院,用来供奉一般尊神,并将道士的生活用房移建其中。(见图4-11)

图4-11 元·赴千道会壁画所见道教宫观（山西永乐宫纯阳殿）

在管理体制上，道教的宫观和佛教寺院一样，也分为"子孙小庙"和"十方丛林"两种。

子孙小庙的庙产属该庙私有，子孙世袭或师徒传授，代代相传，外来道士不得分享。住持称"当家"，或从辈分最高、资格最老的道士中选举产生，或由上任住持临终时指定。子孙小庙师父可以收徒，却无权授戒。徒弟继承师父的法嗣，也继承庙中产业。新出家道士要在庙里考验三年，然后拜师，举行冠巾礼。冠巾礼毕才能成为正式出家道士。子孙小庙类似一个小家庭，多散建于小城镇和农村中，道士可以到"十方丛林"中挂单参学，但子孙小庙一般不接待十方道众。

十方丛林又称"十方常住"，宫观财产属道众或道派公有，规模较大，有一套较为完整的组织机构和管理规定。十方丛林中的最高首领被称为"方丈"，亦称"住持"，有开坛传戒、普度弟子的职责。方丈的选拔很严格,必须受过三坛大戒,接过"方丈法",德高望重,戒行精严,受全体道众拥戴,才有被选为方丈的资格。其次为"监院",俗称"当家",负责日常事务性工作,由道士选举产生,一般任期三年,可以连选连任。如果本丛林无此人才,也可到其他宫观去请。监院若不称职,方丈有权撤换。在监院之下设"三都五主十八头":都管、都讲、都厨,号称"三都";堂主、殿主、经主、化主、静主,号称"五主";库头、庄头、堂头、钟头、鼓头、门头、茶头、水头、火头、饭头、菜头、仓头、磨头、碾头、园头、圊头、槽头、净头,号称"十八头"。此外,还设有其他重要执事:总理,协助监院、都管统理内外公务;知客,负责接送来往宾客及参访道友;巡照,监察丛林内外一切事务;巡寮,主管丛林人事安排;海巡,负责查理公事及调解纠纷;监修,负责庙宇维修并兼管庄农;公务,管理房地山田及借贷还贷诸事;迎宾(也称"号房"),负责对挂单道友进行考问、登记;主翰,负责书写文稿、绘图等事;书记,负责书写表疏、信函;典造(又称"典座"或"点造"),负责办理斋馔饮食;账房,管理账目。组织严密,分工明确[①]。

十方丛林可以传戒,但不能收徒弟,常住道众大多是从挂单道众中择优留居。十方丛林分布在全国各地道教的中心区域内,如北京白云观、沈阳太清宫等。

(四)道教徒与道教科仪

如何皈依道教,成为教徒,不同的教派有着不同的规定。如符箓道派规定,皈依道教要执行严格的授箓制度。授予某人以道箓,意味着接纳他为本派的正式弟子。与符箓派不同,全真派规定皈依道教的途径是授戒,这种方式相传起源于金元时代的丘处机,但真正施行的并不多见,到了清初才普及开来。戒前戒子们要沐浴更衣,以表虔诚。正式授戒的过程一

---

① 参见王毅:《道教基本常识》,陕西师范大学出版社2012年版,第233~234页。

般分为三个阶段：第一阶段的仪式在观中大殿举行，主要内容是宣布受戒大典的程序；第二阶段是活动的重心，举行所谓"传度"的仪式，通常要在夜阑人静的时候进行，为戒子们颁发戒衣、戒牒、锡钵、规等法物；第三阶段当众宣布全真大戒，授戒大典就此结束①。

早期的道教没有必须出家的规定，既有出家的道士，也有不出家的道士。到了金代，全真派受到佛教的影响，提倡出家，专职的神职人员——道士被要求必须出家，即一旦成为道士后，必须放弃个人的家庭生活。出家的道士一般住在道庵里，有的专门进行道教的修炼，兼有管理道观的职责；有的云游各地，在各个道观里借宿；还有的以化缘为生，身上不带一分钱，随意漂泊。正一派则不硬性规定必须出家。道教也有"居士"——皈依道教但不出家的人，他们留在家里，在尘世中修炼。

道教仪范主要包括三大类，即戒律、醮坛威仪和奉斋、章表等。

所谓戒律，即道教约束自己教徒的言论、行为，防止其教徒违反教义思想、信仰、生活、人际关系的准则。道教的戒律一般分为三类："戒"，约束道教徒的规定；"律"，约束道教徒的一些具体书面条文；"清规"，具体指各个不同的道教宫观约束道士的规章制度。

道教自成立时起，便有诸多戒律以约束道士的思想和行为，如五斗米道就规定了"三行九条"。尽管该戒律内容十分简练，但已经有相当的系统性。《道藏》中所载戒律甚多，有"三戒""五戒""八戒""十戒""二十七戒"等，其内容有不得杀生、不得茹荤饮酒、不得口是心非、不得偷盗、不得邪淫、不得违戾父母师长、不得叛逆君王、不得毁谤道法之类。除戒律外，道观内还有清规，对不按时起床做功课、喧哗斗殴乃至违反戒律的道士，给以跪香、迁单、杖逐、火化处死等惩罚。一般来说，我们今天看到的道教戒律主要是正一派和全真派流传下来的戒律。

---

① 参见翟文明：《图说道教》，华文出版社2009版，第83~87页。

"醮"是做法事或叫做道场。"威仪"是斋法典式,包括醮坛中的一切陈设和举止行动,要求全部符合斋法典式,叫作"加仪"。《正一威仪》对道士的法服、法具、食器、居处、卧具、饮食、事师、受戒、忏悔、礼拜、烧香、燃灯、鸣磬、读经、奉斋、章奏、醮请等,规定了132条威仪。

"斋"是"戒"的另一种行持,通常把"斋""戒"连称,如"斋戒沐浴"等。在"建醮"之先,也就是在举行法事之先,要素食、清心、洁身,这都是"斋"的内容。一般来说,"斋"是"醮"前的个人"身心洁净"程序。

"章表"又称"文书",是向神表达所恳求的申奏文书。因为古代书写这种文书要用青藤纸写,故也叫作"青词",或称"绿章"。主要形式是章、奏、表、申、牒劄、关等。青词文体多为四六句法。章表的用法依场合不同而异,对道教最高尊神所呈进的叫"上表",一般神位叫"上疏"①。

南北朝以前,道士的服饰各地各派没有统一的规定,到了南朝刘宋时,陆续制定了一些道教科仪,其中包括对道士服饰的规定。从此,道士的服饰才有了大体一致的样式。道士的服装有:法衣,道教科仪中高功法师各种穿着的统称;忏衣,道士在科仪中念经拜忏时所穿的一种法衣;绛衣,在大型斋醮法会中,高功法师所穿的一种法衣,穿时里衬海青,其制两袖宽大垂地,双臂展开时,两袖和衣身合成四角形,两袖和衣身均绣有金丝龙纹;海青,为道士日常穿用的便服,是用青布简单制作而成的宽袖道袍。道士戴的帽子称"冠"。冠的样式不同,表示戴者的身份不同。道巾为道士用来扎束头发的一种软帽,样式不一。如全真道的巾有唐巾(纯阳巾)、冲和巾(庄子巾)、浩然巾(孟浩然巾)、逍遥巾(荷叶巾)、紫阳巾、一字巾(混元巾)、三教巾、九阳巾(诸葛巾或九梁巾)等九种。道士平时穿双脸鞋或十方鞋,用青布制作,鞋边沿剪有孔,再用白布将孔缝上或不缝。道士常用高筒白袜套住裤管,以避免进入殿堂体垢落地。身挎

---

① 参见曹本冶、刘红:《龙虎山天师道音乐研究》,文化艺术出版社2011年版,第24~26页。

长剑、腰悬铜镜,成为道士的特殊标志。这两样东西都是道士祛邪除妖的法器①。

三、宗教文化对中华传统文化的影响

中国佛教和道教既是中华传统文化的重要构成部分,又对中华传统文化的其他方面产生了重要影响。

(一)佛教对中华传统文化的影响

佛教对中华传统文化最为突出的影响是士大夫佛学的兴起。在中国思想史上,士大夫佛学的第一个高峰影响了玄学,第二个高峰产生了理学。

士大夫佛学肇始于东晋的"士族佛学"。东晋是门阀制度的鼎盛时代,门阀士族所关心的是如何保持他们傲视皇权的政治地位,同时又不失去奢侈享乐的物质生活。创始于曹魏时期的玄学所审视的中心,已从政治问题转移到人生态度问题,用当时的话来说,就是如何将"自然"与"名教"融会贯通起来。经过西晋末的战乱,偏安江左的门阀士族的忧患意识更重,对精神世界的追求也更加迫切。佛教的教理、教义,特别是大乘佛教中的般若学"一切皆空"的思想为他们提供了精神食粮。门阀士族大批卷入佛学,他们不仅以自己高深的文化修养领会佛学的精神,并使佛经的翻译进入科学、准确时期,而且进一步将佛学的教理、教义作为玄学的补充。于是,出现了披着袈裟"麈尾清谈"的士族,出家的和尚有的被比附为玄学创始人何晏、王弼,有的被比附为发展玄学的"竹林七贤"。士大夫佛学至此形成②。《世说新语》一书就是士大夫佛学的具象和范本。

士大夫佛学的第二个高峰出现在宋代。从外向到内省,从开放到封

---

① 参见张映勤:《佛道文化通览》,天津社会科学院出版社2000年版。
② 参见宁稼雨:《〈世说新语〉与士族佛学》,《中国政协报》2001年8月14日。

闭,从粗犷到细腻,这是唐宋之际中华文化的重要转折。禅宗那种一切皆空的世界观、自然适意的人生哲学、清净超俗的生活情趣,与宋代士大夫那种内省、封闭、细腻的心理性格一拍即合,禅宗风靡天下,士大夫禅宗化,禅宗士大夫化,进而儒、禅合流。许多士大夫成为不出家受戒的佛门弟子,如在《五灯会元》中列名的就有夏竦、苏轼、苏辙、黄庭坚、王韶、范冲、张商英、胡安国、张九成等。更多的士大夫虽未皈依佛门,却精通佛经,如王安石精通《楞严经》,为之作注。佛教高僧也往往援儒入佛,如天台宗的智圆著有《闲居编》51卷,在该书序中他自称:"好读周孔杨孟书,自号中庸子。"在这种文化氛围中产生的理学,深受佛教特别是禅宗的影响,理学家们吸收佛教教理、教义以建构、完善自己的思想体系。如周敦颐精通《法华经》,他的"无欲""主静"说渊源于佛教;而《爱莲说》更显示了他与佛学的因缘。程颢说:"吾学虽有所受,天理二字却是自家体贴出来。"①实际上,二程兄弟以"天理"为最高范畴的思想体系也搀杂着佛教的因素。苏轼说:"孔老异门,儒释分宫。又于其间,禅律相攻。我见大海,有北南东。江河虽殊,其至则同。"②他认为儒、佛、道三教殊途同归,有如百川归海。故此苏轼、"洛学"中广泛地吸收了禅宗的思想。理学集大成者朱熹的思想中,也不乏禅宗佛学的印痕。

佛教对民间生活的影响,突出表现在佛教节日对中国传统节日,特别是腊月初八佛成道日——腊八节、四月初八佛诞日——浴佛节、七月十五僧自恣日"盂兰盆会"——中元节,有很大影响。佛教教义与戒律如火葬、放生、食素对民间生活也有较大影响。

关于佛教对中国古代人文、社会科学与自然科学各个领域的影响,赵朴初先生有精辟的论述:

---

① (宋)程颢、程颐著,王孝鱼点校,《二程集·河南程氏外书》卷十二《传闻杂记》,中华书局1981年版,第424页。
② 孔凡礼点校:《苏轼全集》卷六三《祭龙井辩才文》,中华书局1986年版,第1961页。

数千卷由梵文翻译过来的经典本身就是伟大富丽的文学作品。马鸣的《佛所行赞》带来了长篇叙事诗的典范;《法华》《维摩》《百喻》诸经鼓舞了晋唐小说的创作;般若和禅宗思想影响了陶渊明、王维、白居易、苏轼的诗歌;变文、俗讲和禅师的语录体都和中国俗文学有着很深的关系。

佛经中的动人故事常常成为艺术家们绘画的题材,曹不兴、顾恺之、张僧繇、展子虔、阎立本、吴道子等历代名画家皆以擅长佛画而传世。中国画学中由王维一派的文人画而发展到宋元以后盛行的写意画,则与禅宗思想有关。由此可见佛教对绘画艺术所起的作用。至于音乐方面,公元三世纪,中国已有梵呗的流行。唐代音乐又吸收了天竺乐、龟兹乐、安国乐等来自佛教国家的音乐,唐代音乐至今还有少部分保存在某些佛教寺庙中。

伴随佛教俱来的还有天文、医药等科学技术的传习。唐代高僧一行创《大衍历》和测定子午线,对天文学作出了卓越贡献。隋唐史书上记载由印度翻译过来的医书和药方就有十余种,藏语系佛教中并且有医方明之学。佛教的刻经促进了我国印刷术的发展,至今被保存下来的世界上最古的版刻印本,几乎都是佛教经书图像。

佛教哲学蕴藏着极深的智慧,它对宇宙人生的洞察,对人类理性的反省,对概念的分析,有着深刻独到的见解。[①]

(二)道教对中华传统文化的影响

道教在长期发展过程中,对中华传统文化也发生了重大影响,其中最为突出者则是士大夫道学的发展。

士大夫道学的内涵与士大夫佛学相同,士大夫道学关注的主要是道

[①] 赵朴初:《关于佛教对中华文化的影响》,《出版参考》2005年第35期。

教的教理、教义,其本质亦非完全意义上的宗教,而是理想、观念、信仰的寄托。在士大夫佛学的两个高峰期内,士大夫道学也同为高峰期;玄学与理学,不仅有佛学的因素,也有道学的影响。

如玄学名士、"竹林七贤"(见图4-12)之一的嵇康,在他的内心深处,蕴含着一种遁隐山林、避世逍遥、修炼成仙的思想。甘露元年(256年),他终于实现了这一夙愿,隐迹于家乡山阳县(今河南焦作东南)东北方向50多公里外的太行山南麓一带,追随道士孙登、王烈,服食修炼。孙登是当时著名的道士,长期住在共县(今河南辉县)附近苏门山的土穴之中,夏天自编草衣,冬天靠一丈多长的头发保暖,沉默寡言,性格温和,喜读《易经》,所弹之琴仅一根弦,却能奏出神气的五和之音。他的大名不胫而走,司马昭派阮籍去探听虚实。阮籍也是玄学名家、"竹林七贤"之一,他欲与孙登谈论太古无为、三皇五帝及养生之道,孙登不予理睬,最后阮籍发出清韵响亮的长啸,孙登报以若鸾凤之音的长啸,使阮籍大彻大悟,回去写了著名的《大人先生传》。王烈本是太学生,饱读儒家经典,后来遁入山林,服食养生。嵇康虽然未能成仙,但他的思想中散发着浓烈的道教气氛。

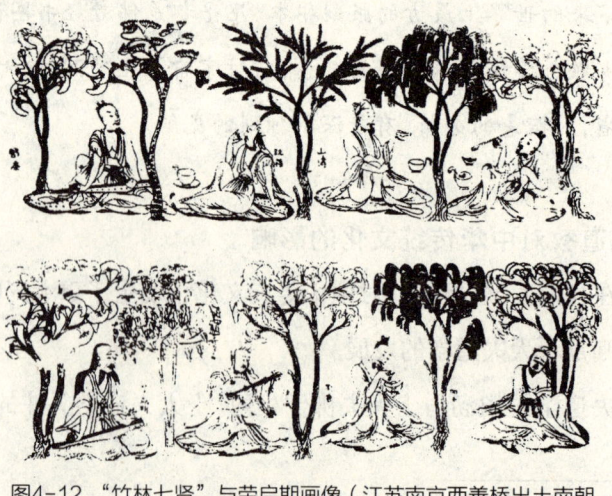

图4-12 "竹林七贤"与荣启期画像(江苏南京西善桥出土南朝画像砖刻)

再如理学开山人物周敦颐的思想深受道士陈抟的影响。陈抟是北宋初期著名的道士，宋太宗赐号"希夷先生"，甚见尊重。理学家邵雍的儿子说其父深得陈抟之真传。周敦颐极为推崇陈抟，曾作诗云："始观丹诀信希夷，盖得阴阳造化机。子自母生能致主，精神合后更知微。"①周敦颐的主要著作有《太极图·易说》1卷、《易通》40章，总计不足3000字。他的《太极图》传自陈抟，《太极图·易说》渊源于道教《上方大洞真元妙经图》中的《太极先天之图》的说明。有研究者指出："这些都显示他开始把儒家的现实伦常要求与道教的宇宙图式联结起来，企图为宇宙论过渡到伦理学（人世规范）搭上第一座桥梁。"②

除了对思想史的重要影响外，道教对中国古代的文学艺术、科学技术以及道德伦理也都产生了不可忽视的影响。

从文学艺术领域来看，道教也有非常深刻的影响，道教的神仙思想是文学的重要题材之一，以道教为题材的作品，大量见于诗词、歌赋、戏剧、小说等文学形式之中。

从科学技术特别是中医学领域来看，道教对我国古代科学技术，特别是中医的影响极大。道教的外丹术丰富了中国药物学的内容，其内丹理论丰富了中国传统医学的理论，推动了中国传统医学的发展。道士往往也行医，如晋代葛洪就是一位名医，精通医药学，著有《金匮药方》《肘后备急方》等医学著作。道教的炼丹术还是中国实验化学的先驱。中国古代最著名的炼丹家葛洪，就是一位杰出的实验化学家，他在炼丹实验中观察到了硫化汞加热后所发生的化学反应，《抱朴子·金丹》有两句概括的话："丹沙烧之成水银，积变又成丹沙。"丹沙就是硫化汞。葛洪对于铅的化学变化、对于金属取代作用的观察，都达到了较高的水平。具有极大

---

① （宋）周敦颐撰：《周子全书》卷十七《右读英真君丹诀》，《万有文库》本，商务印书馆1937年版，第345页。
② 李泽厚：《宋明理学片论》，《中国社会科学》1982年第1期。

杀伤力的火药——我国"四大发明"之一,同治病救人的东西一同被称为"药",就是因为它是道士们炼丹过程中诞生的。

从道德伦理的领域来看,道教的社会影响也很突出。道教十分重视伦理道德教化,在长期发展过程中,积累了大量的戒律和劝善书,包括功过格等。这些内容不仅对道教的发展有重大意义,对中国人的生活方式与价值观念也产生了广泛而深远的影响。①

但是,就对中华传统文化影响的广度与深度而言,道教皆不及佛教。

四、中国传统宗教对世界文化的影响

佛教与道教对越南、朝鲜半岛、日本列岛的文化产生了较大影响,对世界其他国家和地区的文化也有一定的影响。

(一)中国佛教对世界文化的影响

中国佛教传播到许多国家和地区。汉传佛教传到越南、朝鲜半岛、日本,近代以来传到东南亚其他各国及西欧、北美、非洲等国家。藏传佛教则传播到蒙古、俄罗斯以及尼泊尔、不丹等国,近代以来传入西欧、北美。佛教在各国各地,尤其中国周边各国传播,对各国的政治、哲学、伦理、文学、艺术、习俗等方面,产生了程度不等的影响。

中国佛教影响最深的是越南、朝鲜半岛和日本列岛。

根据中国史籍的记载,东汉末年,中原大乱,不少士人南下避难,从而将佛教传入今越南北部地区。在此后的历史进程中,不断有僧人从中原南下,或从印度经海路北上,来越南传法;有的僧人从印度来华的途中在越南停留。佛教由南北两路陆续传入越南,越南成为中印文化交汇的地

---

① 参见卿希泰:《中国道教史研究的意义》,《宗教学研究》2013年第1期。

区之一。

越南佛教深受中国佛教的影响,寺院与佛塔的建筑都保留着中国特色,所用经典也是汉文《大藏经》,受戒仪式等也与中国佛教相同。

中国佛教对越南以外的东南亚各国的影响,不如对越南的影响大。在所谓东南亚的"印度化"时代,这些国家主要流传印度教与印度佛教,包括印度佛教密教。其后则主要流传斯里兰卡南传上座部佛教与伊斯兰教。近代以来,随着大批华侨移居东南亚各国,中国佛教也在这一地区逐渐流传开来,但主要在华侨华人中传播。①

佛教传入朝鲜半岛,是在小兽林王二年(前秦建元八年,372年),顺道从前秦带入佛像和佛经到高句丽。第三年,僧人阿道也到达高句丽。翌年,高句丽创建肖门寺和伊弗兰寺以安置顺道和阿道。《三国史记·高句丽本纪》称:"此海东佛法之始。"

佛教传入百济有史可查的确切时间是在枕流王一年(前秦建元二十年,384年)。

新罗倡导和普及佛法是从法兴王十五年(梁大通二年,528年)左右开始的。②

从佛教传入朝鲜以后的千年间,朝鲜佛教发展极为迅速。高丽王朝时期,国家崇信佛教,王子与王族争当僧侣,不少僧侣被尊为"王师""国师",受到社会的尊重,典章制度、思想文化各个方面受到佛教很大的影响。李氏王朝时期,国家以儒教,尤其是朱子之学为立国之本,佛教趋于衰落,但在社会上仍保持强大的影响力。20世纪50年代以来,佛教在韩国又获得迅速发展,目前是韩国最大的宗教。

据有关记载,武帝普通三年(522年),中土佛教徒司马达等到达日本,设草堂供佛,他的儿女则出家为僧尼,是为佛教传入日本之始。不

---

① 参见方广锠:《佛教志》,上海人民出版社1998年版,第388~398页。
② 参见潘畅和、李海涛:《佛教在高句丽、百济和新罗的传播足迹考》,《延边大学学报》2009年第1期。

过,此时佛教只在民间流传。公元552年,百济国王遣使送佛像、经典到日本,大臣苏马氏舍宅为寺,从此佛教在上层社会流传开来。围绕佛教问题,苏我氏和物部氏所代表的开明派和保守派之间明争暗斗,直到推古天皇即位后,圣德皇太子担任摄政,佛教才得以广泛传播。在隋唐时期,日本陆续派遣使者来华研习佛法,中国僧人也不断东渡传法,其中最为著名的是"鉴真东渡"。

鉴真(688~763年)为唐代律宗高僧,俗姓淳于,精通《四分律》律学典籍,多年致力于律学的传播。此时期的日本佛教戒律尚不完备,许多日本僧人来华求法,鉴真受邀东渡传律授戒,但先后五次东渡皆告失败。天宝十二年(753年)十月,66岁高龄、双目失明的鉴真,又第六次东渡日本,终于在次年二月抵达日本奈良,将观音、弥勒等法像以及大量律宗典籍带到日本,在东大寺佛殿前筑起日本第一座戒坛,设多宝塔,供奉世尊等法像;还在观音寺、药师寺也各设戒坛一座;于奈良仿唐朝建筑结构与布局,建造了唐招提寺。当时自天皇以下,皇后、皇太子等400多人受菩萨戒。自此以后,日本律宗正式建宗立派,传于后世;鉴真也被尊为日本天台宗的先驱,对中日文化交流和日本的文化发展做出了巨大贡献。

佛教传入日本后,它的教义、思想、制度、仪轨、习俗渗透到日本社会乃至日本人生活的各个方面,对日本社会政治、意识形态、社会风尚、教育、慈善事业、文学、艺术、绘画、雕刻、建筑,以及剑道、书道、茶道、武士道等都带来广泛而深刻的影响。

中国佛教在世界其他国家和地区也有传播,但影响微弱,兹以法国为例。1928年9月,中国高僧太虚法师到法国马赛、巴黎等地主持了多场佛学讲座,受到法国学者及知名人士的热烈欢迎,并与当代哲学家罗素、杜威成为知交,为中国佛教在法国传播撒下了种子。巡回说法的直接影响之一就是促成康思坦·罗丝贝莉女士于1929年建立了"佛教友谊会",后改名"巴黎佛教会",该会自1939年起出版《佛教思想》月刊,还定期举行佛事,举办佛教艺术展,成为法国佛教徒的统一组织和活动中心。禅宗在20世纪50年代已在法国流行,许多著名大学都有研究禅宗的机构或团体,而且逐年增多;用欧洲各种文字出版的阐述禅宗思想的著作也日益增多,还定期编译出版了禅宗典籍目录。佛教在法国传播的一大特点,就是文化性偏强,而宗教性偏弱。①

(二)中国道教对世界文化的影响

道教在国外传播,也以越南、朝鲜半岛和日本列岛为主,但传播的广度与深度皆不及佛教。

东汉末年,道教就传入今越南北部。道教也传入了东南亚其他国家,郑和下西洋以后,道教在东南亚逐渐传播开来。其中,新加坡和马来西亚由于华人华侨相对集中,成为当代的东南亚道教传播的中心。道教在东南亚长期传播过程中,与当地文化融合,呈现出独有的特色:

第一,东南亚道教糅合了中国本土多种道教流派和民间信仰。华人华侨初到南洋,既要谋生存,又要图发展,因而往往会祭拜所有跟生存发展活动密切相关的神灵,如海上保护神妈祖、财神关帝公、福德正神土地公等。

第二,东南亚道教融儒家和佛教于一体更为突出。道教庙宇供奉佛祖和儒家先师孔子,佛教寺院里供奉儒家先师孔子和道祖的现象司空见惯,广大信众更是普遍信奉儒、佛、道三教。

第三,东南亚道教融合了当地文化,如越南道教在神仙信仰上,越南本土的山河之神、英雄人物成为信仰的对象。②

---

① 参见徐晓亚:《佛教文化在法国的传播及其特征》,《中国宗教》2009年第5期。
② 参见赖平:《道教文化与东南亚——"道教在东盟各国的传播高峰论坛"论点摘要》,《光明日报》2014年4月1日。

武德七年（624年），唐高祖李渊派遣前刑部尚书沈叔安为高句丽送天尊像及道士，为高句丽王等数千人讲解《老子》，这是道教在朝鲜半岛传播之始。唐高宗总章元年（668年），新罗与唐军联合攻灭了高句丽，朝鲜半岛历史进入统一的新罗时代，很多新罗人到唐朝留学，道教是他们学习的内容之一。如新罗景文王八年（唐懿宗咸通九年，868年），崔致远启程来到唐朝，在唐朝学习、生活16年，回新罗后著《参同契十六条口诀》《伽倻步引法》《量水尸解》《松叶尸解》等道书，后人尊奉为朝鲜道教鼻祖。道教在朝鲜半岛长期传播，道教的长生成仙信仰、斋醮仪式和修炼道术，在民间和上层社会都有着相当大的影响。但是，道教在朝鲜半岛始终没有形成固定的教团组织，当统治者不予重视时，很快就融入到民间信仰或新兴宗教之中了[1]。

　　道教传入日本的时间，众说不一：一说在公元2世纪中叶[2]；一说应神天皇十六年（285年），百济国派遣精通中文典籍的博士王仁去日本，传入道教[3]。更多的研究者认为，道教传入日本列岛应在公元6世纪。在日本传播的道书中包含着丰富的内容，其中最有影响的是《老子》和《庄子》，那些讲述修道之术的道书也受到重视，道教方术最终被日本文化所吸收。道教医药养生书在日本广泛流传，在江户时代之前，日本医师一般都根据道书来了解道教医药学并实践道教养生。

　　在日本历史上，道教虽然没能像儒学与佛教那样为日本人广泛接受，但道教神灵也曾出现在日本神道教的祀神仪式中。道教虽然没有在日本建立教团组织，走上独立发展的道路，但它却以一种关注人生成长的智慧，被日本人有选择地接纳并渗透到日本人的精神世界与社会生活中[4]。

---

[1]　参见孙亦平：《朝鲜王朝的皇家道观昭格署考论——兼论道教在朝鲜王朝的兴衰》，《世界宗教文化》2014年第3期。
[2]　参见[日]千田稔：《中国道教在日本》，《文史知识》1997年第2期。
[3]　参见孙亦平：《以道书为线索看道教在日本的传播》，《南京大学学报》2015年第1期。
[4]　参见孙亦平：《以道书为线索看道教在日本的传播》，《南京大学学报》2015年第1期。

【问题与思考】

1. 魏晋以后，佛教与道教兴盛。但是为什么佛教与道教始终未能取代儒学的正统地位？
2. 道教的教义有什么特点？
3. 举例说明佛教、道教对中华传统文化的影响。
4. 佛教与道教对世界文化有什么影响？

【参考文献导读】

1. 中国社会科学院世界宗教研究所：《宗教知识读本》，宗教文化出版社2000年版。该丛书分《佛教知识读本》《道教知识读本》《伊斯兰教知识读本》《基督教知识读本》《天主教知识读本》和《中国宗教法规政策读本》6册，以客观叙述的形式，并根据宗教发展的规律和特点，深入浅出地介绍了五大宗教及中国宗教法规政策方面的基本知识，是一套了解五大宗教及中国宗教法规政策的入门书。

2. 牟钟鉴、张践：《中国宗教通史》(修订版)，中国社会科学出版社2007年版。该书对在中国历史上存在过并在较大范围内发生过影响的各种宗教进行了考察，叙述了这些宗教发生、发展的过程及其对中国社会的影响。

3. 葛兆光：《禅宗与中华文化》，上海人民出版社1986年版。该书从中华文化史的角度对中国化的佛教——禅宗进行了深入的研究，特别是就禅宗对中国古代士大夫的心理结构、人生哲学、生活情趣和艺术思维等方面的影响进行了深入的考察。

4. 季羡林主编：《中国禅学丛书》，商务印书馆国际有限公司1998年版。该丛书分《禅和文化与文学》《禅与东方文化》《禅与中国艺术精神的嬗变》《禅与中国园林》4册，就禅宗对中华传统文化各个方面的影响作了系统的论述。

5. 张映勤：《佛道文化通览》，天津社会科学院出版社2000年版。该书对艰涩深邃、复杂繁琐的佛教、道教文化的基本常识作了深入浅出的介绍,是一部通俗性读物,很适合一般读者阅读。

7. 卿希泰主编:《中国道教史》(共4卷),四川人民出版社1996年版。该书总结了道教的产生、发展和演变的历史规律,分析了道教的思想特征、教理教义、道轨仪范、修炼方术等,对道教与政治、经济、文化等各方面的关系进行了广泛而深入的研究,是我国目前规模最大、研究水平最高的道教史专著。

第五章　古典文学与传统文化精神

在漫长的历史进程中,一代代中国诗人、作家,以其卓越的才华、高妙的智慧、丰富的想象力,运用独特的民族语言与艺术形式,创作了大量不朽的作品,表现了多方面的传统文化精神与艺术品格,哺育了中华民族的心灵与情操,并在世界上产生了巨大影响,一直在人类历史上放射着灿烂的光辉。

早在远古时代,生活在中华大地上的炎黄先民就已开始了口头文学活动,创作了流传至今的"女娲补天""精卫填海""后羿射日""大禹治水""夸父追日"(见图5-1)等神话故事;早在商代的甲骨卜辞中,就已出现了"今日雨。其自西来雨?其自东来雨?其自北来雨?其自南来雨?"这类很像是歌谣的文句;我们现在能够看到的最古老的作品中,便有相传产生于黄帝时代的"断竹,续竹,飞土,逐肉"[1]这样的《弹歌》。"文学"这一术语,也早已见于《论语》。至魏晋时代,则已形成了不同于一般文章学意义的独立的"文学"概念,用鲁迅先生的话说,即已开始进入了"文学的自觉时代"。与世界其他国家相比,中国文学不仅历史悠久,且一直在社会生活中占据着重要地位,在不同的历史时期,举凡士大夫,几乎无人不赋诗著文,故而创作活跃,大家辈出,形式多样,代有创新,从而形成了先秦历史散文与诸子散文、汉赋、唐诗、宋词、元曲、明清小说这样一种"时序交移,质文代变"[2]的泱泱文学大观。就其与世界文学相通的诗歌、小说、散文、戏剧剧本等主要类别来看,不论在思想内容还是艺术价

---

[1] (汉)赵晔著,(元)徐天祜音注,苗麓点校:《吴越春》卷九《勾践阴谋外传·弹歌》,江苏古籍出版社1986年版,第128页。

[2] (南朝梁)刘勰著,王运熙、周锋译注:《文心雕龙译注·时序》,上海古籍出版社2010年版,第211页。

值方面,亦均标志着人类文学史上的辉煌高峰。

1.夸父追日　　　　　　　　　　2.女娲补天

图5-1　神话故事

一、绚丽多彩的诗歌

诗、词与散曲就其本来意义而言,均属诗歌的范畴。其中,诗最早出现,经历了《诗经》、楚辞、乐府诗、近体诗,一直延展到明清。词兴起于唐,盛于宋;散曲兴起于金,盛于元,两者也都延展到明清时代。这些不同体式共同谱写出中国古典诗歌的艺术绝唱。

(一)源远流长的诗歌

中华民族是一个最富于诗意追求的民族,在中国古代文学史上,诗歌不仅产生最早,也是最富有生机、长盛不衰,成就最为突出的文学门类。早在公元前6世纪,即有第一部诗歌总集《诗经》问世。这部作品共收入自西周初年至春秋中叶500多年间的诗歌305首,由风、雅、颂三部分组成。"风"是采集自周南、召南、邶、鄘、卫、王、郑、齐、魏、唐、秦、陈、桧、曹、豳等诸侯国及地区的民间歌谣，共160篇。其内容主要有：歌咏爱情、婚姻与家庭生活，如《周南》中的《关雎》，《卫风》中的《氓》，《郑风》中的《女曰鸡鸣》等；歌咏劳动生活，如《召南》中的《采蘋》，《豳风》中的《七月》等；反抗野蛮与暴政、压迫与剥削，如《秦风》中的《黄鸟》，《魏风》中的《硕鼠》等；痛恨战乱，向往和平生活，如《邶风》中的《击鼓》，《豳风》中的《东山》等；"雅"即所谓正声雅乐，多是宫廷宴饮或朝会时的乐歌，共105首。根据风格、内容与作者之别，"雅"又有《大雅》《小雅》之分：《大雅》雍容典雅，主要歌颂周王室的功绩，多是上层贵族所作。《小雅》生动活泼，多以君臣宴饮、亲朋欢聚为主要内容，亦不乏忧国忧民、怨刺现实之作，作者中既有上层贵族，也有下层贵族和地位低微者；"颂"是宗庙祭祀的舞曲歌辞，共40首。其基本内容是娱神赞君，歌功颂德，分为《周颂》《鲁颂》和《商颂》三个部分。《周颂》是周王室的宗庙祭祀诗，《鲁颂》的内容均为歌颂鲁僖公，《商颂》是商朝祭祀祖先及周朝时期宋国歌颂君主的乐歌。

作为中国上古文化的渊薮的《诗经》，不仅反映了周代社会的政治、经济、生产与生活状况，亦汇聚了大量天文、地理、礼仪、信仰、巫术、祭典、名物制度、动物、植物等方面的丰富知识，故自问世以来，一直备受推崇。孔子当年聚徒讲学时，《诗》就是重要教学内容之一。他认为《诗》的重要作用是"可以兴，可以观，可以群，可以怨"（《论语·阳货》），曾经还庭训其子孔鲤"不学《诗》，无以言"（《论语·季氏》）。自汉代开始，《诗经》又进而被官方确定为与《尚书》《礼记》《周易》《春秋》并列的儒家"五经"之一，长期成为中国人修身养性的宝典，为民族文化精神的传承发挥了不可估量的巨大作用。

继《诗经》之后，在公元前4世纪的南方楚国，又有"楚辞"这一新兴诗体产生，创立者是被誉为"辞赋之祖"的伟大诗人屈原，其代表作主要有《离骚》《天问》《九歌》等。（见图5-2）曾任楚怀王左徒、三闾大夫的屈原,是一位明于治乱,渴望国家强盛,进而能够实现中国统一的重要政治家,因遭到贵族排挤、毁谤而两次被贬流放,后终在极度苦闷与绝望中投汨罗江自尽。在长达373句的政治抒情诗《离骚》中,作者以汹涌的感情、汪洋恣肆的笔调、"香草美人"的比兴手法、现实与幻境交错的浪漫想象,表现了忧虑众生、依恋故国、嫉恶如仇、憎恨腐朽、渴望政治清明的博大情怀。在语言形式上,屈原作品突破了《诗经》以四字句为主的格局,而以六言为主体,杂以灵活多变、参差错落的句式,为中国诗歌的进一步兴盛和发展奠定了根基。屈原及其作品出现的意义还在于标志着中国诗歌进入了一个由集体歌唱到个人独创的新时代。楚辞的另一位代表诗人是宋玉,其代表作有《九辩》等。

以《诗经》与"楚辞"为源头,中国后世诗歌一直在不断创新中发展着。至汉代,以《诗经》的四言体式以及以六言见长的楚辞为基础,同时吸取了民间诗歌的营养,形成了以五言为主体的"乐府诗"。"乐府"是汉武帝时代承秦制而设立的一个专门管理乐舞演唱教习的机构,其职责之一是组织文人创作诗歌并搜集、整理民间歌谣以供配乐,由此而成的作品为后世称之为"乐府诗",或简称"乐府"。乐府诗中,除少量贵族文人创作的空洞华丽的郊庙歌辞之外,大多有感而发,

图5-2　明·陈洪绶《屈子行吟图》(木刻版画)

贴近社会现实。如《战城南》《十五从军征》等,控诉了"野死不葬乌可食""十五从军征,八十始得归"之类由战争导致的人间灾难;《孤儿行》中,通过一个受兄嫂奴役的孤儿"冬无复襦,夏无单衣"的悲惨处境,反映了人世不公与民间疾苦;《上邪》,表现了一位女子对爱情的忠贞。从诗歌的发展来看,特别值得重视的是,汉乐府中出现了有着很高艺术成就的《陌上桑》《孔雀东南飞》这样的叙事诗。《陌上桑》以微妙传神的语言及侧面烘托的手法描写的那位年轻貌美、机敏睿智的采桑姑娘秦罗敷,几千年来,一直是人们心向往之的理想化的女性形象。在《孔雀东南飞》中,作者通过扣人心弦的故事情节、各各肖其声情的人物语言、栩栩如生的人物刻画,歌颂了焦仲卿与刘兰芝夫妇的真挚感情和反抗精神,控诉了封建礼教的残酷无情,寄托了人民群众追求恋爱自由和幸福生活的强烈愿望。明人王世贞在《艺苑卮言》中赞誉其为"质而不俚,乱而能整,叙事如画,叙情如诉,长篇之圣也"。

魏晋南北朝时期,虽然社会动荡,战乱频仍,但在诗歌的创作与发展方面,却是一个引人注目、异常活跃的时代。正是在这个时代,先是曹氏父子与"建安七子"的孔融、陈琳、王粲、徐幹、阮瑀、应玚、刘桢及女诗人蔡琰,及"竹林七贤"中的阮籍、嵇康等,各有佳作传世,如曹操的《龟虽寿》、曹丕的《燕歌行》、曹植的《白马篇》、陈琳的《饮马长城窟行》、王粲的《七哀诗》、蔡琰的《悲愤诗》、阮籍的《咏怀》、嵇康的《赠秀才入军》等等。继而晋代的陆机、潘岳、左思、陶渊明,南朝宋代的谢灵运、鲍照,南朝齐代的鲍令晖、谢朓,南朝梁代的沈约、江

图5-3 明·唐寅《东篱赏菊图》

图5-4 清·苏六朋《太白醉酒图》

淹、何逊,以及南朝陈代的阴铿众多诗人先后涌现于诗坛。其中,被称为"古今隐逸诗人之宗"的陶渊明,是继屈原之后,中国古代诗歌史上又一位深为后世景仰的伟大诗人,也是中国的第一位田园诗人。他的《归园田居》《饮酒》等名作,一直为后人吟诵不绝。(见图5-3)在这一时期的北朝诗坛上,也出现了有影响的诗人庾信。还有赞扬一位民间女子勇敢善良、替父从军、保家卫国的叙事诗名作《木兰辞》,广为后世传诵。在诗体方面,除五言之外,七言句式也渐受重视。此外,南朝齐武帝永明年间,由沈约、谢朓、王融等人创建的讲究四声、避免八病、强调声韵格律的"永明体"诗歌,为唐代格律诗的产生和发展奠定了基础,标志着我国古代诗歌由原始自然状态的"古体诗"向人为艺术的"近体诗"的转折。

至唐代,随着社会生活的稳定与经济的发展,中国古典诗歌亦进入了黄金时期,不仅作品数量繁多(现存即有55000多首),且名家辈出,流派纷呈。除分别代表了浪漫主义与现实主义最高成就的李白(见图5-4)与杜甫这样耀眼的双子星座之外,另有以王维、孟浩然为代表的山水田园诗派,以高适、岑参为代表的边塞诗派,以元稹、白居易为代表的新乐府诗派,以及李贺、柳宗元、韩愈、杜牧、李商隐等一大批杰出诗人活跃于诗坛。在艺术形式方面,唐代诗人将起源于南北朝时期,由沈约、谢朓等人首创的格律诗推向巅峰。格律诗是与古体诗相对而言的。古体诗又称"古诗"或"古风",其特点是每首句数不拘,音韵亦自由灵活。格律诗又称"今体诗"或"近体诗",是字句及音韵均有着对仗工整、平仄互对之类严格要求的一种诗体。按字数与句数的不同,格律诗又有五律、七律、排律、五绝、七绝之分。在唐代诗人笔下,各体律诗均达到了炉火纯青的程度。与此同时,以李白的《蜀道难》、高适的《燕歌行》、岑参的《白雪歌送武判官归京》为代表的"古风",以及以白居易的《长恨歌》《琵琶行》为代表的叙事诗,用语自由不羁,篇幅长短不限,也均盛极一时。

宋代在诗歌领域亦不乏卓有成就者,如北宋诗坛上的欧阳修、王安石、苏轼、黄庭坚,南宋诗坛上的陆游、杨万里、范成大等。欧阳修在诗歌方面的突出成就是革新了宋初诗坛以杨亿、刘筠等人为代表的"西昆体"脱离现实的不良诗风,提出了"诗穷而后工"的理论主张,创作了《食糟民》《边户》《田家》《梦中作》《戏答元珍》等许多以社会现实为题材或抒发个人情怀的作品。王安石的诗歌,注重修辞炼意,既新奇工巧,又深婉不迫,形成了丰神远韵的风格,在当时的诗坛上自成一家,世称"王荆公体"。其代表作有《梅花》《明妃曲》《书湖阴先生壁》《元日》《泊船瓜洲》等。就成就与影响而论,苏轼无疑是北宋诗坛上第一大家,其诗题材广泛,形式多样,想象奇特,情味浓郁,常见于《千家诗》等选本的名篇就有《题西林壁》《惠崇春江晓景》《饮湖上初晴后雨》《赠刘景文》《春宵》《花影》《和子由渑池怀旧》等。黄庭坚是"江西诗派"的开派宗师和领袖,构建并提出了"点铁成金"和"夺胎换骨"等诗学理论。其作品法度谨严,用语奇警,句意曲折,情理并重,为北宋诗坛提供了别一番气象,代表作有《登快阁》《清明》《晚楼闲坐》等。陆游具有多方面的文学才能,诗、词、文俱佳,而尤以诗的成就为最,存世之作即有9000余首。为后人时常称道的名作即有抒发壮志难酬的报国之情的《书愤》、于田园风光中寓含哲理的《游山西村》、令人动容的悼念前妻之作的《沈园二首》等。杨万里诗歌语言浅近易懂,清新自然,富有幽默情趣,自成一家,被称为

"诚斋体"。其作品大多抒发的是对自然景物的欣悦之情以及日常生活中的闲适之情,代表作有《闲居初夏午睡起》《夏夜玩月》等。范成大则以田园诗见长,代表作有《四时田园杂兴》等。

明清时代,随着戏剧与小说的兴盛,诗歌创作虽已不占主导地位,但仍有高启、陈子龙、王渔洋、纳兰性德、龚自珍等人在诗词领域奋力开拓,卓尔成家。高启的《梅花九首》《登金陵雨花台望大江》,陈子龙的《春日早起》(其一)、《秋日杂感》,王渔洋的《秋柳》《江上》,纳兰性德的诗词以及龚自珍的《己亥杂诗·九州生气恃风雷》,都达到了很高的艺术水平,为时人及后人所推重。

中国是一个多民族的国家,其古典文学,除作为主体的汉民族的作品外,其他少数民族也做出了卓越贡献,如藏族的《格萨尔王传》、蒙族的《江格尔》、柯尔克孜族的《玛纳斯》等三部史诗,已被视为世界英雄史诗的名作。这些史诗,不仅显示了中国少数民族向往真善美的心灵境界与聪明才智,也弥补了汉族文学缺少长篇史诗的不足。尤其是被誉为"东方的荷马史诗"的《格萨尔王传》,歌颂了传说中的古代藏人君王,是藏族人民集体创作的一部伟大的英雄史诗,也是世界上迄今发现的史诗中演唱篇幅最长的英雄史诗。全诗内容丰富,结构宏伟,气势磅礴,不仅具有很高的艺术价值,也是研究古代藏族社会的一部百科全书。另如维吾尔族的古典长诗《福乐智慧》、傣族的叙事长诗《召树屯》、彝族的叙事长诗《阿诗玛》等,也以各自独到的内容与形式,极大地丰富了中国古代诗歌的宝库。

(二)依曲定体的词作

词,原被称为"曲"或"曲子词",是一种音乐化的文学样式,实际上是一种新型格律诗。词大致可分小令(58字以内)、中调(59~90字以内)和长调(91字以上,最长者达240字)。词的句子虽较格律诗有所变化,长短不一,但必须按"浣溪沙""清平乐"之类的词牌为之,即所谓"依曲定体,倚声填词"。

词萌芽于南朝梁代,成型于中晚唐,至宋代而大盛,成为标志着宋代文学成就的主导文学样式。按通常的看法,宋词主要形成了以苏轼、辛弃疾、贺铸、张元幹、张孝祥、陈亮等人为代表的豪放派与以柳永、李清照、晏殊、欧阳修、秦观、周邦彦等人为代表的婉约派。豪放派的特点是创作视野广阔,境界宏大,气势恢弘。如苏东坡的《念奴娇·赤壁怀古》一词,从滚滚东流的长江落笔,将千古风流人物纳入其中,抒发其昂奋豪情与人生感慨,气魄宏大,笔力雄健,给人振聋发聩之感。(见图5-5)辛弃疾也以"醉里挑灯看剑,梦回吹角连营。八百里分麾下炙,五十弦翻塞外声。沙场秋点兵"(《破阵子·为陈同甫赋壮词以寄之》)这样的雄壮气势撼人心魄;婉约派的特点是多写离愁别恨,男欢女爱,市井风情。在艺术形式方面,意象柔美,情感细腻,结构缜密,音律婉转,语言清丽。如柳永的名作《雨霖铃》:"多情自古伤离别,更那堪、冷落清秋节。今宵酒醒何处?杨柳岸,晓风残月。此去经年,应是良辰好景虚设。便纵有千种风情,更与何人说!"该词以如泣如诉的缠绵笔调,将凄楚惆怅、孤独忧伤之情表现得淋漓尽致。李清照的词,则以细腻的情感体验和优美的语言,真切地表达了自己的少女情怀以及生活中的哀愁与惆怅等。

(三)雅俗共赏的散曲

宋金之际,随着北方少数民族乐曲与中原民间"俚曲"的交汇,在中国诗坛上产生了一种新的诗歌样式,这就是盛行于元代的散曲。由于其起源于北方,故又称"北曲"。散曲的语言形式较诗、词更为灵活,但亦须合乎"山坡羊""寄生草"之类的曲牌规则。散曲有小令与套数(套曲)两种形式。小令,元人又叫"叶儿",是由一支曲子独立组成的;套数则是由两支以上的宫调相同的曲子组成的。与传统诗歌相比,元代散曲以其浓

图5-5　金·武元直《赤壁图》

郁的民间风格与通俗化的市民色彩,进一步活跃了诗歌创作。元代的文学成就虽主要体现于杂剧,但作为诗歌形式的散曲亦成就卓著,如关汉卿的《不伏老》、马致远的《秋思》、张养浩的《潼关怀古》、睢舜臣(一作"睢景臣")的《高祖还乡》等即是脍炙人口的名作。(见图5-6)

图5-6　散乐图(辽墓壁画)

二、自由潇洒的散文

从起源来看,中国古代散文的产生要晚于诗歌,是在文字产生之后才出现的。但因散文更具记言、记事、辩理之类的实用性,故发展较快,且与诗歌同为中国古代文学史上历久不衰的主导文体之一。

现代所说的散文,指的是一种题材广泛、结构灵活、形式自由的文体,可以抒情,可以叙事,也可以议论,或三者兼而有之。具体包括记叙散文、抒情散文、报告文学、杂文等。古代所说的散文,含义则要宽泛得多,经传史书以及其他一切无韵之文章,均可包括在内。

(一)自然古朴的先秦散文

汇集了商代至春秋期间一些历史文献与史料的《尚书》,通常被视为中国古代文学史上的第一部散文集;先秦时代出现的《论语》《孟子》《老子》《庄子》《荀子》《韩非子》等哲学著作,则被称为"诸子散文";《左传》《国语》《战国策》《晏子春秋》等历史著作,被称为"史传散文"。这些古代散文,虽与现代意义的散文有所区别,但在语言文句的整饬考究、富于情采及写人记事等方面,均已充分显示出文学艺术应有的审美品性。如《论语·先进》中的"四子侍坐"章,只通过简洁的对话与传神的动作,就生动地展现出了五个人物的性格特点:孔子的循循善诱,子路的率性,冉有、公西华的谦恭,曾皙的恬淡等。荀子的《劝学篇》,虽意在劝谕,但"积土成山,风雨兴焉;积水成渊,蛟龙生焉;积善成德,而神明自得,圣心备焉。故不积跬步,无以至千里;不积小流,无以成江海。骐骥一跃,不能十步;驽马十驾,功在不舍。锲而舍之,朽木不折;锲而不舍,金石可镂"这样一种注重运用比喻、排比,情采斐然的文体,不仅能够让人明晓道理,同时还可给人以文学性的形象启迪,也正因此而成为千古警句名言。另如《韩非子》中用以说理的"守株待兔""老马识途""滥竽充数"之类寓言故事,本身就是思想性与艺术性完美结合的文学作品。《左传》《国语》《战国策》《晏子春秋》等著作,更是常通过生动的语言、细致的叙事以及刻画得栩栩如生的人物,描绘诸如宫廷之争、策士相辩、军事冲突、风物民情等广阔的社会生活画面,突出其文学艺术特征。

(二)纷繁铺陈的赋体散文

实际上,近于现代意义的散文,也早已在先秦时代成形,宋玉在楚辞基础上创造的"赋"可谓重要标志。赋,本是"诵"的意思。据《汉书·艺文志》的解释:"不歌而颂谓之赋。"其特征是"铺采摛文,体物写志"[①]。与有着明确功利目的、或重在说理的诸子散文、或重在记实的史传散文不同,宋玉创作的《风赋》《高唐赋》《神女赋》《登徒子好色赋》等,更注重通过虚构、想象与放达不羁的文学笔调,表达某种情感意绪。如在《神女赋》中,通过"毛嫱鄣袂,不足程式;西施掩面,比之无色""貌丰盈以庄姝兮,苞湿润之玉颜。眸子炯其精朗兮,瞭多美而可视。眉联娟以蛾扬兮,朱唇的其若丹。素质干之酽实兮,志解泰而体闲。既姽嫿于幽静兮,又婆娑乎人间"之类极尽夸饰的容貌描写,以及"怀贞亮之絜清兮,卒与我兮相难。陈嘉辞而云对兮,吐芬芳其若兰。精交接以来往兮,心凯康以乐欢。神独亨而未结兮,魂茕茕以无端。含然诺其不分兮,喟扬音而哀叹!颁薄怒以自持兮,曾不可乎犯干"之类的神态刻画,展现了神女既姣艳多情,又以礼自防的圣洁形象,在给人以美的向往与陶冶的同时,又能使人获得超尘脱俗的情感净化。

与宋玉的影响有关,至汉代,赋体散文曾盛极一时。早期作品有贾谊的《吊屈原赋》《鵩鸟赋》等,继而有被称"汉大赋"的枚乘的《七发》问世。此后,赋很快成为汉代最为流行的文体。班固在《西都赋》中道及:

[①] (南朝梁)刘勰著,王运熙、周锋译注:《文心雕龙译注·诠赋》,第32页。

"言语侍从之臣","朝夕论思,日月献纳"。据有关学者的研究,"在西汉时产生的赋作当有2000篇左右。东汉时产生的赋作又远远多于西汉,加在一起,两汉赋的总数应该有5000篇之多"①。由此可见汉代赋体散文创作的盛况。汉赋中最负盛名的作家及作品有史称"汉赋四大家"的司马相如的《天子游猎赋》《长门赋》,扬雄的《羽猎赋》《长杨赋》,班固的《两都赋》和张衡的《二京赋》。

与广义的古代散文相比,汉赋作家的创作目的既不像诸子散文那样意在宣传自己的政治思想与哲学观点,也不像史传散文那样重在历史记录,而主要是彰显君威,歌功颂德,或怡情悦性,故而描述的对象大都是京都宫殿、车骑苑猎、巡游祭祀、宴饮游乐、声色犬马、草木禽兽等。有不少作品,如《天子游猎赋》《两都赋》《二京赋》,亦贯穿劝诫节俭、讽谏奢侈之意。在艺术形式方面,汉赋铺叙繁细,摹绘夸张,气势宏大,辞藻华丽,骈散句并用,用语亦时见繁难辟涩。从整体上来看,汉赋虽不无偏重形式的缺憾,却也显示了汉代作家丰富的想象力及昂然进取的时代风貌。

(三)辞约意丰的汉魏南北朝散文

除汉赋之外,在广义散文领域,更能代表汉代文学最高成就的是司马迁的《史记》。在被鲁迅誉为"史家之绝唱,无韵之《离骚》"(《汉文学史纲要》)的《史记》中,司马迁以精妙的文笔,以"不虚美,不隐恶"的"实录"精神,记述了上自传说中的黄帝,下至汉武帝时代的3000年的历史。《史记》是中国历史上第一部纪传体通史,也是中国文学史上第一部以描写人物为中心的大规模的叙事作品,对后世史学与文学的发展都产生了深远的影响。

汉代以降,散文创作虽然没有像唐诗、宋词那样形成某一个时代的文

---

① 踪凡:《汉赋研究史论》,北京大学出版社2007年版,第20页。

学主潮,但作为一种常规文体,一直以强劲势头蓬勃发展,代不乏人,名篇纷涌。

魏晋南北朝时期出现的名家名作有:曹丕表达对朋友深切惜念之情的《与吴质书》、曹植受宋玉《神女赋》影响而创作的《洛神赋》(见图5-7)、王粲抒发深切的怀乡恋土之情的《登楼赋》、诸葛亮表现臣子一片忠心的《出师表》、阮籍讥讽世俗名教的《大人先生传》、嵇康纵情挥洒的《与山巨源绝交书》、李密凄恻动人的《陈情事表》、王羲之超逸旷达的《兰亭集序》、陶渊明虚构了一个理想社会的《桃花源记》、江淹反映了齐梁时代社会动乱侧影的《别赋》、丘迟劝降叛将陈伯之的《与陈伯之书》、庾信哀伤梁朝灭亡与个人身世的《哀江南赋》,等等。

图5-7　东晋·顾恺之《洛神赋图》(局部)

或许与战乱频仍的社会现实相关,这一时代的散文不像汉赋那样重在反映上层社会的奢华生活,而着重表达与现实人生密切相关的自我意绪,抒发个人情感。如王羲之在《兰亭集序》中表达的是"修短随化,终期于尽""一死生为虚诞,齐彭殇为妄作"之类的人生感悟。李密在《陈情事表》中这样诉说了自己辞官不就的原因:"生孩六月,慈父见背。行年四岁,舅夺母志。祖母刘,愍臣孤弱,躬亲抚养。臣少多疾病,九岁不行;零丁孤苦,至于成立。既无伯叔,终鲜兄弟。门衰祚薄,晚有儿息。

外无期功强近之亲,内无应门五尺之僮;茕茕独立,形影相吊。而刘夙婴疾病,常在床蓐,臣侍汤药,未尝废离。""臣无祖母,无以至今日;祖母无臣,无以终余年。母孙二人,更相为命,是以区区不能废远。"读来令人潸然泪下。

在语言形式方面,魏晋南北朝时期的散文也不像汉赋那样富丽堂皇,纷繁铺陈,而是情真意切,辞约意丰。如丘迟在《与陈伯之书》中,为了以故国之思劝说陈伯之归降,仅以"暮春三月,江南草长,杂花生树,群莺乱飞"寥寥数语,就写出了令人心驰神往的江南美景。

(四)文以载道的唐宋散文

唐宋时期,是中国古代散文创作的又一个高峰,不仅数量众多,且大家辈出。从数量来看,清嘉庆十三年(1808年),由文华殿大学士董诰领衔编纂的《全唐文》收录的文章已有20025篇,作者3035人。由曾枣庄、刘琳主编的《全宋文》收录宋人单篇文章178292篇,作者9176人,总字数近1亿。从作家来看,韩愈、柳宗元、欧阳修、曾巩、王安石、苏洵、苏轼、苏辙等人,即主要缘其散文成就而得享"唐宋八大家"之誉。其中,又尤以韩愈、柳宗元、欧阳修、苏轼文名最高,影响最大。按宋人李涂在《文章精义》中的评价,四人自成风格:"韩如潮,柳如泉,欧如澜,苏如海。"

韩愈(见图5-8)是唐代古文运动的倡导者,主张继承先秦两汉注重思想内容的散文传统,反对专讲声律对仗之类的浮靡之风。其文章率真赤诚,慷慨激昂,卓具胆识,气势雄伟。如在《师说》一文中,韩愈一反当时门第观念影响下"耻学于师"的流俗偏见,强调"无贵无贱,无长无少,道之所存师之所存",提出了"弟子不必不如师,师不必贤于弟子,闻道有先后,术业有专攻"的著名论断。在《送李愿归盘谷序》一文中,通过对权势显赫的政要、淡泊自处的隐士和趋炎附势的市侩三种人的对比,强烈地表达了对官场腐化的憎恶和对隐居生活的向往。此文曾深得苏东坡赞

图5-8 韩愈像

誉,谓之"唐无文章,惟韩退之《送李愿归盘谷序》一篇而已"(《东坡题跋》)。另如《进学解》《与孟东野书》《祭十二郎文》也都是韩愈为后人所称道的散文名作。

柳宗元的散文成就与韩愈齐名。与韩愈不同的是,柳宗元的散文题材更为广泛,形式亦自由活泼,风格多样。在传世之作中,既有寓情于事、塑造了一个正直官吏形象的《段太尉逸事状》,又有同情民间疾苦、揭露统治者横征暴敛的《捕蛇者说》;既有以精巧的语言再现自然美、怡然于"天人合一"之境的"永州八记",又有能够给人多方面启示的寓言体的《黔之驴》等等。

欧阳修是宋代文学史上最早开创一代文风的文坛领袖,其散文创作深受韩愈影响,亦重有为而作,有感而发。在艺术方面也往往独辟蹊径,别开生面。如其名作《朋党论》,以激昂爽直之语,史论结合,申明了"君子与君子以同道为朋,小人与小人以同利为朋"之理,公然为"朋党"辩护,有力地回击了当时政坛上以"朋党"之名诋毁改革势力的保守官僚;在《醉翁亭记》中,将因仕途坎坷而导致的内心抑郁与随遇而安、与民同乐的旷达情怀,完美地融入闲适的山水描绘之中,既饶有诗情画意,又寓含着复杂的人生感喟;在《秋声赋》中,则熔写景、抒情、记事、议论为一炉,借悲凉之秋声,抒发了因宦海沉浮而生出的苦闷情怀。

作为宋代词坛豪放派代表人物之一的苏东坡,其散文亦才情横溢,自然天成。他曾评价自己的文章"吾文如万斛泉源,不择地而出"(《文说》),如同他自己所追求的如"山川之有云雾,草木之有华实,充满勃郁,而见于外"(《南行前集序》)。苏东坡的散文主要有三类:一是政论与史论散文,二是记游散文,三是杂记、杂说、书札、序跋等。其政论与史论散文,气势高迈,文笔纵横,广引史实,随机生发,富有远见卓识。如在《教战守策》中,围绕安危逸劳之间的关系,以雄辩的语言令人信服地论述了教民战守、全民习兵的主张;在《留侯论》中,根据《史记》所载张良圯上受书及辅佐刘邦统一天下的事例,论证了"忍小忿而就大谋"的重要性。其记游散文,常将叙事、抒情、议论融为一体,气韵疏宕,意味隽永。如在《前赤壁赋》中,通过对月夜泛舟、饮酒赋诗、主客对话的描写,以诗般的语言和骈散并用的句式,既抒发了吊古伤今之情,又深寓人生哲理;在全文仅80余字的《记承天寺夜游》中,通过与朋友张怀民在月色空明的寺庭中散步的记叙,委婉地表达了自己壮志难酬的苦闷情绪与超然乐观的人生态度。其杂记、杂说、书札、序跋之类,形式更为自由活泼,议论更为生动切实。如在《文与可画筼筜谷偃竹记》一文中,通过对自己与文与可之间交往的回忆,以娓娓如话家常的朴素语言,在赞美了文与可高超画技与高尚品行的同时,又表达了对亡友的深切悼念之情。

"唐宋八大家"中的曾巩、王安石、苏洵、苏辙等人,也各以其散文佳作为后人所称道。如曾巩的《越州赵公救灾记》,以自然淳朴的笔调记叙了赵抃救灾业绩与吏治才能;王安石的《答司马谏议书》,言辞犀利,针锋相对,理足气盛,寓刚于柔,有力地反驳了司马光对自己"侵官、生事、征利、拒谏"之类的毁谤之语;苏洵的《六国论》,章法严谨,雄奇遒劲,意在借古讽今,提出并论证了六国灭亡"弊在赂秦"的见解;苏辙的《黄州快哉亭记》,雄放雅致,纡徐畅达,借"亭之所见""涛澜汹涌,风云开阖""连山绝壑,长林古木,振之以清风,照之以明月"的景观,抒发了心中坦然、无往不快之情等等。此外,唐代王勃的《滕王阁序》、骆宾王的《代李敬业传檄天下文》,以及宋代李华的《吊古战场文》、范仲淹的《岳阳楼记》、周敦颐的《爱莲说》、文天祥的《指南录后序》等,也是不可多得的散文名篇。

（五）"自为其言"的明清散文

自明至清，由于被确立为官方统治思想的程朱理学对人性的束缚，八股文的产生与盛行，以及小说的日渐兴盛等原因，散文创作虽未能延续唐宋时代的盛况，但作为一种基本文体，仍为许多人所喜爱。这一时期，仍有不少作家能够坚守"自为其言"的创作要则，写出了许多优秀作品。如身为明代开国重臣的刘基，虽是"八股文"的创建者，但他的《卖柑者言》写得自由活泼，言近旨远。文中假托卖柑者的一席话，以形象、贴切的比喻，揭示了当时盗贼蜂起、官吏贪污、法制败坏、民不聊生的社会现实，有力地揭露并讽刺了那些"金玉其外，败絮其中"的权势人物的腐朽无能。曾被朱元璋誉为"开国文臣"的宋濂，在那篇著名的《送东阳马生序》中，为勉励同乡晚辈，现身说法，以平易的笔调讲述了当年"负箧曳屣，行深山巨谷中，穷冬烈风，大雪深数尺，足肤皲裂而不知。至舍，四肢僵劲不能动，媵人持汤沃灌，以衾拥覆，久而乃和"之类的艰辛经历，真切动人，极达循循善诱之效。

另如王阳明的《瘗旅文》、归有光的《项脊轩志》、宗臣的《报刘一丈书》、袁宏道的《满井游记》、张溥的《五人墓碑记》、夏完淳的《狱中上母书》等，也都是中国古代散文史上的经典之作。王阳明的《瘗旅文》是一篇祭文，与一般祭文不同的是，作者祭悼的不是自己的亲朋好友，而是素昧平生，甚至连名字都不知道的客死异乡的一个京城小吏与他的儿子、仆人。"吾与尔皆中土之产，吾不知尔郡邑，尔乌为乎来为兹山之鬼乎"，"呜呼伤哉！纵不尔瘗，幽崖之狐成群，阴壑之虺如车轮，亦必能葬尔于腹，不致久暴露尔。尔既已无知，然吾何能违心乎？自吾去父母乡国而来此，三年矣，历瘴毒而苟能自全，以吾未尝一日之戚戚也。今悲伤若此，是吾为尔者重，而自为者轻也。吾不宜复为尔悲矣"。这如泣如诉的文字，既是对客死之人的悲悼，也是处于被贬龙场驿已三年的作者对自己处境的哀伤，读来催人泪下。在《项脊轩志》中,归有光以故居中百年南阁子"项脊轩"的前后变化为线索,写出了一系列家庭琐事,其中既充溢着作者对自己怡然自得的童年生活的怀念,又流露了物是人非、家道衰落的哀伤之情,以及对早已不在人世的祖母、母亲、妻子的深切怀念。在《报刘一丈书》中,宗臣以惟妙惟肖的笔触,刻画了奔走权门之徒夤缘钻营、拍马逢迎的丑态,有力地抨击了封建官场的腐败。在《满井游记》中,袁宏道以清新活泼、寓情于景的诗意笔触,描写了京郊早春的芬芳气息,表达了作者旷达乐观的人生态度。在《五人墓碑记》中,张溥以激昂的语言,讲述了苏州五位被阉党杀害的义士的动人事迹,歌颂了平民英雄的高尚品质。《狱中上母书》一文,是年仅17岁的抗清英雄夏完淳,在南京狱中临刑之前写给生母及嫡母的绝笔信,句句泣血。其中"人生孰无死,贵得死所耳""含笑归太虚,了我分内事。大道本无生,视身若敝屣"之类慷慨雄壮之语,震撼千古,读来动人心魄。

在清代散文领域,早期的代表作家及作品有顾炎武的《日知录》、黄宗羲的《明夷待访录》、王夫之的《黄书》等。这些文章言词犀利,识见精深,体现了进步的时代追求与强烈的民族意识。此时又有被称为"清初三大家"的侯方域、魏禧、汪琬等人活跃于文坛。其中,侯方域文名最高,在清初被推为散文第一。在其代表作《李姬传》《马伶传》中,可见其纵横恣肆、富有激情之为文个性。

至清中期,散文得以进一步发展,出现了许多流派,重要的有以方苞、刘大櫆、姚鼐为代表人物的桐城派,以恽敬、张惠言、李兆洛为代表人物的阳湖派,以汪中为代表人物的汉魏派等。其中,最值得重视的是桐城派。桐城派不仅作家众多,流布地域广,绵延时日久,其作品亦更能代表清代的文学成就。如方苞的《狱中杂记》,以切身经历揭露了清代狱中黑暗现象;《左忠毅公逸事》一文,以简练的语言塑造了大义凛然的明末东林党人左光斗动人的形象。另如姚鼐的《登泰山记》,生动地表现了泰山雪后初晴的瑰丽景色与日出时的雄浑景象等。

  清后期的散文,可由曾国藩所领导的承桐城派余绪的湘乡派与梁启超所提倡的新文体派为代表。湘乡派的作品中有为人注目的预言了"后日西学盛行,六经不必尽读"的吴汝纶的《答姚慕庭书》等,新文体派的作品有梁启超充满青春激情的《少年中国说》等。此外,袁枚在其亡妹逝世八年后安葬时写下的《祭妹文》;龚自珍托梅议政,揭露和抨击清朝封建统治者摧残人性的罪恶,表达了个性解放意识的《病梅馆记》等,也是清代文坛上的名篇佳作。特别值得提及的还有沈复所作的自传体长篇散文《浮生六记》(包括《闺房记乐》《闲情记趣》《坎坷记愁》《浪游记快》《中山记历》《养生记道》),以作者夫妇生活为主线,记述了平凡而又充满情趣的居家生活、悲欢离合的人生经历以及游历各地的所见所闻。文字不拘格套,清新真率,情感缠绵,悲切动人,别具感人魅力。

  在体式方面,中国古代散文也一直在不断创新。继汉赋之后,在魏晋南北朝时期形成了句子两两相对、典丽工整、声律铿锵的骈体文(因其以四字六字相间定句,又被称为"四六文"),如鲍照的《芜城赋》、孔稚珪的《北山移文》、庾信的《哀江南赋》等。唐宋时代出现了生动活泼、自然清新的游记散文,如柳宗元的《永州八记》、苏东坡的《石钟山记》等。明清时代,短小精悍、意味隽永的小品文创作大为兴盛,名篇佳作如张岱的《湖心亭看雪》、袁中道的《夜雪》、方苞的《辕马说》等。

三、引人入胜的小说与戏剧

  在中国古代文学史上,小说与戏剧的形成和发展要比诗歌、散文晚得多,但呈后来居上之势。戏剧曾在元代达至鼎盛,至明清时代,小说则成为文学的主导体裁。

(一)斑斓多姿的古典小说

小说是一种以虚构想象为基本方式,注重刻画人物、讲述故事、描写环境,能够更为广泛深入地反映社会生活的文体。不少学者认为,《左传》《战国策》中的历史故事是中国小说的萌芽,其根据即是这类作品有着注重刻画人物、讲述故事的特征。与诗歌、散文相比,小说的优势正是在于它可以在虚构的时空中,展示历历在目的环境,设计引人入胜的故事情节,塑造栩栩如生的人物形象。

1. 丛残小语的魏晋六朝小说

从渊源来看,"小说"的称谓最早见于《庄子·外物》中"饰小说以干县令,其于大达亦远矣"之语。庄子这里说的"小说",指的是不无贬义的琐屑粉饰之言,当然尚不具文学门类的意义,但就其"虚饰"性而言,似已可见后世小说特征之端倪。西汉刘向、刘歆父子的《七略》中提及:"又有小说家者流,盖出于街谈巷议所造。"东汉桓谭在《新论》中说:"若其小说家,合丛残小语,近取譬论,以作短书,治身理家,有可观之辞。"班固在《汉书·艺文志》中亦称:"小说家者流,盖出于稗官,街谈巷语,道听途说者之所造也。"由这些言论可知,作为明确文体概念的"小说",当形成于汉代。因"小说"虽有"可观之辞",终不过是"道听途说"之"小语",难登大雅之堂,自然也就难以得到重视,故而《汉书》中虽曾著录小说家书15种,计1380篇,但大多已散佚。至东晋时代出现的多记"树出血""草作人状"之类神奇怪异之事的干宝的《搜神记》,与南朝宋代出现的记录"何晏、邓扬令管辂作卦""魏武将见匈奴使"之类名人轶事的刘义庆的《世说新语》,虽已为后世冠以"志怪小说"与"轶事小说"之称,实际上大多仍不过是"街谈巷语,道听途说"之类的记录,且因人物塑造与故事情节的粗疏简略,也还只能算是小说的雏形而已。

2. 文辞华艳的唐传奇与宋话本

在我国，小说的真正发育成型、自成一体是在唐代。在唐代，小说虽仍被排斥在正统文学之外，但随着城市经济的繁荣，社会生活的富足，人们文化娱乐需求的多样化，以"作意好奇"为特征的小说终于为越来越多的人所重视，甚至为权贵所喜爱，故而当时举子们用作进身之阶的"温卷"中，竟也多有"传奇"之作。正是这样的社会文化背景，为传奇小说的发展提供了机遇。唐传奇中虽不乏神灵鬼怪之类内容，但在成功之作中，多是关于现实生活的人物与人间世态的描写。如元稹的《莺莺传》讲述的是贫寒书生张生对没落贵族女子崔莺莺始乱终弃的故事；白行简的《李娃传》讲述的是名妓李娃救助落难的荥阳公子郑生的故事；蒋防的《霍小玉传》讲述的是风尘女子与负心寡情的书生李益之间的爱情悲剧。与南北朝时期出现的篇幅短小、文笔简约的"志怪小说"与"轶事小说"相比，唐传奇不仅篇幅加长，故事完整，情节复杂，文笔细腻，人物刻画鲜明生动，正如鲁迅在《中国小说史略》中指出的"叙述宛转，文辞华艳，与六朝之粗陈梗概者较，演进之迹甚明"。

至宋元时代，随着"说话"即民间所谓"说书"这一行业的日渐发达，对"话本"需求的大增，进一步刺激了小说创作。仅据罗烨《醉翁谈录》的统计，宋代话本的数目已有150种之多。与唐传奇相比，由于话本必须顾及听众的能力与兴趣，所以白话色彩加强，在内容方面也更为广泛，除神怪之类的传奇故事之外，出现了《错斩崔宁》《快嘴李翠莲记》等一批描写现实生活的作品，以及《大宋宣和遗事》《新编五代史平话》等长篇讲史之作。这些作品在语言、结构、取材、人物描写等方面的探索，为明清小说的兴盛奠定了坚实的基础。

3. 走向繁盛的明清小说

明清时代是中国古典小说发展的高峰期。在这一时期，小说创作极为活跃，不仅作品纷涌，且品类众多。有讲史演义小说，如《三国演义》

（罗贯中）、《水浒传》（施耐庵）等；有神怪小说，如《西游记》（吴承恩）、《聊斋志异》（蒲松龄）、《绿野仙踪》（李百川）等；有世情小说，如《金瓶梅》（兰陵笑笑生）、《歧路灯》（李绿园）、《红楼梦》（曹雪芹，又名《石头记》）等；有公案侠义小说，如《龙图公案》（安遇时）、《三侠五义》（石玉昆）等；有谴责讽刺小说，如《儒林外史》（吴敬梓）、《官场现形记》（李伯元）、《老残游记》（刘鹗）等。这些作品不论在语言表达还是在描写生活的深度与广度方面，不论在叙述故事还是在刻画人物方面，都达到了很高的水平。

其中，明代的《三国演义》《水浒传》《西游记》及清代的《红楼梦》被公认为中国古代文学史上的四大名著，对后世产生了极为深远的影响。《三国演义》（见图5-9）是中国第一部长篇章回体历史演义小说。其以宏伟的结构和明快流畅的浅近文言，通过对曹操、刘备、张飞、关羽、诸葛亮等一大批历史人物的形象刻画，以及波澜壮阔的战争场景的描写，生动地再现了从东汉末年到西晋初年之间百余年的历史风云，是一部形象化的魏、蜀、吴三国兴亡史。作品视野宏阔，意蕴深厚，既有对暴虐不仁的豪强人物的批判，又有对理想化的政治英雄的向往；既流溢着对战乱所致的人间灾难的悲悯与同情，也包含着对"天下致乱之由"的深沉历史反思。《水浒传》（见图5-10）是中国历史上最早用白话文写成的长篇章回小说，描写的是北宋末年，以宋江为首的108位好汉在梁山聚义，后被朝廷招安的故事。小说的巨大艺术成就在于以传神的笔墨成功地塑造了宋江、吴用、李逵、鲁智深、林冲、武松等众多栩栩如生、有血有肉的人物形象。在思想内容方面，虽存在"只反贪官，不反皇帝"以及鼓吹"忠义"之类的时代局限，但在呼唤正义、反抗邪恶，揭露当时"官逼民反"的黑暗社会现实，暴露统治阶级的腐朽等方面，是有重要历史进步意义的。《西游记》取材于唐代著名高僧玄奘的《大唐西域记》与民间传说，是中国古代第一部浪漫主义长篇神魔小说，主要描写的是孙悟空、猪八戒、沙僧三人保护唐僧西行取经途中,不断降妖伏魔,历尽磨难,终于见到了如来佛祖的经过。作品借助一个绚丽莫测的神话世界,尤其是通过对超凡入圣、敢作敢为的孙悟空这一奇特形象的塑造,鞭笞了邪恶势力,表现了对真善美的向往。

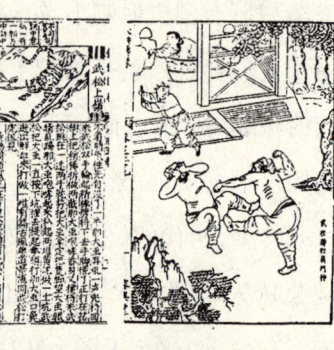

图5-9　《三国演义》插图(金陵万卷楼本)　　图5-10　《水浒志传评林》插图(双峰堂刊本)

清代文坛上出现的《红楼梦》,通常的看法是前80回为曹雪芹著,后40回为程伟元、高鹗续作。小说以贾、史、王、薛四大家族的兴衰为背景,以贾宝玉、林黛玉、薛宝钗三人之间的爱情婚姻为主线,通过对贾府中的生活场景以及上至皇宫、下及乡村的广阔历史画面的描绘,显示了封建贵族阶级及其家庭必然衰败的历史命运,批判了腐朽的传统道德观念。与依据历史史料或前人已有相关著述而完成的《三国演义》《水浒传》《西游记》不同,《红楼梦》是一部全然虚构的个人独创性小说。作者主要是以自己人生阅历与生活体验为基础,以卓越的才情与想象智慧,描绘出了以贾府、大观园为主体的令人着迷的艺术世界,塑造出了贾母、贾宝玉、林黛玉、薛宝钗、王熙凤、探春、史湘云、秦可卿、袭人、晴雯等数十个独具个性的人物形象。由于思想内涵的丰富与写人、叙事手法的高超,《红楼梦》被公认为中国古典小说的巅峰之作。按王国维在《红楼梦评论》中的论断,这是一部"宇宙之大著述",是"我国美术上之唯一大著述"。在我国学术界,由研究这部作品而形成的"红学",也早已成为一个重要的专

业领域。(见图5-11)

除四大名著之外,明清小说的创作成就还表现在:第一,早在《红楼梦》问世之前的明隆庆至万历年间,就已出现了中国第一部文人独立创作的以现实生活为题材的长篇白话小说《金瓶梅》(5-12)。虽然太多模式化、直露化的秽亵描写影响了这部小说的价值,但它对于中国古代长篇小说的创作实践而言,是有重大开拓意义与历史转折意义的。不少学者认为,《红楼梦》的问世即与《金瓶梅》的影响有关。第二,明

图5-11 《红楼梦图咏》插图之黛玉(清乾隆五年原刻本)

代的白话短篇小说的创作也进入了一个繁盛时期。其标志性作品是成就最高、影响最大的冯梦龙编纂的"三言"(《喻世明言》《警世通言》《醒世恒言》)和凌濛初编的"二拍"(《初刻拍案惊奇》《二刻拍案惊奇》)。"三言"是我国文学史上第一部规模宏大的白话短篇小说总集,作品题材广泛,内容复杂,或揭露了封建官僚的丑恶,或鞭笞背信弃义的无良行径,或歌颂人间纯真的友谊与爱情,从不同角度反映了当时市民阶层的生活面貌和思想感情。"二拍"的题材与思想内容与"三言"大致相同,是作者根据野史笔记、文言小说和当时的社会传闻创作而成的。第三,在清代文坛出现了中国文学史上第一位当之无愧的世界级的短篇小说大师——蒲松龄,其作品集《聊斋志异》,描写的大多是鬼怪故事。有人妖之恋,如《青凤》《娇娜》《婴宁》《香玉》等;有人鬼之恋,如《林四娘》《莲香》等;有人魂附动物之体,如《促织》《阿宝》等;亦有神仙腐败,官吏枉法,

图5-12 《金瓶梅》插图（中正堂刊本）

如《席方平》《伍秋月》等。作者笔下的许多人物虽是鬼狐精怪的化身，但体现出的却是美好的人性。如天真烂漫、聪敏机灵、笑容迷人的狐女婴宁（《婴宁》），心地纯正、乐于助人的狐女辛十四娘（《辛十四娘》），勤劳善良的美丽女鬼聂小倩（《聂小倩》）等。在这些故事与人物身上，隐含着作者对压抑人性的社会现实的批判，对人间丑陋与邪恶的"孤愤"，寄托着作者对人间美好生活的向往。在艺术方面，作者使用的是简洁而优雅的文言，与造奇设幻、真幻结合的叙事方法，形成了独特的艺术特色，标志着中国文言短篇小说的最高成就。

（二）后来居上的戏剧艺术

作为文学作品的形态之一，基于戏剧表演需要而产生的剧本，是随戏剧表演本身的发展而发展的。在中国历史上，戏剧表演萌芽于先秦至唐代，成形于宋金，兴盛于元代。与戏剧表演的形成同步，戏剧剧本亦当成形于宋金时代，可惜未有作品流传下来。

与元代蒙古统治阶层对戏剧表演的特别喜爱有关，中国戏剧文学的创作亦勃兴于元代，以戏剧剧本的创作卓立于元代文坛的著名作家就有关汉卿、王实甫、白朴、康进之、纪君祥、郑光祖等人。尤其是享有"中国的莎士比亚"之称、1958年被世界和平理事会推举为"世界十大文化名人"之一的一代戏剧大师关汉卿,一生创作的剧本有70多种,传世名作即有《窦娥冤》(见图5-14)、《拜月亭》、《单刀会》等。元人贾仲明曾在吊词中称关汉卿为"驱梨园领袖,总编修帅首,捻杂剧班头"①,可见其在元代剧坛上的地位。另如王实甫的《西厢记》、白朴的《梧桐雨》、康进之的《李逵负荆》、纪君祥的《赵氏孤儿》、郑光祖的《倩女离魂》和高明的《琵琶记》等,也都是中国戏剧史上不可多得的佳作。

图5-13 《窦娥冤》插图(明·臧懋循《元曲选》)

至明清时代,随着社会文化的进步与经济的发展,戏剧文学的思想与艺术水平又有了很大的提高。在明代文坛上出现的汤显祖的《牡丹亭》,

---

① (元)钟嗣成、贾仲明著,浦汉明校:《新校录鬼簿正续编》,巴蜀书社1996年版,第49页。

描写了杜丽娘与柳梦梅动人心魄的生死之恋，有力地揭露了封建礼教的罪恶，在刻画人物方面的抒情笔墨也深切传神，特别是剧中由"步步娇"与"皂罗袍"两支曲子所描绘的那幅少女伤春图，一直为后人所称道。在清代文坛上，则出现了有"南洪北孔"之称的著名剧作家洪昇与孔尚任，二人分别为中国古典戏剧文学贡献了《长生殿》与《桃花扇》两部艺术珍品。洪昇的《长生殿》，取材于唐明皇李隆基与杨贵妃的爱情故事，情节曲折，结构精妙，文词优美，场面壮观。思想内容亦丰富深刻，既有对理想爱情的赞美，也有对李杨爱情所带来的政治后果的批判，又有对当时社会的阶级矛盾、统治阶级的内部矛盾与民族矛盾的揭露。孔尚任的《桃花扇》，以明代才子侯方域与秦淮歌妓李香君悲欢离合的爱情故事为线索，将统治阶级内部的派系斗争交织于其中，将人物的不幸遭遇与国家命运紧密地联系在一起。这部作品不仅真切地再现了动荡不安的明末社会，在广阔的社会背景上塑造了众多个性鲜明的人物形象，也痛切地抒发了作者的"兴亡之感"，流露出作者对人性的叩问。

中国文学史上的戏剧创作虽起步较晚，却有后来居上之势，一个重要原因在于其综合吸取了诗歌的抒情性与小说的叙事性优势，在表现能力方面大大超越了其他文体。与古希腊时代即已兴盛发达的西方戏剧相比，晚起的中国戏剧也以独到的艺术格局，以关汉卿、汤显祖这样的戏剧大师，赢得了世界性声誉。与西方戏剧创作中曾经有过的"三一律"结构规则、贵族化倾向以及悲喜剧的界分不同，中国戏剧从一开始，在内容方面就表现出民间化、大众化的倾向，在审美形态方面常融悲喜为一体，在情节安排、场景转换、台词设计等方面也较为灵活自由。这一切都为中国戏剧的发展提供了广阔的空间，并使之形成了中国戏剧特有的艺术风范。

四、古典文学的艺术特色

源远流长的中国古典文学,是在华夏大地的历史背景上形成的,是东方文明的结晶。由于地理环境、生产方式、生活方式、思想情感与文化心理的差异,在语言、意境、技巧、体式等方面,中国文学也表现出不同于西方文学的独特艺术品格。

(一)古典文学的语言之美

文学是语言的艺术,因此,语言美应是文学艺术美的首要标志。而正是在这方面,中国古典文学有着自己的突出特色。从作品来看,不仅诗歌词曲之类的韵文创作讲究文词工丽,生动优美,韵律和谐,铿锵响亮;在散文中,也讲究用语严谨,体物入微,字斟句酌,情采飞扬。刘勰所谓"声转于吻,玲玲如振玉;辞靡于耳,累累如贯珠矣。是以声画妍蚩,寄在吟咏,吟咏滋味,流于字句,气力穷于和、韵"[①],便正是对中国古典文学语言美的总结。中国古代典籍中诸如《孟子》《庄子》《韩非子》以及韩愈的《原毁》《师说》、柳宗元的《捕蛇者说》等,虽意在论理,但之所以至今仍被视为优秀的文学作品,在很大程度上便是与其语言美有关。

中国古典文学的语言美,首先是得利于汉语言本身就具有的独到的艺术潜质。中国古典文学的主体是汉语文学,而汉字本身便是人类语言中最富于表现力的文字符号之一。与表音化、字母化、音节复杂的西语相比,中国的汉字呈现出表意为主、单字独义、单字单音以及四声平仄之分的特征。正是与"象形""指事""会意"之类表意性相关,汉字本身就体现出构成文学作品基质的形象美;正是由于汉字的单字独义性,使中国文学作品的语言更易达到自由洒脱、凝练简洁的境界,可以更充分地实现

---

① (南朝梁)刘勰:《文心雕龙·声律》。

"言有尽而意无穷"的审美效果;正是与汉字的单字单音性以及四声平仄之分相关,中国诗词及其他韵文中音节、词性、声调、语法结构方面的对仗、粘连、节奏、排比之类的形式美才有了可能。

中国古典文学的语言美,除了得益于汉语言文字本身的特点外,另一重要原因在于,中国传统文论中,尽管注重"文以载道",却也不曾偏废过"文"本身的作用。许慎《说文解字》云:"文,错画也,象交文。"意指"文"是由线条交错组合而成的一种图案,可引申为对自然质地的事物的修饰与加工,此即"文"之本义。正是在此意义上,孔子早就指出"言之无文,行而不远"①"情欲信,辞欲巧"②这类见解即充分体现了古圣先贤对"语言"表现功能的高度重视。同理,用之于文学,"文"也就是指,在写作过程中,要注重技巧,要把文句写得漂亮。至魏晋时代,文学门类日渐独立之后,"文学"之"文"的这一含义进一步得以确立。曹丕在《典论·论文》中指出"奏议宜雅,书论宜理,铭诔尚实,诗赋欲丽",陆机在《文赋》中亦宣称"诗缘情而绮靡",刘勰在《文心雕龙》中,也将"直而不野,婉转附物""清典可味"之类视为诗歌行文的妙境。正是基于对"文"的独立价值的认识与看重,中国古代作家十分重视字句的推敲。唐代大诗人杜甫曾宣称"语不惊人死不休"(《江上值水如海势聊短述》),卢延让曾慨叹"吟安一个字,捻断数茎须"(《苦吟》),贾岛也曾提及"二句三年得,一吟双泪流"(《题诗后》)的创作过程。由此可见中国诗人在文学语言方面的求索精神。我们常常引以为豪的中国古典文学的辉煌成就,与这样一种对语言自身的精妙追求是分不开的。值得反思的是,进入20世纪以来,由于思想启蒙与社会革命成为历史运行的轴心,直接为之服务的功利性成为文学关注的主要目标,甚至成为唯一追求。与之相关,文学语言的"口语化""大众化"受到片面推崇,使其艺术特质一度遭到掩

---

① 《左传·襄公二十五年》。
② 《礼记·表记》。

抑,文学语言的自觉意识也曾长期淡化,从而影响了现当代文学的成就。正因如此,中国古典文学所体现出来的语言美,就更具有现实启示意义。

(二)古典文学的意境之美

意境,是中国古代诗学中的一个重要理论范畴,主要是指诗歌作品中呈现出来的情景交融、虚实相生,属于作者主观范畴的"意"与属于物象客观范畴的"境"完美融合而形成的一种"言有尽而意无穷"的艺术境界。(见图5-14)

在西方,与注重主客二分的思维方式以及亚里士多德"摹仿说"的影响有关,其诗歌作品中的理性意念成分更为突出,也更注重"再现"与"写实"。而在我国,与注重"天人合一"的思维方式有关,诗人们在创作过程中,不论涉及自然景物、生活场景,还是个人胸臆,都力戒直露,务求含蓄;都在避免冷静地摹写现实,而设法以特定的意象组合构成某种意境,诱发读者身临其境,自己去体悟其中的思想与意绪。正如唐人司空图所强调的"不着一字,尽得风流"(《诗品》),以及宋人严羽所说的"如空中之音,相中之色,水中之月,境中之象""羚羊挂角,无迹可求"(《沧浪诗话》)。中国文学史上的许多优秀诗作,令人着迷的魅力正在于这样一种诱人遐思不尽的意境美。如柳宗元的《江雪》:"千山鸟飞绝,万径人踪灭。孤舟蓑笠翁,独钓寒江雪。"表面上写的不过是冰天雪地中一个老人在独自钓鱼的场景,

图5-14 明·陈裸《画王维诗意图》

第五章 古典文学与传统文化精神

但透过特定的意象组合,令人体味到的是诗人独立不羁的情怀,令人联想到的是诗人昂然不屈的人格追求。又如元人马致远的小令《天净沙·秋思》,表面看来,似乎只是"枯藤""老树""昏鸦""小桥""瘦马"之类意象的随意组合,且句式亦不合语法逻辑,但读者却会为整体意境所打动,在吟诵时生出孤寂之情与家园之思。而这,正是中国古典诗歌的魅力所在。

即使在通常所说的叙事诗中,中国古代诗人的笔墨重心亦往往不重写实性的"事件"叙述或"人物"刻画,而仍在于情景交融的意境创造。如白居易的《长恨歌》,虽以唐明皇李隆基与杨贵妃的恋爱故事为题材,但其中并无多少关于李杨恋爱情节的讲述与相关场面的正面呈现,亦无关于杨贵妃美貌的精细刻画,而是以"云鬓花颜金步摇,芙蓉帐暖度春宵""回眸一笑百媚生,六宫粉黛无颜色""玉容寂寞泪阑干,梨花一枝春带雨"之类意象化语言,构成了体味无穷的诗意空间,给人以心醉神迷的审美体验。正因如此,李杨故事虽已为人熟知,而《长恨歌》仍能令人百读不厌。

中国古典文学的这样一种意境美,在以写实为主体的小说作品中也有充分体现。如《三国演义》《水浒传》《红楼梦》等,虽均属再现性很强的现实主义作品,但与同具现实主义特征的西方小说不同,在有关楼台亭阁、园林花木之类的景物描写中,亦每每意味浓郁,更富有诗情画意。

(三)古典文学的技巧之美

文学,作为一门艺术,审美价值还表现在作品的谋篇布局、修辞手法、表现技巧等方面,而在这些方面,中国诗人、作家也表现出了卓越的才情与智慧。

在中国的诗歌等抒情作品中,自《诗经》开始就注重比、兴手法的运用。按朱熹的解释:"比者,以彼物比此物也";"兴者,先言他物以引起所咏之词也"(《诗集传》卷一)。而实际上,中国古代诗歌中的比,除体现为一般修辞格意义上的比喻、比拟之外,还常常呈现出整体性象征的意味。中国古代文论中,虽未出现"象征主义"术语,但从其创作实际来看,像《诗经》中的《硕鼠》《鸣雁》、屈原的《橘颂》、陆游的《咏梅》等这样一些类乎西方现代派文学中的"象征"之作,早已自成格局,大量可见。兴,除了朱熹所说的引发情思外,同时往往亦有着情感铺垫、渲染气氛、统领全篇及烘托意境的作用。如《孔雀东南飞》的首句"孔雀东南飞,五里一徘徊",似乎与下文中焦仲卿与刘兰芝的婚姻悲剧无关,但其"孔雀徘徊"之意象,不仅为全诗确立了感伤的情感基调,且与焦仲卿"徘徊庭树下,自挂东南枝"及人物死后化为双鸟的结尾前后呼应,达致托物寄情之效,增加了作品和谐完美、浑厚完整的意蕴。另如中国诗人根据民族语言特征而创造的平仄、对仗、粘连之类,也是中国文学中特有的艺术技巧。

在小说、戏剧之类叙事性作品中,中国作家的出色技艺表现在:善于以精到的笔墨、个性化的语言,及鲁迅先生所称许的"白描"手法,历历在目地展示场景,生动逼真地刻画人物。在一些名家笔下,往往着墨不多,人物已个性毕现。正如金圣叹在评点《水浒传》的艺术成就时所推赏的:"叙一百八人,人有其性情,人有其气质,人有其形状,人有其声口。"(《水浒传·序三》)另如在《红楼梦》中,不唯贾宝玉、林黛玉、王熙凤等主要人物栩栩如生,即使夏婆子、赵嬷嬷这样一些不过闪现一鳞半爪的人物,也给读者留下了深刻的印象。司马迁的《史记》,本系历史著作,之所以又被视为有着很高价值的文学作品,很大程度上也是与其在写人记事方面所达到的高妙境界有关。

(四)古典文学的体式之美

中国古典文学作品的审美品格,还表现在体式纷繁,风格多样。

以语体论,在诗歌领域,先后出现了以四言为主体的《诗经》,以五言为主体的乐府诗,也出现了句式自由灵活的"骚体"诗,又有取象用语、声调平仄有着严格要求的格律体;在小说领域,既有《聊斋志异》那样典雅的文言体,也有"三言"、"二拍"、《金瓶梅》那样的古代白话体。以语言风格论,既有高古的诸子散文,也有取范于民间的话本、散曲,又有雅俗共赏的《三国演义》《水浒传》《三侠五义》等。以文体论,在诗歌方面,既有汉代乐府体、五七言古体,又有格律严谨的近体;在小说方面,有笔记体、话本体,又有章回体;在散文方面,既有自由随意的小品体,也出现过整齐工整的骈文体;在戏剧方面,既有以歌舞讲唱为主的大曲、鼓子词,也有"曲白相生"、演唱与叙事相结合,适于舞台演出的元杂剧等。以作品的整体风格来看,既有重写实的《儒林外史》《老残游记》,又有以浪漫想象为主的《离骚》《洛神赋》《西游记》,亦有融写实、象征、神话传说、夸张幻想为一体的《红楼梦》《窦娥冤》《长生殿》等。正是这样纷繁的体式与多样化的风格,使中国古代文学呈现出千姿百态的繁荣景象。

在充分肯定中国古典文学辉煌艺术成就的同时,我们当然也应清醒地意识到,与传统文化中的某些局限与独特的艺术渊源有关,与西方文学相比,中国古典文学也存在着某些方面的不足。

由于过分注重格律、用典及字句的刻意经营之类,中国古代的诗歌散文虽形成了言近旨远、精粹简约的审美风格,但同时也常见迂晦玄奥、艰涩费解、脱离大众之类的缺陷,此正系"五四"时代白话文运动的合法性之所在。另外,这类缺陷,也抑制了中国古代汉语诗歌体式的进一步发展,使之没能出现如同西方文学史上惠特曼的《草叶集》那样一种气势磅礴的自由体,亦没能产生出如同歌德的《浮士德》、拜伦的《恰尔德·哈洛尔德游记》《唐璜》那样的长篇叙事诗体。

与"温柔敦厚""怨而不怒""哀而不伤"之类儒家信条的影响有关,在中国古代小说与戏剧作品中,其内容的配置往往是以美善为主体,以丑恶为陪衬,缺乏像西方文学史上的《神曲》《威尼斯商人》《伪君子》《名利场》那样一些以鞭挞丑恶为主体的作品。在情节结构中,亦常见"善人总有善终,恶人总有恶报"、落难公子往往状元及第、有情人终成眷属、冤案总会得以昭雪之类的"大团圆"结局,即如《西厢记》《长生殿》《桃花扇》这类优秀作品竟也未能超越。甚至在伟大的《红楼梦》中,也出现了"兰桂齐芳"的光明尾巴。这样一种结构模式,不仅陈陈相因,缺乏创造性,同时也粉饰了现实,影响了中国文学中悲剧美的形成。此外,由于中国传统小说更多地受到了纪传体史书的影响,在人物刻画方面,也多以外在言行为主,缺少西方文学作品中常见的对人物内心世界的细致入微的开掘。在叙述程序方面,也多以时间先后为序,正如一位当代学者曾经指出的:中国文言小说多以时间先后次第叙事,时空调度变化不大;少量倒叙、补叙等手法的运用也是源自史书,与西方小说深受戏剧影响形成的大幅度时空调度的叙事风格仍有质的区别。[①]而这类不足,也影响了中国小说叙事功能的拓展以及小说文体本身的发展。

五、古典文学对中华传统文化的影响

中国古典文学,是中华传统文化的重要组成部分,也是中华民族人文精神的集中体现。所谓人文精神,是与科学精神相对而言的,从根本上说,是指人生信念、社会理想、生存方式等方面的价值追求。与西方源起于古希腊时代的以主客对立、渴望征服自然为主导的文化视野不同,中华传统文化中更为丰富地蕴含着关于人的自我修养、人类社会本身的秩序建设、人与自然的关系之类人文精神。正是这些方面的人文价值追求,影响了一代代中国诗人、作家的心灵,形成了中国古典文学鲜明的精神个性。

---

① 参见杜贵晨:《中国古代小说散论》,山东文艺出版社1993年版,第28页。

(一)刚正不屈的人格追求

恪守正义,坚持真理,刚正不屈,崇尚气节,是中华传统文化特别看重的人格风范。孔子所赞叹的"三军可夺帅也,匹夫不可夺志也"①,孟子曾标举的"富贵不能淫,贫贱不能移,威武不能屈"②"说大人则藐之,勿视其巍巍然"③等,推崇的正是这样一种人格特征。据《左传·襄公二十五年》载,齐国大臣崔杼,杀死庄公,"大史书曰'崔杼弑其君',崔子杀之。其弟嗣书而死者二人。其弟又书,乃舍之。南史氏闻大史尽死,执简以往。闻既书矣,乃还"。这几位较早见之于史册的齐国文人,即可谓中国知识分子的人格楷模,在他们身上表现出来的不畏强暴、刚烈不屈的精神,一直为后世所赞赏,并构成了中华传统文化中旺盛的脉绪。在不同时代,大义凛然如齐史官那样的诗人、作家,纷涌迭现,不可胜数。遭到佞臣陷害而被放逐的屈原,不顾个人得失,仍在《离骚》中昂然宣称:"謇吾法夫前修兮,非世俗之所服;虽不周于今之人兮,愿依彭咸之遗则。"司马迁尽管因为李陵辩护而受宫刑,但仍刚正不阿,在出狱后写作的《史记》中,仍秉笔直书当朝开国皇帝刘邦的无赖言行与奸诈性格,对于同时代的汉武帝的奢侈浪费、迷信方士之类,也给予了大胆的讽刺与批判。不肯与黑暗官场同流合污的晋代诗人陶渊明,勇敢挑战世俗,决然归隐,在晚年陷入"偃卧瘠馁"之境时,仍不肯为五斗米折腰。柳宗元因积极参与当时撤办贪官污吏之类的政治改革而遭到迫害,贬逐永州之后,亦仍固守高洁,"独钓寒江"。此外,在面对强暴、愤然不屈的窦娥(关汉卿《窦娥冤》),在大义凛然的李香君(孔尚任《桃花扇》),在敢于反叛天庭的孙悟空(吴承恩《西游记》)等这样一些文学形象身上,闪射出的也是有着铮铮铁骨的中国古代作家的人格光辉。

---

① 《论语·子罕》。
② 《孟子·滕文公下》。
③ 《孟子·尽心下》。

在国难当头、外敌入侵的历史背景下,这种人格精神又常常化为"人生自古谁无死,留取丹心照汗青"(文天祥《过零丁洋》)、"壮士未与年俱老,死去犹能作鬼雄"(陆游《书愤》)、"今生已矣,来世为期。万岁千秋,不销义魄。九天八表,永厉英魂"(夏完淳《土室馀论》)这样一种精忠为国、不屈不挠的民族气节。这里特别值得提及的是,本以婉约风格著称的女词人李清照,也曾写下过"生当做人杰,死亦为鬼雄。至今思项羽,不肯过江东"(《乌江》)的雄健之作。

文学,是一种最富于个性气质与独立人格追求的精神创造活动,只有缘此产生的诗文,才能见出刘勰在《文心雕龙》中所推重的"风骨",才能"刚健既实,辉光乃新"。在中国古典文学史上,虽亦不乏奉帝王之命而为之的点缀升平、歌功颂德,甚至阿谀奉迎的"应制"之作,如明初诗坛上出现的杨士奇、杨荣等人为代表的台阁诗等,但毕竟为人所不齿,不能代表中国古典文学的主流方向。而真正代表中国文学的伟大成就,时常回荡在历代读者心头的正是那些充分张扬刚正不屈的人格精神之作。

(二)救世济时的道德信念

中国古代文人向以济时救世、安顿天下为己任,有着强烈的"天下兴亡,匹夫有责"的使命意识,向往着一个没有压迫、没有剥削、自由平等的人间乐园。孟子所设想的"老吾老,以及人之老;幼吾幼,以及人之幼""仰足以事父母,俯足以畜妻子,乐岁终身饱,凶年免于死亡"[①],宋人范仲淹在《岳阳楼记》中所称颂的"不以物喜,不以己悲""先天下之忧而忧,后天下之乐而乐",杜甫所希冀的"致君尧舜上,再使风俗淳"(《奉赠韦左丞丈二十二韵》)、"安得广厦千万间,大庇天下寒士俱欢颜"(《茅屋为秋风所破歌》)等,体现的正是这样一种道德情怀。

---

① 《孟子·梁惠王上》。

正是出于匡正天下的使命意识，经世致用、文以载道成为中国古代文学创作的主导追求。早在汉代，桓谭就已在《新论》中提出了对"美而无采"的"丽文"的批判；唐代的陈子昂、李白等人亦曾标举"风雅"，痛恨六朝以来的浮艳诗风，白居易则明确主张"文章合为时而著，歌诗合为事而作"（《与元九书》）。从创作实践来看，中国诗人、作家常以嫉恶如仇的犀利笔触，抗拒着社会的不公，抨击着现实的黑暗，倾诉着民间的疾苦。在我国第一部诗歌总集《诗经》中，已多见这类惊心动魄之作。如《伐檀》《硕鼠》《鸨羽》《黄鸟》等诗篇，尖锐地讥讽了疯狂掠夺的贵族，愤怒地控诉了奴隶社会的残酷与野蛮，发出了"悠悠苍天！曷其有所"的厉声斥问。在此后不同的历史时期，如控诉战乱、悲悯生灵的作品，如王粲的《七哀诗》，杜甫的"三吏"、"三别"、《北征》，张养浩的著名散曲《潼关怀古》等，揭露统治者骄淫奢侈、横征暴敛的作品，如柳宗元的《捕蛇者说》、白居易的《卖炭翁》、关汉卿的《窦娥冤》及蒲松龄的《促织》《席方平》等，层出不穷，构成了中国古代文学史上震撼人心的一大序列。

正是出于对人间乐园的向往，中国古代的诗人、作家，或以豪迈的气势、赤诚的胸襟，写下了大量诸如"安得壮士挽天河，净洗甲兵常不用"（杜甫《洗兵马》）、"我劝天公重抖擞，不拘一格降人材"（龚自珍《己亥杂诗》）之类渴望战乱永弭、呼唤人间太平、向往自由平等的诗篇；或以浪漫主义的艺术手法，虚构出一个"土地平旷，屋舍俨然""不知有汉，无论魏晋"、男女老少怡然自乐的"桃花源"世界（陶渊明《桃花源记》）；或想象出一个人们相互谦让、连官场权贵亦和蔼可亲、清廉俭朴的"君子"之国（李汝珍《镜花缘》）；或以粗犷的笔墨塑造了武松、李逵、鲁智深（施耐庵《水浒传》）、黄天霸（《施公案》）、十三妹（文康《儿女英雄传》）、白玉堂、蒋平（《三侠五义》）等众多"路见不平，拔刀相助""解困济危，舍己为人"的英雄好汉、侠客义士的形象。

（三）自强不息的奋进精神

在中国古代诗人、作家笔下，虽不乏由于世事渺茫、生活困顿或仕途失意而生出的人生无常的悲叹和梦幻破灭的哀怨之类，但构成文学史主调的则是高亢激越、自强不息的奋进精神。具体表现在以下几个方面：

一是渴望建功立业的壮志豪情。曹操那句"老骥伏枥，志在千里；烈士暮年，壮心不已"（《龟虽寿》），千百年来，一直鼓舞着许多人的心灵。陈子昂的"感时思报国，拔剑起蒿莱"（《感遇诗》）、王维的"莫嫌旧日云中守，犹堪一战取功勋"（《老将行》）、陆游的"夜阑卧听风吹雨，铁马冰河入梦来"（《十一月四日风雨大作》）等诗句，至今读来，仍令人振奋不已。尤其是在唐代大诗人李白笔下，那些"抚剑夜长啸，雄心日千里"（《赠何七判官昌浩》）、"气岸遥凌豪士前，风流肯落他人后"（《流夜郎赠辛判官》）的狂放诗句，更是以其英姿逼人之状，激人奋发。这位杰出的浪漫主义诗人，直至逝世前，在其绝笔之作《临终歌》中，仍以大鹏自况，字里行间喷涌出来的仍是渴望"飞振兮八裔""风流兮万世"这样一种豪气与雄风。

二是坚不可摧的英雄气概。从"精卫填海""大禹治水"之类的神话故事中即可见中华民族早在创生之初就已形成的不屈不挠的奋进精神。后世的许多作品，亦常是缘于这样一种精神而为人推赏。"我是个蒸不烂、煮不熟、捶不扁、炒不爆、响当当一粒铜豌豆"，"你便是落了我牙、歪了我嘴、瘸了我腿、折了我手，天赐与我这般儿歹症候，尚兀自不肯休"——关汉卿的这一名曲《不伏老》，便正是缘于其中汹涌的刚烈决绝之气，而成为文学史上的一个亮点。在司马迁笔下，那位兵败垓下的项羽，之所以千古为人传颂，亦正在于其虽然身陷绝境而决不气馁，毅然率部下"下马步行，持短兵接战"，一直战斗到最后一刻的英雄本色。另如《水浒传》《西游记》《三侠五义》等小说作品，之所以深为中国人所喜爱，重要原因也在于作家生动地刻画了一系列敢作敢为、大呼猛进的英雄豪杰形象。

三是积极乐观的人生态度。无论面对社会危局、时代忧患,还是人生挫折,中国诗人、作家常常表现出一种积极乐观的情绪。"初景革绪风,新阳改故阴。池塘生春草,园柳变鸣禽。"(《登池上楼》)在久卧病床,且仕途失意的东晋诗人谢灵运笔下,仍透露出这样一种欣欣向荣的春之气息。唐代诗人刘禹锡在被贬官23年之后,仍如此豪迈地写道:"沉舟侧畔千帆过,病树前头万木春。"(《酬乐天扬州初逢席上见赠》)。深谙多灾多难之中国历史的近代思想家梁启超,戊戌政变失败之后亡命日本时,犹写下了《少年中国说》这样一篇充满乐观主义激情的政论散文。文中写道:"天载其苍,地履其黄。纵有千古,横有八荒。前途似海,来日方长。美哉我少年中国,与天不老!壮哉我少年中国,与国无疆!"对祖国美好未来的憧憬,感人肺腑。

中国古典文学,正因这样一种不屈不挠的奋进精神,增强了刚劲的风骨与神韵;也正是这样一种自强不息的豪情,构成了中华民族不息的生机与活力。

(四)自由率真的生命向往

在中国古代文学理念中,虽然一直十分重视厚人伦、美教化、文以载道之类功利目的,但与此同时,在文学史的长河中,反抗不合理的封建礼教束缚的呼声,也时成声势;鄙弃世俗名利,傲视权贵,自由放达,率真任性,敢爱敢恨的生命追求,亦震撼千古。中国最早的诗论典籍《毛诗序》就已指出,诗歌创作的特征是"情动于中而形于言。言之不足,故嗟叹之;嗟叹之不足,故咏歌之;咏歌之不足,不知手之舞之,足之蹈之也"。唐代诗人韩愈强调"物不得其平则鸣"(《送孟东野序》)。明代思想家李贽亦强调好文章乃出自"绝假纯真"之"童心"(《童心说》),故应顺性而为。另一位明代学者洪应明在《菜根谭》中说得更为明确:"人心有一部真文章,都被残编断简封锢了;有一部真鼓吹,都被妖歌艳舞湮没了。学者须扫除万物,直觅本来,才有个真受用。"这些文论主张体现出来的正是中国古代文学中更富于现代人性精神的生命渴望。

从具体文学作品来看,在诸如"被褐出阊阖,高步追许由。振衣千仞岗,濯足万里流"(左思《咏史》其五)、"我本楚狂人,凤歌笑孔丘"(李白《庐山谣寄卢侍御虚舟》)、"安能摧眉折腰事权贵,使我不得开心颜"(李白《梦游天姥吟留别》)、"两岸舟船各背驰,波痕交涉已难为。只余鸥鹭无拘管,北去南来自在飞"(杨万里《初入淮河》)之类诗作中,涌动着的亦正是这样一种渴望自由之情。在蒲松龄笔下那个直言快语、敢笑敢闹、"狂而不损其媚"的婴宁;《红楼梦》中厌读"四书五经"、藐视功名利禄的贾宝玉、林黛玉;《儒林外史》中笑傲王侯、不慕荣华,向往"天不收,地不管"之生活境界的杜少卿、王冕;《水浒传》中言行无羁、富有反抗精神的鲁智深、李逵等人物形象身上,也无一不体现了中国古代作家内在心性的自由放达。

这样一种生命追求,尤其见之于许多大胆追求纯真爱情的作品中。如《诗经》中的《关雎》《将仲子》,唐诗中李商隐的《无题》,宋词中李清照的《醉花阴·薄雾浓云愁永昼》、陆游的《钗头凤·红酥手》,元杂剧中的《拜月亭》《西厢记》,及明清文坛上出现的汤显祖的《牡丹亭》、洪昇的《长生殿》等等,亦正是缘其率真赤诚的人性追求,打动了历代无数读者的心灵。

(五)汇通天地的宇宙情怀

当今世界,由于人类自身物欲的无限膨胀,对生活资源的竞相掠夺,人类实际上也已为自己制造了以及正在制造着许多令人怵目惊心的灾难:森林面积与物种数量正在锐减,空气与水源严重污染,生态环境在日趋恶化。我们赖以生存的"宇宙岛""地球村"已经惨不忍睹,岌岌可危。因此,早在20世纪初,就有不少西方学者将目光投向了对人与自然、人与生态环境之间关系的关注,提出了"生态伦理主义"之类主张,强调人应与地球上的所有生物和平共处。值得注意的是,在这方面,我国的许多古圣先贤早已有着清醒的认识,体现出一种注重人与自然和谐并存的宇宙情怀。《易传·文言》中已有"与天地合其德"之说,老子的《道德经》中已有"人法地,地法天,天法道,道法自然"的著名论断。另如庄子的"天地与我并生,而万物与我为一"[1]、荀子的"谨其时禁"[2]以及宋人张载明确提出的"民吾同胞,物吾与也"(《西铭》)等哲学命题与人生主张,分明就已包含着弥足珍贵的现代西方学者所倡导的"生态伦理主义"思想。

与之相关,在中国古典文学中,另一特别值得注意的现象是:早在南朝宋代,随着谢灵运、谢朓等著名山水诗人的出现,生机勃勃的大自然就已引人注目地进入了中国人的审美视野,正如朱光潜先生在《中西诗在情趣上的比较》一文中指出的,中国人在公元5世纪前后的晋宋之交就兴起了自然情趣,而西方人则在公元18世纪左右的浪漫运动初期才兴起,要晚于中国人1300多年[3]。此后,与西方文学相比,中国诗文中歌颂自然、田园风光、花鸟虫鱼之类自然美的作品一直异常发达。在诸如"落霞与孤鹜齐飞,秋水共长天一色"(王勃《滕王阁序》)、"人闲桂花落,夜静春山空"(王维《鸟鸣涧》)、"相看两不厌,唯有敬亭山"(李白《独坐敬亭山》)、"细雨鱼儿出,微风燕子斜"(杜甫《水槛遣心》)、"欲把西湖比西子,淡妆浓抹总相宜"(苏东坡《饮湖上初晴后雨》)的佳句中,在柳宗元的"永州八记"、张岱的《湖心亭看雪》等散文名篇以及《西游记》(见图5-15)《水浒传》《红楼梦》等小说中的景物描写中,均可见中国诗人、作家对自然美的钟情,以及"万物静观皆自得,四时佳兴与人同"这样一种

---

[1] 《庄子·齐物论》。
[2] 《荀子·王制》。
[3] 北京大学比较文学研究所编:《中国比较文学研究资料》,北京大学出版社1989年版,第210页。

关爱万物、主客化一、汇通天地的宇宙胸襟。在目前人类的生态伦理意识正在觉醒勃兴之时,中国古典文学中蕴含的这样一种宇宙精神,无疑是值得大加发掘、弘扬光大的。

当然,我们也要意识到,以现代文化眼光来看,由于文化血缘、社会体制、生态环境等方面因素的制约,在我国古代文学所流露的文化观念中,也存在着某些方面的局限与需要分析批判的糟粕,如"官本位"意识、"奴性"意识、"杀伐"之气等。这些局限与糟粕,也在多

图5-15 《西游记》插图

方面束缚了中国诗人、作家的手脚,压抑了其创造活力,影响了中国古典文学的价值,需要认真地加以甄别与扬弃。

六、中国古典文学对世界文化的影响

与一般的物质产品不同,作为精神形态的文化产品,是人类共有的财富。中国古典文学,正是这样一笔宝贵财富,其各类作品早已在世界上产生了广泛深远的影响。

(一)中国古典文学对东方文化的影响

早在秦汉时代,中国文学就已传及海外。至唐代,随着国势强盛与对

外文化交流的频繁,以诗歌为主的中国文学已在日本、古代朝鲜及东南亚各国广为传播。尤其是在当时的日本,李白、杜甫、白居易、元稹等许多唐代诗人的作品,都深为日本人所喜爱。据《日本国见在书目》记载,仅白居易的诗文,在日本得以传播的就达70卷之多,其中的《长恨歌》《琵琶行》等名作几乎到了家喻户晓的程度。白居易的作品,不仅在当时的日本民间广为流行,在宫廷中也大受欢迎。如宫廷女官紫式部在创作长篇小说《源氏物语》时,即受过白居易的深刻影响。小说的第一章就提到了《长恨歌》,甚至直接引用了白居易的诗句,并将桐壶天皇对桐壶更衣的宠幸比作唐玄宗与杨贵妃的关系。翻译过《源氏物语》的台湾学者林文月曾这样慨叹:"也许没有《长恨歌》就没有日本伟大的《源氏物语》。"[①]另据历史记载,早在初唐至中唐期间,日本文坛上出现的《怀风藻》《文华秀丽集》《凌云集》等三部汉语诗集,亦完全是按照中国格律诗的特点创作而成的。由大约编定于760年的日本诗歌总集《万叶集》中出现的汉语俗语、比兴手法以及某些诗作的意境来看,也明显是借鉴了中国的《诗经》及其他诗歌作品。在唐代,中日文人之间的交往最为密切。中国的鉴真大师,曾历尽艰险,东渡日本,传播中华文化。不少日本僧人也曾先后来唐学习,将中华文化带回日本,如空海(即弘法大师,法号遍照金刚,774~835年)就是做出重大贡献的高僧之一。空海来唐留学归国时,曾带回大量的中国书籍,并写作了《文镜秘府论》一书,更为深入地向日本人介绍了中国的诗文及文学理论,进一步扩大了中国文学在日本的影响。中国诗文在古代朝鲜的影响也引人注目,不仅直接引发了朝鲜文坛上的汉语诗歌创作,而且促成了后世不少用汉语写成的诗话。

[①] 林文月:《没〈长恨歌〉就没日本名著〈源氏物语〉》,《广州日报》2009年1月19日。

(二)中国古典文学对西方文化的影响

自17世纪开始,随着西方一些传教士的来华,中国文学也逐渐在欧洲产生影响。1626年,法国人金尼阁首次将《诗经》《书经》等译为拉丁文刊行,此可谓中国文学正式走向欧洲的标志。1735年,法国人马若瑟进一步翻译了《诗经》《书经》及元杂剧《赵氏孤儿》的片段,在巴黎出版的法文刊物《中国通志》上发表。此后不久,又有瓦茨、凯夫等人英译全本的《赵氏孤儿》出版,并很快为哈切特等许多人争相改编。在1741年出版的第一个英语改编本《赵氏孤儿》的卷首献词中,改编者哈切特称赞道:"异国的产品,地里长的也好,脑子里来的也好,只要有益或有趣,总能够得到人们的欣赏。多少年来,中国把它的农产品供给我们;把它的工艺品供给我们;这一次,中国诗歌也进口了,我相信,大家也一定会感到兴奋。"①伏尔泰看了《赵氏孤儿》的译本后,也曾深为其中的理性力量、智慧力量与道德力量所打动,认为"与法国或其他国家14世纪的戏剧相比,那又不知高明多少倍了,简直可以算是杰作了。就故事来谈,非常离奇,但又非常有趣;非常复杂,但又非常清楚"②,还亲自动手,将其改编为《中国孤儿》。1761年,英国人浦塞、维尔金生等人又首次翻译出版了中国的长篇小说《好逑传》。继而又有中国其他一些作品的译本,陆续在欧洲问世,并得到了很高的评价。18世纪的英国诗人威廉·琼斯爵士曾经赞叹由他翻译的《诗经》中的《卫风·淇奥》说:"这首诗非常庄严,又非常简洁,每行只有四个字,因此省略是常有的事,但是风格上的晦涩,却增加了它的壮丽。""这首诗,可以说是远古文明最有价值的宝贝。"③由爱克曼辑录的《歌德谈话录》可知,歌德亦曾为一部中国传奇(朱光潜先生分析

---

① 参见范存忠:《〈赵氏孤儿〉杂剧在启蒙时期的英国》,张隆溪、温儒敏选编:《比较文学论文集》,北京大学出版社1984年版,第95~96页。
② 参见范存忠:《〈赵氏孤儿〉杂剧在启蒙时期的英国》,张隆溪、温儒敏选编:《比较文学论文集》,北京大学出版社1984年版,第104~105页。
③ 北京大学比较文学研究所编:《中国比较文学研究资料》,北京大学出版社1989年版,第171页。

可能是《风月好逑传》)深深吸引,对"故事里穿插着无数的典故,援用起来很像格言"的文体形式及作品中表现出来的明朗、纯洁的道德境界赞叹不已,且曾动过据此写部长诗的念头。正是这部中国传奇,激发歌德发表了至今仍时常为人们引用的著名见解:"民族文学在现代算不了很大的一回事,世界文学的时代已快来临了。"[1]

近现代以来,随着文化交往的加强,中国古代文学进一步引起了世界的关注。20世纪初,英美一些诗人在创建意象派诗歌时,其领袖人物庞德为意象派原则找到的最优秀的例证就是中国古典诗歌。庞德认为,在含蓄凝练、意象鲜明及情景交融等方面,中国诗歌均达到了高妙的境界。在他主编的第一本意象派诗集中收录的自己的6首作品中,竟有4首实际上是中国诗的意译。如《仿屈原》实际是《山鬼》的改作,《秋扇怨》即取材班婕妤的《怨诗》[2]。在20世纪,另有许多外国作家与理论家,深受中国文学的影响。如阿根廷的著名小说家博尔赫斯,虽然不懂汉语,但对《红楼梦》《聊斋志异》等作品却一往情深,且曾反复研读过《道德经》的多种译本。在《交叉小径的花园》等作品中,即明显可见其从中国文学中吸取的营养。在现代德国哲学家海德格尔的美学与文艺学思想中,也深隐着中国道家文化的影子。

当今时代,随着人类文明的发展和信息传播能力的提高,世界各国之间的文化交流及不同民族之间的文学影响,正在进一步加强。我们相信,丰富的中国古典文学资源,未来必会得到全世界人民的进一步重视。同时,在广泛汲取世界各国文学精华的基础上,中国文学也必会更加辉煌。

【思考与讨论】

1. 谈谈中国古代诗、词、散曲之间的联系与区别。

---

[1] 朱光潜译:《歌德谈话录》,人民文学出版社1978年版,第111~113页。
[2] 赵毅衡:《意象派简介》,《作品与争鸣》1982年第4期。

2. 与西方文学相比,中国古典文学形成了哪些独特的艺术品格?

3. 如何理解与评价中国古典文学中的人文精神?

4. 中国古典文学怎样影响了世界文学的发展?

【参考文献导读】

1. 章培恒、骆玉明主编:《中国文学史》(共3卷),复旦大学出版社1996年版。该书打破了建国以来的文学研究模式,将人性的发展与文学艺术形式及美学特征的演变相结合,更为深入科学地阐述了中国文学的发展规律,开创了文学史研究的新境界。

2. 萧涤非、刘乃昌主编:《中国文学名篇鉴赏》,山东大学出版社2007年版。该书分"诗""文""词赋"3卷。从历代浩如烟海的诗、词、文、赋中精选有代表性的名篇佳构700余篇,约请了海内外文学专家(如臧克家、袁行霈、周振甫、程千帆、余冠英、唐圭璋、叶嘉莹、村上哲见、陈贻焮、曹道衡、缪钺等)撰写赏析文稿,撷英集萃,汇成一帙,是不可多得的赏析佳作。

3. 袁行霈:《中国诗歌艺术研究》,北京大学出版社2009年第3版。该书是作者的一部诗歌研究文集,主要从语言、意境、风格等方面探讨了中国古代诗歌的艺术成就、创作规律及民族特色。作者注重考订校勘,探幽索微,史论结合,中西比较,使其研究成果扎实厚重,新意迭出。

4. 郭预衡:《中国散文史》(上、中、下),上海古籍出版社2000年版。该书是一部内容丰富的中国散文史研究的专著。作者力避作品赏析及资料长编倾向,注重从汉语文章的实际而不是一般文学理论出发进行论述,从而使该书更具史论价值。

5. 张稔穰:《中国古代小说艺术教程》,山东教育出版社2001年版。该书系统地介绍了中国古代小说的起源、发展轨迹,讲述了史传文学、儒家思想、佛教、道教、说话艺术和古典诗词对中国古代小说的影响,以及中国古代小说的艺术技巧等。

6.郭延礼主编:《中国文学精神》,山东教育出版社2003年版。该书共分先秦、汉代、魏晋南北朝、唐代、宋元、明清、近代7卷。各卷的作者紧扣各个时代文学的总体特点,结合对作家和作品的分析,论述了中国古代文学精神的形成、内涵以及在不同时代的发展变化。

第六章　古典艺术与传统审美文化

中国传统艺术的成就,主要表现在书法、绘画、建筑、雕塑、音乐、戏曲等方面。与西方艺术相比,中国古代艺术中的大多门类,不仅有着更为久远的历史,而且在艺术视角、体式创制、媒介手段、表现技巧等方面亦独具风采,从而构成了中国传统艺术千姿百态的繁荣局面。

一、虚实相映的书法与绘画艺术

在中国传统艺术中,书法与绘画之间有着密切关联,同源共生,相辅相成。实际上,中国最早的象形汉字,就是用线条画成的画,后来才演变为现在使用的汉字。中国书法,不仅与绘画使用同样的笔、墨、纸张,且横平、竖直、点、撇、捺、磔的书法线条,也是绘画元素。元代著名书画家赵孟頫就曾明确指出:"石如飞白木如籀,写竹还应八法通。若也有人能会此,须知书画本来同。"(《秀石疏林图》题诗)另如中国特有的水墨写意画,亦与书法的行草意趣颇为相通。

(一)意态纵横的书法艺术

书法是以汉字为表现对象,以笔墨为基本表现手段,以线条笔画及整体布局来表达作者思想感情的艺术形式,有"无言的诗,无形的舞,无图的画,无声的乐"之美誉。书法艺术本体包括笔法、字法、构法、章法、墨法、笔势等因素。笔法也称"用笔",指运笔用锋的方法,如提按、快慢。中锋、侧锋、逆锋、藏锋等,是书法的核心内容。字法也称"结字",指字内点画的搭配、穿插、呼应、避就等结构关系。章法指的是一幅字的整体布局，如字与字、行与行之间的安排。墨法指的是墨的浓、淡、干、枯、湿的处理等。

中国书法的形成与发展历史悠久，从现有资料看，早在商代的甲骨文及青铜器上出现的古篆中，其线条及字体造型已具有明显的美术化与装饰化的倾向，已经体现出书法美的某些基本追求。战国时代出现的竹木简牍、帛书与石刻等，书法艺术的特征更为明显，大约见之于这一时代，字体介乎古文与秦篆之间的石鼓文（见图6-1），已被视为中国书法史上传世最早的珍品，对后世的书法与绘画艺术有着重大影响。秦汉时代，是中国书法艺术得以正式形成的时期，后世长期并存、活跃至今的篆、隶、行、草、楷等主要字体中，不仅篆、隶已极一时之盛，草、行、楷等字体也已崭露头角。

篆书 篆书有大篆、小篆之分。大篆通常是指秦代文字统一之前出现的甲骨文、金文、籀文等所有篆体文字，其特征是笔画繁多，形体多变，难于辨识。小篆是由秦代的李斯等人出于"书同文"的目的，改造、规范大篆而成，故又称"秦篆"。与大篆相比，小篆形体固定，用笔圆转，结体端严，古朴高雅，且较大篆易于辨识。现存据传系由李斯所书的《峄山石刻》《泰山石刻》（见图6-2）、《琅邪台石刻》、《会稽石刻》等，即为秦小篆的范本。自汉代之后，由于篆书逐渐失去实用价值，遂影响其进一步发展，但仍出现了一些以篆书名世的书家，如唐代的李阳冰、宋代的徐铉、明代的李东阳、清代的邓石如等。另

图6-1 战国石鼓文（局部）

如元代的赵孟頫,除楷书与行书尤为精绝之外,篆书造诣也为人称道。

隶书 它是为书写方便,由篆书简化而成的一种字体,始自秦代,成熟于东汉。隶书与篆书的不同是:笔画更为简约,且有了粗细波磔之分;体式亦由长方变为扁方,由象形变为点线组合。隶书的出现,是中国书法史上的一次革命,其重要意义在于:它不仅使汉字趋于方正楷模,在笔法上也突破了单一的中锋运笔,为此后中国书法史上的各种书派奠定

图6-2 秦·李斯《泰山石刻》(局部)

了基础。由于汉魏之际在隶书基础上形成的楷书也被称为"隶书",为示区别,时人据隶书"若八字分散"的特征,又将其称之为"八分书"。隶书

图6-3 东汉《乙瑛碑》(局部)

以汉代的成就为最高,现在能够见到的作品主要是碑文与简牍,如《张迁碑》《礼器碑》《石门颂》《曹全碑》《乙瑛碑》(见图6-3)及《流沙坠简》《居延汉简》等。这些作品,或典雅朴拙,端庄平和;或雄浑刚劲,大气磅礴;或风神飘逸,而又法度谨严。也许是与汉碑、汉简的一度湮没有关,与篆书相类,汉之后的隶书长期未能得到发展,一直到清代,随着汉碑的不断发现,碑学的日渐为人重视,隶书才再度辉煌,曾出现了擅长隶书的著名书家何绍基、伊秉绶等人。

草书 起源于汉代,本是汉隶的草写法,故又称"隶草"。发展至成熟之后称之为"章草"。

第六章 古典艺术与传统审美文化 249

章草之名的来历主要有三种说法：一是因兴起于东汉章帝时代，二是因主要用之于章奏，三是因为西汉史游的《急就章》是现在看到的最早的隶草。章草的特征是：用笔灵活，笔画连属，结体简约，但又保留了隶书结体较扁、字与字之间不相连缀的特点。汉代善章草的书家有杜操、崔瑗等人。草书的体式，后来又进一步发展为今草与狂草。今草又称"小草"，相传为东汉张芝所创，后经东晋王羲之、王献之父子的进一步探索而臻于成熟。其特征是：笔画引带牵连，字字承接呼应，波折环转，体势妍美。狂草又称"大草""醉草"，与小草相比，大草的结构更为简约，其笔力狂纵，灵动多变，通篇以意贯之，是最富有抒情意味的一种书体。大草是在小草基础上发展而成的，至唐代达到巅峰，代表其最高成就的书家有"颠张醉素"之称的张旭与怀素。张旭的草书，气势奔放，酣畅淋漓，传世之作有《古诗四帖》《草书心经》《肚痛帖》（见图6-4）等；怀素的草书矫健有力，运笔奇异，传世之作有《自叙帖》（见图6-5）、《大草千字文》、《苦笋帖》等。

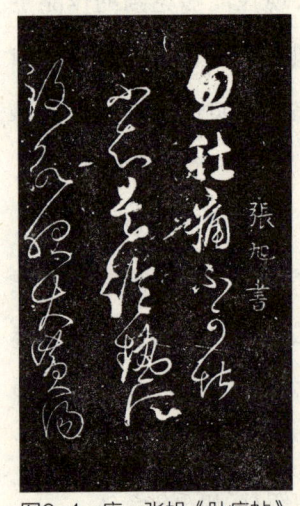

图6-4　唐·张旭《肚痛帖》（局部）

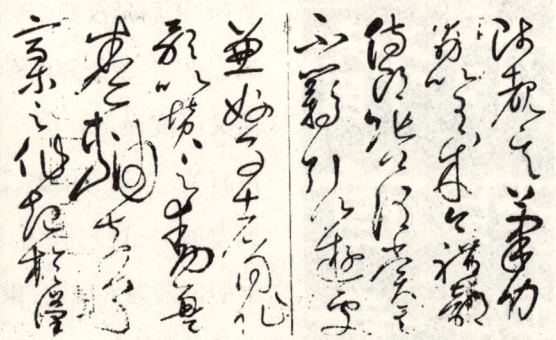

图6-5　唐·怀素《自叙帖》（局部）

楷书　又称"真书""正书"，是在隶书与章草基础上形成的一种书体。与其他书体相比,楷书横平竖直,笔画清楚,形体方正,易于辨识。汉隶中实际已含有楷书萌芽,至三国魏时,经著名书法家钟繇的进一步演练,终于自成一体,并开始了此后以楷代隶的局面。晋代书法大家王羲之、王献之父子的成就,楷书即是其重要方面。至唐代,由于楷书进一步脱去隶意,艺术成就也最为突出,涌现出了欧阳询、虞世南、褚遂良、颜真卿、柳公权等风神各异的一流楷书大家。欧阳询劲拔平正的《九成宫醴泉铭》,虞世南遒美凝练的《孔子庙堂碑》,褚遂良清雅舒展的《孟法师碑》《雁塔圣教序》,颜真卿浑厚雄健的《多宝塔感应碑》《麻姑仙坛记》《颜勤礼碑》(见图6-6),柳公权结体匀整的《玄秘塔碑》《神策军碑》等,均为唐代楷书中的典范之作。尤其以颜真卿、柳公权最为出色:颜氏书法筋力丰满,端庄雄伟;柳氏书法则骨力遒健,结构劲紧,所以又有"颜筋柳骨"的称谓。中国楷书发展到唐代可以说达到顶峰阶段。唐代以后,楷书呈衰落之势,但卓有成就者仍代不乏人。如元代的赵孟頫,即因其突出的楷书成就,被后人与唐代的欧、颜、柳并称为"楷书四大家"。

行书 是中国古人为了书写时的快捷简便而创造的一种书体,其特征介于草书与楷书之间:字的偏旁及部分笔画简略,结体相对自由,形态多有变化,布局亦潇洒活泼。行书最初兴起于汉代民间,后经文人书家推重,始自成一体。东汉书法家刘德升,即是行书的重要开拓者之一,唐代张怀瓘曾称其书作"亦甚妍美,风流婉约,独步当时"(《书断》)。由于行书简便易识,富有实用价值,汉之后得以迅速发展,至晋代已大为精到,出现了

图6-6 唐·颜真卿《颜勤礼碑》(局部)

第六章 古典艺术与传统审美文化

被誉为"天下第一行书"的王羲之的《兰亭序》(见图6-7)等一代名作。此后行书名家名作也不断出现。唐代颜真卿的《祭侄文稿》,亦因其挺拔苍劲,有"天下第二行书"之誉;北宋书坛四家苏轼、黄庭坚、米芾、蔡襄的书法成就,也主要在行书方面。另如元代的赵孟頫(见图6-8)、清代的赵之谦、吴昌硕等人,亦在行书方面各有创造。

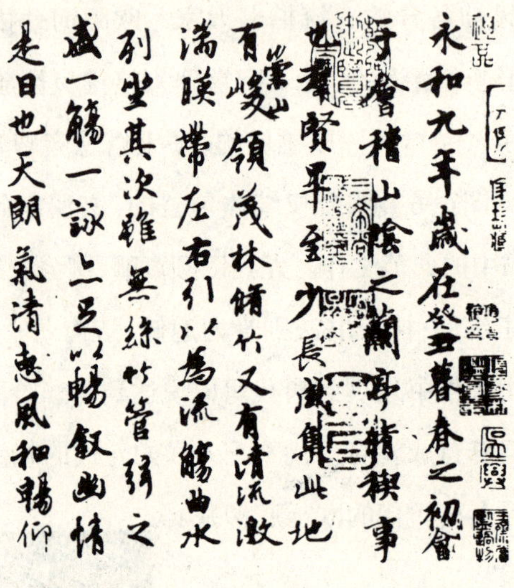

图6-7 东晋·王羲之《兰亭序》(局部)

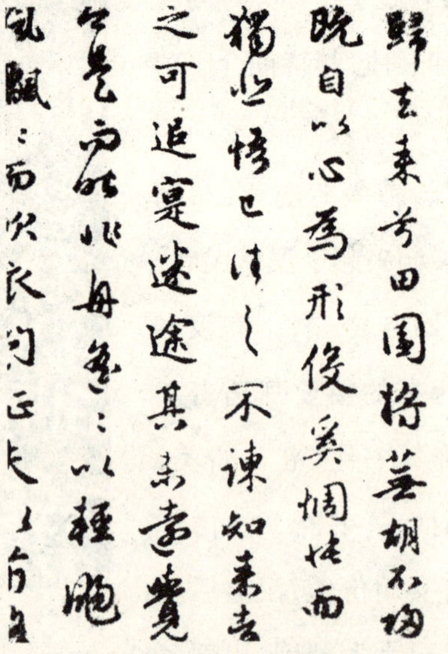

图6-8 元·赵孟頫《归去来辞》(局部)

由于政治经济、社会文化等方面的原因,与其他艺术门类相同,在不同时代,中国书法也呈现出不同的风貌。清代书法家梁巘在《评书帖》中指出的"晋尚韵,唐尚法,宋尚意,元、明尚态",被书界认为基本概括了中国书法史的主流格局。上述不同时代的大致情况是:晋人的书法尤为讲究风度韵致,尊崇"神采为上,形质次之"(南朝王僧虔《笔意赞》),其作品多见飘逸脱俗、风流潇洒,反映了士大夫阶级的清闲雅逸,其代表作即二王书法;唐代书法尊重法度,结构严谨,气魄雄伟,体现了唐帝国稳健向上的时代精神;宋代书法则力倡适意,沉着痛快,不泥古法,如苏轼的《黄州寒食帖》(见图6-9)、黄庭坚的《诸上座帖》、米芾的《虹县诗卷》等,均体现出如此特征;元明时期的书法,有尚古尊帖、刻意求工的倾向,注意在字的形态上下工夫。当然,梁巘的概括也不尽确切,事实上,在明中叶以来的书坛上,也已出现了祝允明、文徵明、唐寅、王铎、傅山等人为代表的反叛传统,表现出狂放不羁的书风。至清代,又因与传统帖学相抗衡的碑学的兴盛,使中国书法进入了一个新的发展时期。

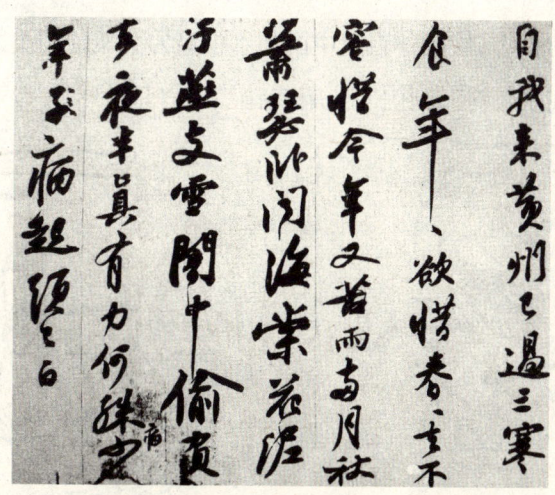

图6-9 北宋·苏轼《黄州寒食帖》(局部)

(二)传神写意的绘画艺术

中国绘画,即一般所说的"国画"。与西方绘画不同,是用中国特有的笔、墨、颜料、纸帛等创造出的一个画类,是中华民族独特智慧与审美观念的结晶。

中国绘画的起源,可追溯到新石器时代的彩陶纹饰。至商周时期,随着生产力的发展,在青铜器上出现的纹饰已达到了相当精美的程度。而春秋战国时代出现的壁画、帛画、漆画等,则无疑已标志着中国绘画艺术的独立形成。如在湖南长沙出土的战国时代的《人物龙凤帛画》与《人物御龙帛画》等,其画面布局的和谐、造型的准确生动、单线墨笔勾勒的技巧以及见之于《人物龙凤帛画》的平涂兼渲染的着色方法,已体现了后世中国绘画的若干基本特征。(见图6-10)自秦汉开始,由于统治者对绘画的政治、伦理教化功能的重视,绘画已被纳入官方的文化体制。如在秦代咸阳宫遗址中,已发现有用黑、黄、朱红、石青等多种色彩绘制的壁画;汉代已有毛延寿、刘旦、杨鲁等众多专业宫廷画师出现。此后,不仅历代王朝大多设有宫廷画院,且不论得志官僚,还是失意文人,甚至连宋徽宗这样的一国之君,也每每喜弄丹青,或用以自娱,或寄托情怀。正是在这样的政治历史文化背景上,绘画一直是中国艺术中最为兴盛的门类之一,其突出成就主要表现在人物画、山水画与花鸟画三个方面。

1.人物龙凤帛画

2.人物御龙帛画

图6-10 战国绘画(赵志方摹绘)

人物画 人物画是中国绘画史上最早形成的画类。见之于战国时代的《人物龙凤帛画》与《人物御龙帛画》，便是以人物为主体的。汉代的墓室壁画、画像石、画像砖等，也大多是以人物为描绘对象的。中国绘画史上最早闻名的一些画家，也多是以人物画显示其才华的。据葛洪《西京杂记》载，汉代宫廷画师毛延寿的画人技艺已至"老少美恶，皆得其真"的程度。有"中国画家第一人"之称的三国时代东吴的曹不兴，也是以擅画人物与佛像而闻名的。

魏晋南北朝至隋唐时期，是中国人物画发展的辉煌时期。在这一时期，人物画不仅已成为备受重视的独立画科，且名家名作，纷涌迭现。最早享有"画圣"之誉的西晋画家卫协，有着"传神"高超技艺的东晋绘画大师顾恺之，南朝刘宋时期的陆探微等，都是因人物画方面的成就而彪炳史册的。卫协擅绘神仙、佛像及人物故事，冠绝当代，著名作品有《七佛图》《列女图》《上林苑图》等。其白描线条精工，细如蛛丝；其笔下人物，神态毕现，情趣盎然。深受卫协影响的顾恺之，将连绵不断、悠缓自然的线性造型发展到极致，以重"传神写照"将人物画提升到一个新的境界，其名作有《女史箴图》、《洛神赋图》（见图5-7）、《斫琴图》等。陆探微的人物画，也曾被唐代画论家朱景玄称誉为"极其妙绝"（《唐朝名画录·序》），在画史上常与顾恺之并称。在唐代画坛上，出现的著名人物画大师有阎立本、吴道子、张萱、周昉等人。阎立本虽身在政界，官拜右相，却长于绘画，痴迷丹青，其画作为时人称为"神品"，画艺争为"天下取则"。今存传为阎立本的作品有《步辇图》《职贡图》《历代帝王图》（见图6-27）等。《步辇图》乃其旷世名作之一，其画设色典雅绚丽，线条流畅圆劲，构图错落有致，描绘的是吐蕃使者禄东赞朝见唐太宗迎亲文成公主的场景，图中各个人物的神态惟妙惟肖，达到了入木三分、栩栩如生的程度。吴道子，史载其作品有《五圣图》《地狱变相》《钟馗捉鬼》等。由于遗迹湮没，今人已难睹其画作的精妙，但据有关史料可知，他的

图6-11 唐·周昉《簪花仕女图》（局部）

图6-12 五代南唐·顾闳中《韩熙载夜宴图》（局部）

画作能"离披其点画"，"脱落其凡俗"（张彦远《历代名画记》）；他通过人物线条的高、侧、深、斜、卷、折、飘、举的态势，就能描绘出人物性格。朱景玄在《唐朝名画录·序》中的评价是："吴道子天纵其能，独步当世，可齐踪于陆（探微）、顾（恺之）。"宋人苏轼的评价是："道子画人物，如以灯取影，逆来顺往，旁见侧出。横斜平直，各相乘除，得自然之数，不差毫末。出新意于法度之中，寄妙理于豪放之外，所谓游刃余地，运斤成风，盖古今一人而已。"（《书吴道子画后》）张萱的《捣练图》（见图6-30）、《虢国夫人夜游图》，周昉的《挥扇仕女图》《簪花仕女图》（见图6-11）等名作，也都体现了唐人在人物画方面高超艺术造诣。唐代之后，人物画依然兴盛发展，诸如五代南唐顾闳中的《韩熙载夜宴图》（见图6-12），明代唐寅的《王蜀宫伎图》（见图6-13）、陈洪绶的《屈子行吟图》（见图5-2），清代任颐的《钟馗》《三友图》等，也都是名垂

图6-13 明·唐寅《王蜀宫伎图》

史册之作。

山水画 山水画的形成,虽晚于人物画,但发展迅猛,很快成为中国绘画的另一重要画科。从发展历程来看,南朝画家宗炳、王微等人作品中作为人物背景出现的山水,可谓山水画的萌芽。至隋唐时期,由于统治者及贵族阶层对装堂饰壁及寺庙中的山水描绘的重视,山水画亦随之大兴,名家名作有李思训的《江帆楼阁图》、李昭道的《明皇幸蜀图》、王维的《辋川图》、张璪的《寒林图》等。唐之后一千多年来,山水画一直是中国绘画史上最为引人注目的画科,且不断有所创新。五代时期,以全景式构图出之的荆浩的《匡庐图》,有"关家山水"之称的关仝的《关山行旅图》等,不论在意蕴气势,还是笔墨技巧方面,都远远超出了唐人。宋代范宽的《溪山行旅图》,郭熙的《早春图》;元代赵孟頫的《鹊华秋色图》(见图6-14)、《秋郊饮马图》,黄公望的《富春山居图》,倪瓒的《渔庄秋霁图》,王蒙的《青卞隐居图》等,在画意开掘、艺术技巧方面,也都有新的创造。明代沈周的《庐山高图》、文徵明的《春深高树图》、董其昌的《昼锦堂图卷》,清代王翚的《平林散牧图》、石涛的《双清阁之图》(见图6-25)等,亦均是中国绘画史上的珍品。

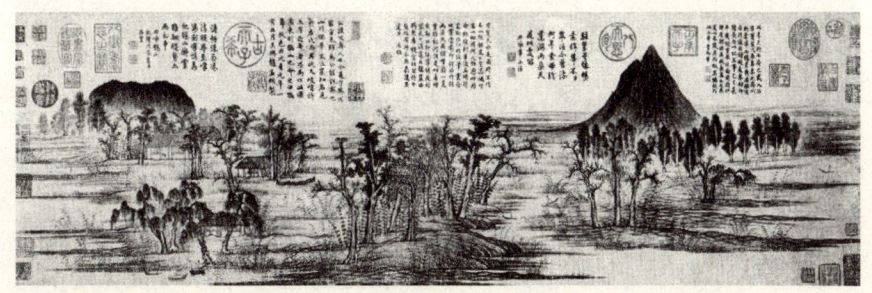

图6-14 元·赵孟頫《鹊华秋色图》

根据形式、技法与色彩,中国古代山水画又形成了"青绿山水"与"水墨山水"两个基本类型。

"青绿山水"的特点是:主要以矿物颜料的石青和石绿,渲染色泽艳丽的丘壑林泉。被唐代美术史家张彦远称之为"唐画之祖"的隋代画家展子虔,既是中国绘画史上的第一位山水画家,也是"青绿山水"的开创者(见图6-29)。唐代的李思训,则以细笔勾描、重彩填色的技巧,将"青绿山水"推向了一个新的高峰。其画风精丽严整,色彩繁富,意境高超,元人汤垕曾在《画鉴》中评价道:"李思训著色山水,用金碧辉映,自为一家法。"在后来的中国画史上,作为一独特画风,青绿山水也一直为人钟爱,有影响的画家有南宋的赵伯驹、赵伯骕,元代的赵孟頫,明代的仇英、张宏等。现代画家中的张大千、黄宾虹、吴湖帆等人,也在"青绿山水"的创作方面,赢得了很高的声誉。

"水墨山水"的特点是:不施色彩,而仅以墨分五色的浓、淡、焦、干、湿表现景物。"水墨山水"的首创者为唐代吴道子,使之崛起于画坛,自成一派的是王维、张璪等人。吴道子开始探索以墨笔描绘疏体山水,王维、张璪等,进而以"水墨渲染"表现山水的质感与气韵。在笔法方面,"水墨山水"以勾斫、皴擦、点染为主导。勾斫,即用粗细、轻重和深浅不一的中锋笔线条表现山水的轮廓和结构;皴擦,主要是用渴笔和侧锋,通过点线的变化组合,表现山石树木的质地和结构;点染,是用浓淡不一的笔触,表现树叶、石上苔点、云雾等等,以增强景物的体积感。泼墨,亦是"水墨山水"的重要画法之一,其特征是:以画笔蘸墨,泼洒于画纸,随后据其不同形态,即兴发挥,完成作品。据张彦远《历代名画记》、朱景玄《唐朝名画录》等文献记载,晚唐时代的王墨,是最早以泼墨成名的画家,作画时常常脚蹙手抹,恣意挥洒,或淡或浓,随其形状,为山为石,为云为水,倏若造化,宛若神工。这样一种不拘于形式的艺术追求,因其更能体现中国古代文人向往自由的内心欲求,在后世一直大受推崇,为许多画家继承发扬。

花鸟画 花鸟画是以动植物为主要描绘对象的中国画传统画科。根据技法的不同,主要形成了工笔花鸟画和写意花鸟画两个类型;根据水

图6-15 清·郑板桥《兰竹石图》

墨色彩上的差异,又有水墨花鸟画、泼墨花鸟画、设色花鸟画、白描花鸟画与没骨花鸟画之分。与人物画、山水画相比,花鸟画是中国绘画史上出现最晚的一个画类,始见于盛唐时期薛稷的六鹤屏风。但从绘画发展史来看,花鸟画亦有后来居上之势,至中唐时期,在边鸾等人笔下出现的草木、蜂蝶、雀蝉等,其写形赋色已至妙境。至五代,则已出现了花鸟画大家黄筌,所作之《珍禽图》,以细笔轻色,写鸟虫之神韵,为后人所称赏。同时代的另一位重要画家徐熙,虽无可靠传世作品印证,但从宋人"骨气风神,为古今之绝笔"的评价中,亦可想见其风采。宋元时代,是花鸟画的大盛期,涌现出了宋徽宗笔墨工致、色彩艳丽的《五色鹦鹉图》、文同以书法用笔的《墨竹图》,以及元人郑思肖的《墨兰图》、王冕的《墨梅图》(见图6-24)等众多名作。明清时代,花鸟画得到了进一步发展,如陈淳与徐渭,以各具韵致的水墨写意风格,卓立于明代画坛;八大山人、华嵒、金农、郑板桥(见图6-15)、李鱓等人,也以不同的创作个性,汇成了清代花鸟画创作的又一个高潮。

中国传统绘画中,除人物、山水、花鸟三大门类之外,另在动物画、风俗画等方面也取得了巨大成就。在动物画中,出现了以画牛著称的唐代画家韩滉、戴嵩,以画马著称的唐代画家韩幹、宋代画家李公麟、元代画家任仁发等。在风俗画方面,宋代张择端的《清明上河图》(见图6-16),也以其内容的丰富与艺术表现能力的高超,构成了中国绘画史上一座不朽的丰碑。

与书画艺术的发展同步,中国古代的书画理论也成果丰硕。在书法方面,东汉时期就已出现了崔瑗的《草书势》这样专门的书法理论著作。唐代孙过庭的《书谱》,张怀瓘的《书断》《书仪》,张彦远的《法书要录》等,都对后世的书法创作产生了深远影响。宋人朱长文的《墨池篇》、宋高宗赵构的《翰墨志》,元人盛熙明的《法书考》、陈绎曾的《翰林要决》,明人陶宗仪的《书史会要》、项穆的《书法雅言》,清代包世臣的《艺舟双楫》、刘熙载的《书概》等,都给当时及后世书法家提供了重要的创作参考与理论指导。在绘画方面,东晋顾恺之的《画云台山记》,南朝宗炳的《画山水序》,五代荆浩的《笔法记》,北宋郭熙的《林泉高致》,明代董其昌的《画禅室随笔》、唐志契的《绘事微言》,清代原济的《石涛画语录》等,也系统总结了中国传统绘画的经验,深入探讨了中国传统绘画的奥妙,丰富了中国文艺理论与美学的宝库。

二、凝重典雅的建筑与雕塑艺术

建筑与雕塑,虽各是独立的艺术门类,却极具相通性,在人类文化发展史上的关系也比较密切。二者的区别在于:建筑艺术常体现为实用性、艺术性与审美性的统一;雕塑艺术则更具独立的艺术价值与审美价值。其共通性在于:都是实体性的属于三度空间的造型艺术,都是以石材、木材、金属或其他物质材料构成的。其密切关系是:雕塑与建筑常相配合,甚或结为一体,成为既是建筑的有机组成部分,又是可以单独观赏的艺术品。

(一)雕梁画栋的建筑艺术

根据相关学者的研究,中国古代建筑大致可分为萌芽、初步成型、基本定型、成熟兴盛、持续发展后渐趋衰落这样五个阶段,分别对应新石器时代,夏商周时代,秦汉至南北朝时代,隋唐至宋代,元至明清时代。其中,汉、唐、明三个朝代是中国历史上统一强盛有巨大发展的时期,与之相关,也是在建筑艺术方面飞速发展,取得巨大成就的时期。

由浙江余姚河姆渡、陕西西安半坡和临潼姜寨等处的遗址可知,早在新石器时代,我们的远古先人,已开始由巢居发展到架空的木构干栏,由地穴发展为木骨抹泥墙与覆盖草泥顶的地上建筑,此可谓中国建筑艺术的萌芽时期。

至夏商周时期,先民已发明了用夯土筑建台基与比较复杂的木构架之类建筑技术,正是在此基础上,逐渐形成了围墙、院落式房屋、宫殿之类建筑。河南偃师二里头早期商代宫殿遗址、湖北黄陂盘龙城商代中期宫殿遗址可以证实,商代国都已有高大的城墙、宫室,以及苑囿、台池等。据遗址考察亦可知,战国时代的齐国都城临淄,有城门13座,主要交通干道10条,城中分布宫殿区、居民区、作坊区等。可见在战国时代,中国建筑艺术已经达到的水平。

秦统一六国后,能工巧匠得以集中,全国大兴土木,建筑艺术也随之获得了一个迅速发展的机会。离宫别馆,亭台楼阁,连绵复压,隔离天日的咸阳都城崛起于渭河岸边;规模最大,结构奇特,堪与埃及金字塔相媲美的秦始皇陵,已被公认为世界人类文化的宝贵财富。汉代是中国古代建筑发展史上的第一个高峰期。在国都长安城中,已出现了未央宫和长乐宫这样周围长达10公里左右的大型建筑群。班固在《西都赋》中,为我们描绘的长安城的宏伟格局是:"建金城而万雉,呀周池而成渊。披三条之广路,立十二之通门。内则街衢洞达,闾阎且千。九市开场,货别隧分。人不得顾,车不得旋。阗城溢郭,旁流百廛。红尘四合,烟云相连。"①至南北朝时期,由于与佛教相关的寺院与佛塔建

---

① (东汉)班固:《西都赋》,见(梁)萧统编,(唐)李善注:《文选》卷一,上海古籍出版社1986年版,第7页。

筑的兴盛，进一步促进了中国建筑艺术的发展。如遗留至今、建于北魏正光年间的河南登封嵩岳寺的十二面砖塔，其外部密檐分为15层，高达39.5米，外轮廓呈优美抛物曲线，体现了令人惊叹的艺术和技术水平。

与秦始皇相似，隋文帝统一天下之后，为了振兴国家，也在建筑方面不遗余力，建大兴城（唐改称"长安"）就是当时的壮举之一。全城街道纵横，格局对称，功能齐全，是当时世界上最繁荣也是规模最大的城市。此外，一直为后人惊叹的隋代的建筑成就是留存至今、保护最好的赵州桥。赵州桥是中国也是世界上最为古老的敞肩石拱桥。其特点是：在大拱的两个肩上各开了两个配合匀称的小拱，这样的设计不仅使桥体更为坚固，也增加了桥形的轻盈别致、精巧灵动之美。唐代是中国古代建筑艺术发展的第二个高峰期，也是中国古代建筑艺术的成熟期与兴盛期。由于政治强盛，经济发达，文化繁荣，城市规模进一步扩大，各类建筑都在蓬勃发展，建筑技艺也在进一步提高。在隋都大兴城基础上扩建修整的都城长安，宫殿、衙署、坊里、货栈、酒肆、庙宇、道路，规划严整，层次分明；豪门府第、富家园林，鳞次栉比。是当时壮丽繁荣、商贾云集的国际性大都市，也是此后数百年间，规模最大、人口最多的"世界第一城"。另如陵墓、佛寺、桥梁等，在唐代亦有优异的创造。如跨度为150多公里，自北朝南形成一个巨大的扇面形，与秦岭遥遥相对的唐十八陵，即堪称世界陵墓史上的奇迹；斗拱与梁架紧密结合，虽历经千年而仍巍然屹立于山西五台山的佛光寺大殿，表现出了唐代木构技术的高超水平。至宋代，尤其是北宋时代，由于社会稳定，经济、手工业及科学技术等方面的发展，建筑艺术也一直处于很高的水平。仅由张择端的《清明上河图》中出现的那些设计精巧，色彩鲜丽，布局错落有致的楼台、城郭、亭阁、庙宇、公廨、街道、店铺、桥梁、码头等，即可想见宋代建筑艺术的繁荣局面。（见图6-16）

图6-16 宋·张择端《清明上河图》(局部)

与经济、文化发展的缓慢相关,元代建筑艺术相对低落。至明代,则又进入了新的发展时期。明代是继汉唐之后长治久安的又一大一统王朝,建筑艺术亦呈现出兴盛局面。北京古城在长达8公里的中轴线上,城门、广场、楼阙、宫殿、亭阁,高低错落,抑扬开合,布局严整。北京紫禁城建筑群、气势宏伟的十三陵等,都标志了明代辉煌的建筑成就。清代是中国最后一个封建王朝,其建筑基本是因袭明代,其发展与成就突出表现在皇家园林与私家园林的建筑方面。如规模宏大的承德避暑山庄,工丽华美的圆明园与颐和园,蔚为大观的私家园林等,反映了古代造园艺术的最高水平。

从整体上来看,中国古代建筑主要体现出四个方面的突出特征:

一是木结构,即中国古代建筑主要是用木立柱、木横梁构成骨架。这样的结构,不仅灵活多变,且四周临空,能够满足殿堂、亭榭、廊子等各类建筑的不同需要。在室内,也可按用途,以板壁、屏风等分隔,组成大小不一的空间。此外,中国古代工匠还充分利用木结构的特点,将屋顶做成曲面形,创造了单檐、重檐等各种形式,使之呈现出柔和与舒畅的曲线美。

二是大屋顶,即屋面向外伸展、屋檐向上翘起,形成了比屋身更为高大也更为突出的屋顶,常见的有攒尖顶、歇山顶、硬山顶、悬山顶、庑殿顶和卷棚顶等等。正是这些造型生动、形态各异的屋顶,仅从外观上,就充分体现了中国古代建筑的丰富多采与独特神韵。如北京天坛的祈年殿和皇穹宇,就是典型的圆形攒尖顶建筑,远远望去,像两把闪闪发光的金顶巨伞,高撑天空。天安门城楼,是一座歇山顶建筑,缘其巍峨壮丽、高峻凝重,已成为我国首都北京的标志。

三是庭院式平面布局,即不论民居、王府、寺庙、官署、宫殿,常是由围墙环绕一组建筑、一个庭院构成的。其中的房屋、亭台、通道等,一般都按均衡对称的原则,沿着纵轴线与横轴线设计,如北京的故宫与四合院,即是这类庭院式平面布局的典型实例(见图6-17)。这样的建筑格局,既给人幽深闲适、宁静和谐之美,也体现了中国人向往安逸与秩序的文化心态。

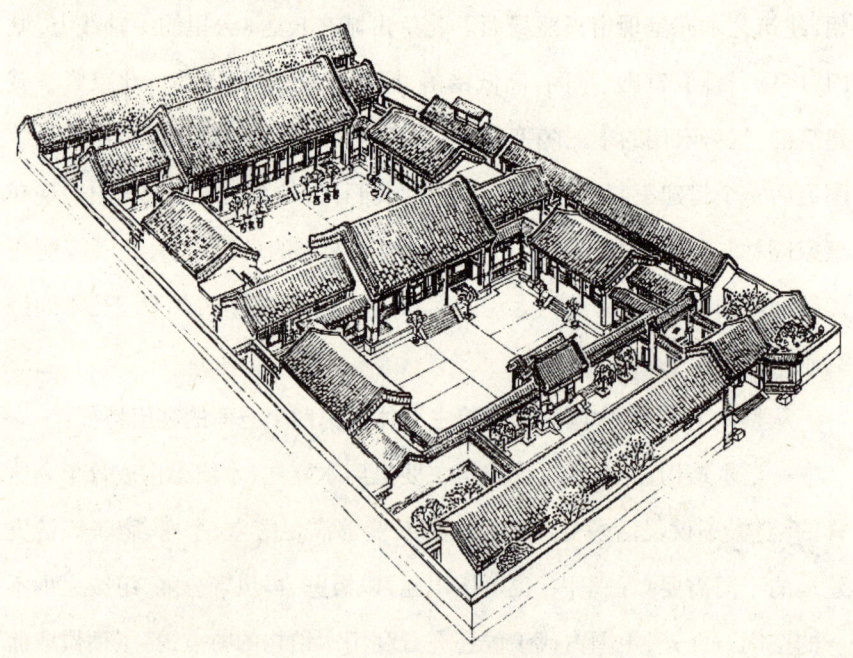

图6-17　北京民居四合院

四是善于运用绚丽的色彩,即在屋身、屋顶及台基栏杆等露明部分涂上浓重的油彩,或绘成完整的画面。所用的砖石、瓦当等,也注意色彩搭配,如许多建筑的顶部是金黄色的琉璃瓦,墙体为白色,门窗为红色,从而给人以生机勃勃、鲜艳亮丽之感。由于色彩的充分运用,一座中国古代建筑,常常就是一件集建筑、雕塑与绘画为一体的艺术品。

(二)精雕细琢的雕塑艺术

在我国,与建筑同属于空间造型艺术的雕塑,也是起源很早的艺术门类之一。

从山东宁阳和胶县三里河出土的狗形陶鬶,浙江余姚河姆渡出土的陶猪、陶人头像,辽宁红山文化遗址发现的泥塑女神头像等可以见出,中国雕塑亦可上溯到新石器时代。(见图1-14、1-15、1-16)从商周时代出现的青铜器上的兽面浮雕、独立造型的鸟兽器具及以青铜、玉石、木头为材料的人物、鸟兽之类作品中,可以看出中国雕塑早已达到的艺术高度。至秦汉时代,随着政权的统一、国势的强盛与宫室陵墓建筑的发达,中国雕塑得到了进一步发展。

雕塑是一门用金属、石料、木材或黏土等物质材料,塑造或雕刻形象的艺术。一般分为圆雕、浮雕与透雕三种。圆雕又称"立体雕",观赏者可以从不同角度观赏;浮雕是在平面上雕刻出凹凸起伏形象的一种雕塑,如一些柱子上雕的花纹等等;透雕又称"镂空刻",是在浮雕的基础上,镂空其背景部分,追求的是玲珑剔透之美。依据其功能,中国古代雕塑大致可分为四类,即建筑雕塑、陵墓雕塑、宗教雕塑与工艺雕塑。

建筑雕塑是对配合建筑群、建筑物的雕塑的总称,是建筑的重要组成部分,也是建筑师整体设计的内容之一。建筑雕塑主要体现为装饰、祈愿或象征功能,多安置于广场、庭院,设计于屋顶、墙面、门楣、照壁或台基等部位。如西汉都城长安甘泉宫柏梁台上立着的手捧承露盘的铜铸仙人,故宫、颐和园的牌坊、门壁,一般建筑物檐顶的鸟兽等。其功能或为体现权威,或为驱妖镇邪,或祈愿吉祥,或供人观赏。

陵墓雕塑包括墓前或墓周围设置的石柱、石兽、石人等大型纪念碑式的石刻及随葬俑等,是中国古代厚葬流行的产物,主要体现为祭祀、纪念、夸示功能。1974年3月在陕西临潼西杨村发现的秦始皇陵兵马俑,即以其惊人的数量,排山倒海的雄伟气势,形态各异的生动造型,展现了中国古代雕塑艺术的魅力。(见图6-18)

图6-18　秦始皇兵马俑武士俑(国家历史博物馆)

西汉霍去病墓前的主题雕塑《马踏匈奴》,则以象征的艺术手法,用彪悍雄壮、镇定自如的骏马,与蜷缩在马腹之下,作垂死挣扎状的匈奴形象,表现出了霍去病的威武英姿与绝世风采。昭陵六骏是唐太宗李世民陵墓北面祭坛东西两侧的六块骏马青石浮雕石刻,作品线条流畅,刀工精细,造型优美,是难得的古代石雕艺术珍品。

宗教雕塑是以宗教教义、故事、人物、传说为题材的雕塑,其成就主要集中在佛教造像方面,如敦煌莫高窟、云冈石窟、龙门石窟、麦积山石窟、大足石窟造像(见图4-1、4-3、4-6),以及河北曲阳修德寺的石雕佛像,山东济南的千佛山石雕佛像、灵

图6-19　宋·长子法兴寺的圆觉彩塑像

岩寺的罗汉泥塑像、青州龙兴寺的石雕菩萨像、山西长子法兴寺的圆觉彩塑像（见图6-19），四川乐山大佛，等等。敦煌莫高窟始建于十六国的前秦时期，此后不断凿建，计有洞窟492个，彩塑2400多身，构成了金碧辉煌、绚丽多彩的佛国世界，是为全世界注目的人类古代文化艺术的宝库之一。另如位于济南市长清区万德镇境内的灵岩寺中，那40尊或端恭，或拄杖，或合掌，或趺坐，或闭眸沉思，或笑容可掬，或口讲手指，或侧耳细听，无不准确生动、神情毕现的彩色泥塑罗汉像。（见图6-20）高达71米，其中头部高14.7米，耳朵长7米，眼睛长3.3米，脚背宽8.5米，坐东朝西，面江而坐，造型稳重，比例适度的四川乐山大佛，也都体现了中国古代艺术家在雕塑方面的高超技艺与才华。

图6-20 宋·济南灵岩寺的罗汉泥塑像

工艺雕塑主要是指出于实用与观赏双重目的，以玉石、金属、陶瓷、竹木为材质，经过精心设计，反复琢磨而完成的雕塑作品。如河南安阳殷墟出土的玉斧、玉铲、玉刀，元世祖忽必烈在开国大典宴请群臣盛酒用的"渎山大玉海"，明代的玉雕薰炉，绍兴西施山出土的战国时代的青铜人型灯,西汉的铜质羊形灯,南朝青瓷莲花尊,唐代的青釉褐彩壶,宋代木雕屏风、明清木雕家具等。也有许多工艺雕塑作品,是纯为观赏而创作的,如宋代吉州窑瓷塑鸭、沙石牧童骑牛,元明清时代的玉雕童子、玉雕牛羊、蝴蝶等。这类作品,大多造型逼真,工艺精良,更富有艺术价值。

三、争奇斗艳的音乐与戏曲艺术

　　音乐与戏曲是相互兼容、共同形成与发展的两大艺术形式。中国古代的音乐与戏曲几乎也是同时产生的。《尚书·舜典》中即有"帝曰:'夔!命汝典乐,教胄子,直而温,宽而栗,刚而无虐,简而无傲。诗言志,歌永言,声依永,律和声。八音克谐,无相夺伦,神人以和'"之类关于重视音乐教育的记载。而戏曲在《吕氏春秋·古乐》中所载"葛天氏之乐,三人操牛尾,投足而歌八阕"之类远古先民的生活史料中也已见其端倪。至西周时期,周公进一步确立了礼乐并重的治国方略。《周礼·春官》中载,官府所设置的"治建国之学政"的"大司乐",其重要职责之一即是:"以乐德教国子:中、和、祇、庸、孝、友。以乐语教国子:兴、道、讽、诵、言、语。以乐舞教国子舞《云门》《大卷》《大咸》《大韶》《大夏》《大濩》《大武》。以六律、六同、五声、八音、六舞大合乐,以致鬼神祇,以和邦国,以谐万民,以安宾客,以说远人,以作动物"。《礼记·乐记》亦有是论:"大乐与天地同和,大礼与天地同节。""乐者,天地之和也。礼者,天地之序也。和,故百物皆化;序,故群物皆别。乐由天作,礼以地制,过制则乱,过作则暴。"由这类文献可知,音乐在中国古代受到重视的程度以及音乐在中华传统文化中的重要地位。在后来的中国历史上,历代统治者也都十分注重以礼乐教化天下,重视音乐事业的发展,且大都设立过专门的音乐机构,如秦汉时代的"太乐""乐府",魏晋时代的"清商署",隋唐时代的"太乐署""鼓吹署",宋代的"教坊",明清时代的"神乐观"与"教坊司"等。这些机构的职责是搜集整理民间音乐,培养乐工,扶持音乐发展,主办庆典、祭祀时的音乐活动。统治者的重视,自然也在客观上促进了中国音乐事业的发展。

与音乐相比,中国传统戏曲的发展则较为缓慢,至唐宋时代,才初步形成。至元代,才得以迅速兴盛。

(一)教化天下的音乐艺术

由出土文物中见到的新石器时代的石磬、骨哨、骨笛之类原始乐器及有关史料来看,在我国,音乐的起源、形成与发展,已有8000多年的历史。早在远古与夏商时期,就已出现过一些具有代表性的大型乐舞。如《周礼》中所载的《云门》,相传是黄帝时代的乐舞,《大咸》是尧时代的乐舞,《大韶》是舜时代的乐舞,《大夏》是夏禹时代的乐舞,《大濩》是商汤时代的乐舞。据《论语》记载,孔子曾在齐国欣赏过《大韶》乐舞,赞其"尽美矣,又尽善也"(《八佾》),感叹"不图为乐之至于斯也",竟"三月不知肉味"(《述而》),可见其作品已达到的艺术水平。

图6-21 战国编钟(曾侯乙墓出土)

从编钟、铜鼓、钲、铃、琴、瑟、筑、竽等乐器已被普遍使用来看,至少在商代后期,中国人已经掌握了五声、七声音阶的乐律知识。另据有关史料,至春秋战国时代,十二律业已在我国形成并已在实践中广为应用。乐器的制作技术也已相当发达,如1978年于湖北随县战国遗址出土的曾侯乙编钟,不仅音质优良,制作工艺也达到了异常精湛的程度。(见图6-21)

中国传统音乐形态众多,流变复杂。先秦时代,除传统乐舞与用之于祭祀、庆典的雅颂之外,民间音乐亦大为兴盛,如《诗经》中的十五国风,原本就是民间歌词。至汉代,则进而形成了主要用之于郊庙祭祀、典礼的官方音乐鼓吹曲和用之于民间娱乐的相和歌两种形式。魏晋南北朝时期,在北方,以汉代相和歌为基础,吸收当时流行的民歌,又形成了一种以角、商、宫为主调的新的音乐形式,谓之"清商三调"。南方盛行的则是"江南吴歌"和"荆楚西曲"等民歌形式。隋唐时代,是中国音乐开始步入辉煌的时期。隋朝统治者曾以开放性的文化眼光,采取措施,加强了对外来音乐的吸收及民间散乐百戏的收集整理,从而促成了音乐形式的更加多样化。随着国势的强盛与稳定,唐代音乐展现出了更为宏大的规模与前所未有的水平,我们仅从《霓裳羽衣曲》之类由器乐、歌唱和舞蹈综合而成的歌舞大曲中,即可以获知唐代乐坛的浩大气度。宋元音乐,也以散曲、鼓子词、唱赚、诸宫调以及综合运用诸宫调及其他乐曲的杂剧等众多新形式的出现,显示了独特的成就。至明清时代,与工商业的发展、城市的兴旺、市民阶层进一步壮大相关,民歌小曲、说唱结合的鼓子词、弹词等音乐形式异常活跃。不少作品,以独特的韵味与情调,深受大众喜爱。如产生于明代的安徽民歌《凤阳花鼓》、清代流行于陕西等地的民歌《走西口》,至今仍为民间传唱。

与音乐的兴盛与繁荣相关,中国古代的音乐理论研究亦成果卓著。如北宋陈旸的《乐书》,除汇编整理了历史上的大量音乐资料外,对历代乐章、乐舞、乐器等亦进行了论述。朱长文的《琴史》,是中国现存最早的一部琴论专著。明万历年间朱载堉的《乐律全书》,不仅包括了大量乐律、乐谱、舞谱内容,且首次提出了具有重大意义的"新法密律"(即十二平均律)理论。清代乾隆年间,周祥玉等编成的《九宫大成南北词宫谱》,亦保存了中国古代的大量曲谱及音乐资料。

(二)载歌载舞的戏曲艺术

与音乐密切相关的中国传统戏曲,不同于西方的话剧、歌剧、舞剧等,是在民间说唱、音乐、舞蹈相互兼容的基础上形成的"以歌舞演唱故事"的艺术形式。

春秋以来,各诸侯国宫廷里常见的以滑稽说笑娱乐国君的优人表演,可谓戏曲演出的萌芽。但真正的兴盛发展,始于元代。在元之前的唐代,虽已有"参军戏"流传,但故事情节尚比较简单,角色也只有两个。在唐代"参军戏"基础上形成的宋杂剧,虽然剧中角色由原来的两个增加到五个,但作为戏曲的内容与形式,仍然十分粗疏。元代的情况则大不同了,在特别喜好戏曲表演的元代统治阶层的影响下,戏曲表演艺术极为活跃,作为戏剧成熟形态的元杂剧亦随之勃然振兴。元杂剧最初以大都(今北京)为中心,流行于北方,元统一后,迅速发展成为全国性的剧种。关汉卿、王实甫、纪君祥、马致远、白朴等一批戏剧大家以及《窦娥冤》《西厢记》《赵氏孤儿》《汉宫秋》《梧桐雨》等一大批戏曲名作,就是在这样的文化背景上产生的。(见图6-22)

图6-22 元杂剧人物(洪洞明应王殿壁画)

明代,是中国戏曲进一步兴盛发展的时期,其重要标志是被称为"传奇"的新剧种的出现。与通例为四折一楔子的元杂剧相比,明传奇的规模更为宏大,多是四五十出(折)的长篇,曲调也更为丰富,角色分工更为细致,形式更为自由灵活。其代表作如高明的《琵琶记》、汤显祖的《牡丹亭》等。明传奇的戏剧样式一直延续至清代,故又被人习惯地称作"明清传奇"。清传奇的代表剧目有洪昇的《长生殿》、孔尚任的《桃花扇》等。在明清传奇的戏曲表演中,融会了众多的地方声腔,其中流传最广、影响最深远的是委婉细腻、念白儒雅、表演细腻的昆山腔与粗犷、豪放、激越、明快的弋阳腔。

图6-23　明·演戏图(《南都繁会图》局部)

经过长期的发展演变,中国传统戏曲形成了繁多的种类,流传最广、影响最大的即有京剧、越剧、黄梅戏、评剧、豫剧等五大剧种,另有昆曲、粤剧、湘剧、淮剧、徽剧、川剧、秦腔、晋剧、河北梆子、河南坠子、湖南花鼓戏等等。现已被视为"中国国粹"的京剧,其前身是徽剧。自清乾隆五十五年(1790年)开始,原在南方演出的三庆、四喜、春台、和春四大徽班陆续进入北京,并很快称雄剧坛。他们在招引许多剧班纷纷归附的同时,也广泛吸收了昆曲、秦腔等许多剧种的曲调和表演方法。正是在这不断的交流融合过程中,集诸多剧种之优长的京剧得以形成。

仅以京剧为例,即可以看出中国传统戏曲的基本特点:

一是综合性。即体现为各种不同艺术因素与表演技巧的紧密结合,曲词、音乐、美术、表演熔为一体。如在表演方面,要求唱、念、做、打四种艺术技巧的完美融合。唱、念是戏曲叙述故事情节、塑造人物的主要手段,也是戏曲表演的关键魅力之所在。因此,中国传统戏曲表演不仅注重唱腔的优美,更注重吐字清晰,声声入耳。"念"也与日常口语不同,要讲究轻重徐疾、抑扬顿挫的音乐性,实际上也是一种吟唱形式,其艺术难度,甚至不低于唱,正如清代戏剧家李渔在《闲情偶寄》中指出的:"唱曲难而易,说白易而难。"做,指的是人物借用胡须的抖动、水袖的挥舞、马鞭的晃动等动作展示人物心理、刻画人物性格、推动剧情发展的表演形式。打,主要是指戏曲表演中用以表现激烈的厮杀搏击场面的翻、打、跌、扑之类武打动作。

二是程式性。主要表现在:依据性别、年龄、社会身份等,剧中人物分为生、旦、净、丑四种基本类型。生,指的是剧中的男主人公,具体又有老生、小生、武生、娃娃生之分。旦,指的是剧中的女主人公,具体又有正旦、花旦、老旦、武旦之分。净,即通常所说的"花脸",具体又有大花脸、二花脸、武花脸、油花脸之分。丑,指是剧中的喜剧角色,其扮相是用白粉在鼻梁眼窝间勾一块白,所以又叫作"小白脸"。各类角色的性格、唱腔、念白、动作造型、着装、脸谱等也都有相应规定。如老生要用洪亮浑厚的本嗓,动作造型要求严肃庄重。小生的动作造型儒雅飘逸,风流倜傥。花旦的动作造型妩媚俊俏、娇憨活泼,念白多是散白。净的动作往往夸张简练,演唱的声音洪亮宽广,以表现人物粗犷、刚勇的个性。丑行的表演不重唱功但重念白,另有屈膝、蹲裆、踮脚、耸肩等特有的动作程式。在化妆方面,各类角色都有相对固定的脸谱,用以表现人物的基本性格特征。如红脸表示忠勇耿直、有血性的勇烈人物。紫脸表示刚毅威武、稳重沉着的人物。蓝脸表示刚直勇猛、桀骜不驯的人物。黑脸表示忠耿正直、铁面无私或粗率莽撞的人物。白脸表示阴险奸诈、善用心计的人物,等等。

三是虚拟性。在中国的传统戏曲舞台上,常常是既无布景,也无写实性的复杂道具。相关生活场景,也主要是靠演员的表演,让观众自己去想象。如六七个士兵呼喊着绕场一圈,就可让观众想象到百万雄兵征战的场景。人物摇动马鞭,观众就会想象到人物在骑马奔跑。人物只是一个开门或关门的动作,就会让观众想象到内外两个不同的空间环境。

正是这样一些艺术范式与表演技巧,使中国戏曲不同于西方的歌剧、话剧、舞剧等,而呈现出了鲜明的民族特色与独到的审美风格。

四、中国传统审美文化的特色

与中华民族独特的人生态度、社会理想、心态意绪、文化渊源及艺术视角密切相关,中国的传统艺术,在审美趋向与审美价值构成方面,也表现出独特而又鲜明的品格。

(一)宇宙精神之美

与西方人出于征服自然的目的注重主客二元对立的思维方式不同,中国哲学从物我和谐的信念出发,更为重视对浑然一体的宇宙精神——也就是大自然生生不息的衍化运行规律的体认与把握。《易》之《乾·彖传》中所说的"云行雨施,品物流形",呈现的正是宇宙精神之象。老庄哲学中那个无端无倪,无始无终,难以言明,不可捉摸,却又惠及万物,无处不在,以其"有无""阴阳""盈虚""大小"相反相成为本体特征的"道",实际上也是宇宙精神的体现。中国传统艺术既建基于儒家"教化人伦"的功利观,也缘其《周易》与老庄哲学的影响,有着超功利的对宇宙本体精神的追求。不论书法、绘画、雕塑,还是音乐,在创作过程中,虽注重于摹形写照,取象自然,但其艺术表现的对象,却不局限于耳之所闻,目之所见,而是俯仰自得,游目骋怀,"以一管之笔,拟太虚之体"(王微:《叙画》),力图在有限的意象中表现出宏阔无垠的宇宙精神之美。

中国传统艺术中的书法、山水画与花鸟画等,即是最富于宇宙精神之美的艺术样式。在书法艺术中,那些看似简单重复、色调单一的点线组合,之所以一直为中国人所迷恋,重要原因之一便是其中涌动着与宇宙本体相通的情趣意韵。正如唐张怀瓘在《评书药石论》中指出的:"一点一画,意态纵横,偃亚中间,绰有余裕。结字峻秀,类于生动,幽若深远,焕若神明,以不测为量者,书之妙也。"山水画的价值亦在于,在一片自然山水中,通玄达幽,见出宇宙真元之气象及大化流行之内蕴。以具体作品来看,中国山水画常以超尘出世、旷远高古、寥无人烟的"静"为特征。见之于画面的,常是秋山寒林,荒村野渡;或静寂的水面,积雪的山头,古拙的木桥,无人的小路等等。在中国人的哲学理路中,大静即为大动,正是在这静寂的画境中,可以让人更为清晰地感知到水的呼吸、风的轻拂、自然节律的运转、生命活力的奔涌等,从而使人得以生命个体融入自然本体的精神抚慰,而这正是宇宙精神之美产生的心理根源。另如在花鸟画中,画面中出现的虽常常不过是竹枝一梢,石榴一枚,小鸟一只,兰草一丛,梅花一枝,但令人感受到的亦是宇宙万物的勃勃生机与气韵。(见图6-24)中国古代的音乐作品,有许多虽已不能直接领略,但我们从"昆山玉碎凤凰叫,芙蓉泣露香兰笑""石破天惊逗秋雨""老鱼跳波瘦蛟舞"(李贺《李凭箜篌引》)之类古代诗文中,亦不难体悟到其中的宇宙情怀。

中国古人认为,天下万物,无不有生气贯乎其间,故而南朝画家谢赫论画"六法"中首推"气韵生动";其他大量书论中也常见"冥心玄照""惟观神采""居静治动"之语;音乐创作也追求"通神明之德,合天

图6-24 元·王冕《墨梅图》

地之和"①之境界。所有这些,归根结底,强调的亦正是大化流行的宇宙精神之美。在中国古代艺术中,正是这样一种博大浩淼、幽深玄妙之美,构成了一种近乎宗教般的精神境界,抚慰了人的心灵,培育了中华民族含而不露、刚柔相济的人格内涵以及顽强不屈的生命活力。

(二)自然天趣之美

与中国人由来已久的追寻宇宙精神的思维指向相谐,中国传统艺术中充满了力避斧凿之痕、心师造化、巧夺天工的自然天趣之美。秦代李斯论书即曰:"送脚,若游鱼得水;舞笔,如景山兴云。"(《论用笔》)东汉蔡邕也认为书法艺术是"肇于自然,自然既立,阴阳生焉;阴阳既生,形势出矣。藏头护尾,力在字中,下笔用力,肌肤之丽。"(《九势》)。王羲之也说过,书法用笔要"飘飘骋巧,其若自然"(《用笔赋》)。中国书家在论用笔之状时,亦常喜用"悬针""垂露""蚕头""燕尾""锥划沙""屋漏

---

① (东汉)桓谭:《新论·琴道》。

痕""高峰坠石""万岁枯藤"之类与自然相关的比喻。此中可见的正是中国书法对自然天趣的追求。在绘画艺术中,南齐谢赫"六论"中开列的"应物象形""随类赋彩",宋罗大经所主张的"信意落笔,自然超妙"(《鹤林玉露·论画》),清代华琳在《南宗抉秘》中指出的"画到无痕时候,直似纸上自然应有此画,直似纸上生出此画"等,也是以自然美为准则的。另如在中国古代的书画评判标准中,有为历代公认的逸、神、妙、能四格说,其中以逸格为最高境界,而逸格的主要特征亦正在于"自然"。最早提出品级说的唐人张彦远即明确强调"自然者为上品之上"(《历代名画记》)。最早确立四格说的北宋画家黄休复说得更为具体:"画之逸格,最难其俦。拙规矩于方圆,鄙精研于彩绘,笔简形具,得之自然,莫可楷模"(《益州名画录》)。以实际作品来看,那些一气呵成、笔断意连、布局和谐的书法名篇,那些浓笔重彩或泼墨写意的山水,那些线条灵动、呼之欲出的游鱼鸟兽,那些意趣盎然、生机勃发的花草树木,无不呈现出令人欣悦的自然美的妙境。(见图6-25)正如英国现代画家、美术评论家弗赖曾经高度评价的:"中国的艺术似乎在最遥远的古代就已经达到高级阶段了。""中国艺术的线条韵律尤其富于连续性和流动性。它从没有像印度的韵律那样平淡,也没有像欧洲人所熟悉的韵律那样急剧跳动、剧烈扭曲和断续。"[1]北宋沈括在《梦溪笔谈·乐律》中曾批评当时的乐坛上"哀声而歌乐词,乐声而歌怨词,故语虽切而不能感动人情"。元人燕南芝庵在《唱论》中也曾以自然和谐为尺度,批评过一些人歌唱技巧方面存在的缺陷:

> 有唱得雄壮的,失之村沙。唱得蕴拭的,失之匼斜。唱得轻巧的,失之闲贱。唱得本分的,失之老实。唱得用意的,失之穿凿。唱

---

[1] 何兆武、柳御林主编:《中国印象》下册,广西师范大学出版社2001年版,第56页。

得打掐的,失之本调。①

可见,中国古代的音乐艺术,也是以自然和谐之美为重要标准的。

图6-25　清·石涛《双清阁之图》

正是为了达到自然天趣的审美境界,许多有成就的中国艺术家,常常设法打破成规,崇尚"无法之法"。傅山所谓"宁拙毋巧,宁丑毋媚";石涛所谓"随笔一落,随意一发","自脱天地牢笼之手,归于自然",意正在此。张旭、怀素之所以常于酒酣兴发之时挥笔作书,也无非是力图借助酒力进入一种天然无拘的创作状态。与自然天趣的追求相关,中国艺术家不仅注重对事物的潜心观察,更注重对事物的精神个性与内在意蕴的体验与把握,以求画出事物的自然神韵,以达笔夺造化之功。在具体创作过程中,或如清代画家邹一桂《小山画谱》所说的:"以万物为师,以生机为运,见一花一萼,谛视而熟察之,以得其所以然,则韵致丰采,自然生动,而造物在我矣。"或如宋人罗大经《鹤林玉露》中记叙的工画草虫的曾云巢那样:"方其落笔之际,不知我之为草虫耶?草虫之为我耶?"

(三)传神写意之美

与亚里士多德"摹仿说"的巨大影响相关,西方艺术理论中虽也出现过绘画要表现"精神方面的特质"(苏格拉底),绘画要通过面部和眼睛

---

① 中国戏曲研究院编:《中国古典戏曲论著集成》第1集,中国戏剧出版社1959年版,第161~162页。

去表现对象的"神韵"(彼特拉克),"艺术的目的不在摹写,而在传神"(米勒)之类主张①,但实际上,长期以来,不论在绘画、雕塑,还是在戏剧艺术中,西方人更为重视的还是在三维空间中真实客观地表现事物的面貌,占据主导地位的还是达·芬奇在《画论》中所推崇的"形似"原则。直至19世纪,法国画家安格尔仍在强调"一个画家要像奴隶那样老老实实地把眼睛看到的画出来"。而中国的传统艺术,在创作过程中,虽也重视"仰观俯察""外师造化",但更强调的是"中得心源""以形写神""传神写意"等,而不追求生活本身的真实。

本是写字的中国书法,之所以能成为一门历史悠久的艺术,重要原因即在于其形体结构不仅富有美感,且能给人以精神熏陶,如楷书的工整平稳,能给人以中正平和的心灵滋育;草书的灵动潇洒,可激发人对个性自由的向往。

在绘画方面,晋代顾恺之"传神写照"的艺术能力,一直为后人所称道。苏东坡"作画以形似,见与儿童邻"(《书鄢陵王主簿所画折枝二首》之一)的论断,也一直被中国画界奉为至理箴言。体现于具体的创作实践,中国画家常常可以不顾事理,只以心意为之,如王维在《袁安卧雪图》中竟将寒带雪景与热带芭蕉融为一体。可以不讲透视,如同宗白华先生指出的:"中国人画兰竹,不像西洋人写静物,

图6-26 南宋·马麟《静听松风》

---

① 樊波:《中国书画美学史纲》,吉林美术出版社1998年版,第140页。

须站在固定地位,依据透视法画出。他是临空地从四面八方抽取那迎风映日偃仰婀娜的姿态,舍弃一切背景,甚至于捐弃色相,参考月下映窗的影子,融会于心,胸有成竹,然后拿点线的纵横,写字的笔法,描出它的生命神韵"[1]。可以不及事物的细节与全貌,只以传情达意为重,如在写意画中,花鸟虫鱼,往往点染数笔而已。

在戏曲表演方面,也体现出与书画艺术相通的"传神写意"性。与重再现的审美原则相关,在西方戏剧表演舞台上,往往设置与剧情一致的真实背景画面,以制造立体空间的幻觉。而在中国的戏曲舞台上,不论时间流程、空间布局,还是景物;不论人物造型、动作设计,还是服饰化妆,都呈现出以虚代实,以形传神的特征。其环境构成主要靠演员的传神演技,暗示环境的存在。如演员手中一支桨的划动,即令人仿佛看到了江河。人物动作也不拘泥于生活真实,比如演武松打虎,武松挥拳时,理应全神注视老虎,但表演时,演员却要抬起头,面向观众,着力显示武松将要下拳时的神态。用身体的程式化动作表现人物的心理活动,如用撕髯口表示愤怒,捻髯口表示思考,挥鞭动作表示跃马前行等。生、旦、净、丑的不同脸谱、不同花色图案的服饰等,也是写意性的。

与重传神写意相关,中国传统艺术崇尚"大象无形,大音希声"[2],咫尺千里,惜墨如金,计白当黑,虚实相生的简约空灵之美。如南宋马麟的《层叠冰绡图》《台榭夜月图》,贾师古的《岩关古寺图》,梁楷的《秋柳双鸦图》等,均给人清空无垠、遐思不尽之感。在明代张灵的《朝仙图》中,伫立石桥边的那位女子与左上方的明月之间,也是大片空白,从而创造出一种寥廓清旷、苍茫无际的画境。清代八大山人的《鳊鱼》,在整个画面中,除了上方的题词之外,也只有一只鱼孤零零地游动在右下侧,但令人感到的却是大千世界的勃勃生机。中国山水画由金碧山水发展到五色之

---

[1] 宗白华著,王岳川编:《宗白华学术文化随笔》,中国青年出版社1996年版,第217页。
[2] 《老子》第四十一章。

水墨,由状物图形发展为大小写意;中国书法由笔画繁多的篆书发展出笔划简约的隶书、楷书及更为简约的草书;中国戏曲程式中,由四个龙套象征千军万马,亦正是这种美学精神的必然结果。

(四)技巧形式之美

在几千年的发展历程中,中国艺术家以独特的聪明才智,创造了许多艺术形式。在绘画方面,与西方基于科学精神的单一焦点透视不同,中国画则有"鸟瞰透视""散点透视",如东晋顾恺之的《洛神赋图卷》等;有"游动透视",如北宋张择端的《清明上河图》等。在笔法方面,北齐的曹仲达,因能以其细劲的线条表现紧贴在身的衣纹,而被人赞之为"曹衣出水"。唐代的吴道子,也因其以线描表现物象时能够呈现出风扬飞动的效果,被人誉之为"吴带当风"。由吴道子等人所创造的上述"白描"笔法,在后世画家中也不乏圣手。明代陈老莲即能"振笔白描,无粉本,自顶至踵,衣褶盘旋数丈,一笔写成,不稍停顿,有游鲲独运,乘风万里之势"(阮葵生《茶余客话》卷十七)。在画技方面,中国画家亦常表现得高超绝伦,令人叹为观止。如唐代画家张藻作画时"尝以手握双管,一时齐下,一为生枝,一为枯枝。气傲烟霞,势凌风雨。槎枒之形,鳞皴之状,随意纵横,应手间出"(朱景玄《唐朝名画录》)。

在建筑方面,无论宫殿、民居、陵墓、塔寺,还是城市、街道、园林、桥梁,都以匠心的设计,精妙的技艺,在注重其相关功能的同时,尽现其错落有致、比例和谐的布局美,飞檐斗拱、潇洒活泼的造型美,浓淡相宜、雕梁画栋的色彩美,舒畅自然、刚柔兼济的韵味美。

在戏曲方面,表演的生活内容范围,不像西方戏剧那样,要受到出于真实性目的而形成的"三一律"之类的限制,而是可以借助于象征性道具、动作化程式之类,自由转换场景,灵活调度时空,这就使得中国戏曲能够更大限度地展示丰富复杂的社会生活。中国传统的戏曲表演,还特别重视器乐的作用。在表演过程中鸣响的器乐,或如狂风暴雨、霹雳电闪,或如小桥流水、花间莺啼,随故事情节与环境气氛而变化,与人物动作及人物心理相契和,从而创造出一种动人心弦、令人迷醉的艺术氛围。我国戏剧理论家陈幼韩先生曾用精彩的笔墨描述过这一艺术美的特征:

> 如果戏曲声乐的句句唱腔是一颗颗晶莹圆润的珍珠,那么,戏曲器乐就是那穿珠缀玉,使它成为艺术珍品的闪闪金线;如果把戏曲声乐比作戏曲表演体系的"女皇",那么,戏曲器乐不仅是她秀发上光芒四射的珠宝皇冠、颈项上五彩缤纷的瑰丽花环和装扮她的翠镯玉佩、遍体绮罗;而更重要的是流通在她雪肤冰肌里的血管脉搏,是洋溢着她的生命的呼吸吞吐、明眸顾盼,是她翩翩起舞的秀发飘拂、裙带窸窣、环珮玎珰、万千神态。①

另如人物"自报家门""旁白"之类的道白方式,不仅增加了中国戏曲的艺术表演性,也因其有助于观众理解剧情,而增加了其喜闻乐见性。

在独特的民族文化与民族心理基础上形成的中国传统艺术,展现了中华民族的美好情操及聪明才智,极大地丰富了人类的艺术宝库。但由于传统文化与艺术观念的局限,与西方相比,在审美创造方面,中国传统艺术也存在着某些方面的不足。

英国现代艺术理论家迈克尔·苏立文在《东西方美术的交流》一书中指出:中国传统绘画更看重程式化的表现技法,"独创性往往不被视为重要的标准"②。这种看法是有一定道理的。在我们的绘画史上,崇古守旧之风确是一直十分强盛,致使某些绘画技法,往往陈陈相因,渐成僵死的信条;某些画风,亦往往流贯千年而不变。正如鲁迅先生曾经批评的:

---

① 陈幼韩:《戏曲表演美学探索》,中国戏剧出版社1985年版,第140页。
② [英]M.苏立文著,陈瑞林译:《东西方美术的交流》,江苏美术出版社1998年版,第320页。

我们的绘画,从宋以来就盛行"写意",两点是眼,不知是长是圆,一画是鸟,不知是鹰是燕,竟尚高简,变成空虚,这弊病还常见于现在的青年木刻家的作品里。①

在其他艺术门类中,亦同样存在缺乏创新意识的局限。如传统戏曲,虽有南戏、杂剧、传奇、昆腔、京剧这样的历史演进及体式之分,但集诗歌舞为一体的基本表演形式及唱、念、做、打的科范,长期没有什么新的变化,更没有像西方那样生成

图6-27 唐·阎立本《历代帝王图》
（局部）

具有不同审美特质的舞剧、话剧、歌剧等独立剧种。

在取材及审美趣味方面,中国传统艺术亦显褊狭。如人物画中,除菩萨、罗汉、天王之类宗教形象之外,描绘的多是帝王、官吏、仕女、书生（见图6-27）,而少见像西方的《室内的农夫一家》（安托万·勒男）、《拾穗者》（米勒）、《筛麦的姑娘》（库尔贝）、《捆干草者》（让·弗朗索瓦·米莱）那样一些直接表现普通劳动者生活的名作。在我们的历史上,虽也有过难以尽数的人民对压迫者的反抗以及"扬州十日""嘉定三屠"之类的残酷场景,却没有出现如法国画家欧仁·德拉克罗瓦的《希阿岛的屠杀》《自由指引人民》,西班牙画家弗兰西斯科·戈雅的《战争的灾难》《五月三日的枪杀》那样一些充满悲壮美的作品。中国的戏曲舞台上,出现的也主要是帝王将相、才子佳人,这也在一定程度上束缚了中国艺术的发展。

---

① 鲁迅:《且介亭杂文末编》,人民文学出版社1973年版,第13页。

五、古典艺术对中华传统文化的影响

中国传统艺术,是中华民族的生产生活及内心世界的反映,既体现了中国人向往自由、热爱生活、积极进取、豪迈乐观的人生境界,也在艺术功能、社会理想、宇宙感悟等方面,表现了与其他民族不同的人文精神,最为突出的是以下三个方面:

(一)教化人伦,经世致用

艺术,就其本质功能来说,是为了满足人们的消遣娱乐需要,但中国传统艺术自创生之初,就充分体现出注重人伦教化、经世致用的人文精神。孔子早就明确提出过"兴于诗,立于礼,成于乐"①的主张,并将其作为评价音乐价值高低的重要准则。据《论语》记载,孔子在齐国听到《韶》乐时,曾赞其"尽美矣,又尽善也",而对《武》乐的评价则是"尽美矣,未尽善也"②。究其原因便是,《韶》乐歌颂了以美德得尧禅让的舜,有利于化育人心,而《武》乐歌颂的则是武力征服天下的周武王,有违仁政,不利于人格培养。在相传出于孔子再传弟子公孙尼子之手的《乐记》中,亦将乐与礼相提并论,认为"礼乐刑政,其极一也,所以同民心而出治道也","声音之道,与政通矣";音乐"可以善民心,其感人深,其移风易俗",故而反对不利于人伦教化的"桑间、濮上之音"等。中国历代王朝之所以大都设有专门的音乐机构,积极扶持音乐事业的发展,看重的也是音乐在陶冶性情、纯化世风、维持社会稳定方面的功能。

在书画方面,教化人伦、经世致用也一直为历代书画家与理论家所看重。南朝谢赫在《古画品录》中就已明确提出:"图绘者,莫不明劝戒,著升沉,千载寂寥,披图可览。"张彦远《历代名画记》中也认为:"夫画者,

---

① 《论语·泰伯》。
② 《论语·八佾》。

成教化，助人伦，穷神变，测幽微，与六籍同功。""图画者，有国之鸿宝，理乱之纪纲。"明代书法理论家项穆的《书法雅言》进一步强调："书之作也，帝王之经纶，圣贤之学术。""书之为功，同流天地，翼卫教经者也。"这类主张，虽然有着应予批判的维护封建道统的一面，但也促成了中国书画家心忧天下、积极入世、反抗邪恶、同情民间疾苦、向往社会公正与实现人间太平的责任感。有许多书画家，不仅以此为创作宗旨，在实际生活中亦身体力行，如唐代著名书法家颜真卿，在安史之乱中曾不顾个人安危，挺身而出，率众抗击。另有不少书画家，如明末的陈老莲、清代的八大山人、石涛等，虽有出家人之名，实际上却不曾真正遁入空门，而是一直在哀思故国，忧心时世。

　　以具体作品来看，如在南宋李唐那幅表现不食周粟的伯夷、叔齐隐居生活的《采薇图》中，表现的正是画家对高亢不屈之气节的赞美；在明代周臣的《流民图》中，通过那25个贫穷可怜的乞丐形象，可充分见出作者对社会不公的愤慨。另有许多山水花鸟之作，其中也常常别有寄托，如宋代苏东坡笔下枝干虬屈、气势雄大的《枯木怪石图》（见图6-28），元代倪瓒以萧散简远的笔墨绘就的由松、柏、樟、楠、槐、榆组成的《六君子

图6-28　北宋·苏轼《枯木怪石图》

图》,清代八大山人笔下那白眼看天的怪鸟,郑板桥笔下那"一枝一叶总关情"的竹石兰草等,也无一不隐含着画家嫉恶如仇、讽喻现实以及纯正亮洁的人格精神。即如在唐代周昉表现贵族女性生活的《挥扇仕女图》《簪花仕女图》等作品中,透过人物无聊冷漠的面部表情刻画,亦可让人隐隐感到画家对这些生活虽然富贵而心理却处于压抑状态的女性的同情。当我们欣赏颜真卿的《颜勤礼碑》、米芾的《蜀素帖》等书法名作时,也极易为其含而不露的人格风韵所触动,或为其浩然磅礴之气所震撼,或为其清正刚健之态所感染。

与注重教化人伦、经世致用的文化精神相关,在中国的传统艺术理论中,特别强调艺术家的艺品与人品之间的密切关联。汉代的扬雄,在《法言·问神》中即明确强调:"言,心声也;书,心画也。声画形,君子小人见矣。"宋代著名书画鉴赏家与评论家郭若虚在《图画见闻志》卷一也指出:"窃观自古奇迹,多是轩冕才贤,岩穴上士,依仁游艺,探赜钩深,高雅之情,一寄于画。人品既已高矣,气韵不得不高,气韵既已高矣,生动不得不至,所谓神之又神而能精焉。"清代书法家傅山说得更为直截了当:"作字先作人,人奇字自古。纲常叛周孔,笔墨不可补。"(《作字示儿孙》)

在中国古代书画史上,诸如王羲之、颜真卿、徐渭、傅山、郑板桥等这样一些书家或画家,之所以备受后人景仰,除了其艺术成就之外,亦正与他们刚正不阿、洁身自好的高尚品行有关。相反,另如宋代的蔡京、明代的严嵩等,虽在书法方面亦有相当造诣,只因大节有亏,而遭后人唾弃。即使如元代的赵孟頫、明代的董其昌这样的书画大家,也因其人格有失,而不时为后人所讥。将艺品与人品完全等同划一,也许不尽科学,但对艺术家高尚人格的要求,则又正是中国传统艺术中值得大力弘扬的文化精神。

(二)自由放达,洒脱无羁

中国传统艺术中的这样一种人文精神,首先表现在许多艺术家不畏权势、不从流俗、自由潇洒、敢于抗争的处世态度与人格风范。如有"米颠"之称的宋代书画家米芾,个性不羁,行为狂放,在皇帝面前亦敢无所顾忌;元代大画家倪瓒,本系无锡大族,却厌于家产之累,而于中年之后,毅然将其分散于亲友,而只身四处游历,以作画自娱。在这样的艺术家身上,体现出来的正是一种向往自由、追求平等、反叛世俗、放达不羁的情怀。另有许多书画家,为了生命的自由呈现,或如明代的沈周、清代的傅山那样,不应科举,远离仕途,而优游林下,啸傲山泉;或如元代的王蒙、明代的文徵明、清代的吴昌硕那样,辞官归乡,寄情山水。在个人生活方面,他们也往往率性而为。如沈周曾不顾别人非议,坦然与妓女来往;唐寅亦公然自称"江南第一风流才子";徐渭也不乏画船载妓醉游的风流艳事;郑板桥亦曾在《自叙》中坦承"酷嗜山水,又好色"。在这些书画家恣情任性的言谈举止中,亦可见出其反叛封建礼教、向往人性自由的一面。

其次表现在自由洒脱的创作心态。汉代学者蔡邕在其《笔论》中曾如此论书:

> 书者,散也。欲书先散怀抱,任情恣性,然后书之;若迫于事,虽中山兔豪不能佳也。夫书,先默坐静思,随意所适,言不出口,气不盈息,沉密神采,如对至尊,则无不善矣。

蔡邕的这番见解,既是对书法艺术规律的科学揭示,实际上也包含着对个性自由的人文精神的张扬。正是为了张扬自由个性,清代著名书法家傅山甚至主张:"宁拙毋巧,宁丑毋媚,宁支离毋轻滑,宁直率毋安排。"(《作字示儿孙》)庄子在《田子方》中曾虚构过一位旁若无人的"真画者",极力推赏其"解衣般礴"的创作风范,而实际上,在后世画坛上,这样洒脱不羁的"真画者"并不少见。如元代画家倪云林画竹子,即可以不管"为芦为麻",只求表现"胸中逸气"。明代作家周亮工曾在《赖古堂集》中记录了陈老莲的创作过程:"急命绢素,或拈黄叶菜,佐绍兴深黑酿,或令萧叔青倚槛歌,然不数声辄令止。或以一手爬头垢,或以双指搔脚爪,或瞪目不语,或手持不聿,口戏顽童,率无半刻定静。"①一派狂气逼人之状。清代画家恽南田则这样谈过自己的创作经验:"作画须有解衣般礴旁若无人之意,然后化机在手,元气狼藉,不为先匠所拘,而游于法度之外矣。"(《画论丛刊·南田画跋》)

　　第三,见之于人格结晶的作品。在东晋壁画中那凌空飘升的飞天图,在唐代韩幹笔下那仰首嘶鸣的《骏马图》,在北宋刘寀笔下那浮沉腾跃的《落花游鱼图》,在元代王冕笔下那迎着风刀霜剑怒放的《满枝繁梅图》,在明代唐寅笔下那昂首枝头鸣叫的《八哥图》,在清代八大山人笔下于浩淼烟波中竞逐畅游的《鱼鸭图》等作品中,透过其潇洒的笔触、活泼的构图、灵动的意境,令人感到的正是一种不满于尘世束缚,渴望自由解放的人性精神。在顾恺之表现人神之恋的《洛神赋图卷》,在明代郭诩表现东晋名士谢安狂放风流生活的《东山携妓图》,在唐寅充满怜花惜春之意的《牡丹仕女图》,在清代崔鏏的《秋闺思妇图》等作品中,也充分可见画家们对人性自由的向往。此外,在诸如徐渭"半生落魄已成翁,独立书斋啸晚风。笔底明珠无处去,闲抛闲掷野藤中"及郑板桥"秋风昨夜渡潇湘,触石穿林惯作狂。惟有竹枝浑不怕,挺然相斗一千场"这样的一些题画诗中,可以更为直接地感受到画家们狂放不羁、愤世嫉俗的人格精神。另如张旭、怀素等人的狂草作品(见图6-4、图6-5),尽管字意难以辨析,也能动人情怀,为人喜爱,也便正是因为在那汪洋恣肆的线条律动中,散射出一种不可遏止的自由冲动。在《广陵散》《酒狂》《渔舟唱晚》《平沙落雁》等许多古代音乐作品中,也往往喷涌着一种凌空高蹈之情。正如

---

① 黄宾虹、邓实编:《美术丛书·初集》第4辑,神州国光社1936年版,第60~61页。参见林木:《明清文人画新潮》,上海人民美术出版社1991年版,第190页。

清人唐彝铭在《天闻阁琴谱》中阐释古琴曲《平沙落雁》所指出的:

> 盖取其秋高气爽,风静沙平,云程万里,天际飞鸣。借鸿鹄之远志,写逸士心胸者也。

在人类的生活中,艺术是最富于自由精神的活动,艺术成就的高低亦往往与创作主体向往自由的程度有关。宗白华先生在《论〈世说新语〉和晋人的美》一文中指出,魏晋时代的书法之所以达到了很高的艺术成就,重要原因便是:"魏晋的玄学使晋人得到空前绝后的精神解放,晋人的书法是这自由的精神人格最具体最适当的艺术表现。""而只有晋人萧散超脱的心灵,才能心手相应,登峰造极。"[①]事实上,不论在什么时代,只有那些富于反叛精神、崇尚个性自由的人格,才能在创作实践中不断突破成规,形成自己的个性,创造艺术的辉煌。相反,在中国艺术史上,我们也会看到,有不少如明代永乐年间出现的被称为"台阁体"的沈度等人的书法作品,虽亦有深厚功力,但正是由于人格的萎缩、心灵的拘谨,而致使其笔

图6-29 隋·展子虔《游春图》

---

① 宗白华著,王岳川编:《宗白华学术文化随笔》,中国青年出版社1996年版,第136页。

力枯寂,板结乏神。

(三)热爱自然,向往和平

在对自然的态度方面,中西文化有着根本性的区别。西方人强调的是主客对立,征服自然,而中华文化则强调物我化一,亲和自然。早在春秋时代,中国先哲孔子,即已有过"仁者乐山,智者乐水"之类涉及人与自然和谐关系的论述。在老庄哲学中,更是以崇尚自然为纲领的。在此后的中国哲学史上,以人与自然和谐相处为主旨的"天人合一"思想,也一直占据重要地位。显然,正是与这样的文化背景相关,与西方大不相同的是,中国古代艺术中充满了热爱自然、向往和平的人文精神。

以创作实际来看,在相当长的历史时期内,西方艺术家很少顾及自然美,直到文艺复兴时期,自然风景在绘画中还仅仅是作为背景出现的。至19世纪,当英国画家特纳首次从大自然取材画了一幅海洋风景画《加莱防波堤》时,尚因题材新颖而引起过轰动。而我国早在新石器时代的陶器上,就已出现了鱼、鸟之类动物图案及取之于水的漩涡纹、波状纹等等。在后来的中国绘画史上,山水与花鸟画的创作也一直兴盛不衰。值得注意的是,在中国绘画史上大量出现的诸如展子虔的《游春图》(见图6-29)、郭熙的《早春图》、黄筌的《珍禽图》、朱瞻基的《鼠石图》、吕纪的《桂菊山禽图》、金农的《玉壶春色图》之类山水花鸟之作,有的并不一定别有寄托,而主要是通过对赏心悦目的湖光山色或生机勃勃的花鸟虫鱼的描绘,表达对大自然的喜爱与赞美之情。在这类作品中,令人体味到的正是人与自然共生的"天人合一"之妙境。在中国古代的其他艺术门类中,崇尚自然这一特征也很明显。如在书法艺术中,其点与线之状,也常以逼近自然为追求的目标。唐人孙过庭在《书谱》中,正是以自然物态为范式,这样描述过书法艺术的审美特征:

悬针垂露之异,奔雷坠石之奇,鸿飞兽骇之姿,鸾舞蛇惊之态,绝岸颓峰之势,临危据槁之形;或重若崩云,或轻如蝉翼,导之则泉注,顿之则山安;纤纤乎似初月之出天涯,落落乎犹众星之列河汉。

另如在《梅花三弄》《流水》《潇湘水云》等古代音乐作品中,也常以音符幻化出一个个远离尘嚣的自然世界。中国传统艺术中体现出来的这样一种对自然美的钟情与热爱,从更深层次上来看,又正是中华民族厌恶人间纷争、反抗不合理的社会现实、向往和平的美好人文精神的体现。

在中国传统艺术中,这样一种人文精神,除了含蓄表现在山水花鸟画、音乐、书法等作品中之外,还直接表现在许多以人的现实生活为题材的作品中。例如在东汉画像砖中的《弋猎收获图》《纺织图》,壁画中的《夫妻宴饮图》,唐代张萱的《捣练图》(见图6-30),南宋苏汉臣的《冬日婴戏图》(见图6-31),清代木刻连环画《耕织图》之类人物画作品中,那些欢快、温馨、安逸的生活图景,也都给人以热爱生活、向往和平的美好情操的感染。

图6-30 唐·张萱《捣练图》(局部)

中国传统艺术中的人文精神,是中国儒、道及外来佛教文化综合影响的产物。儒家文化赋予了中国艺术家关心现实、积极入世的情怀;道家文化赋予了中国艺术家超尘脱俗、热爱自然、自由旷达的人格;佛教文化经由中国化之后而形成的禅宗学说,则赋予了中国艺术家体悟人生与观照自然万物时的内在灵性。正是这样深厚的文化土壤,育成了王羲之、张旭、颜真卿、米芾、傅山、郑板桥等众多德艺双馨的艺术大师。

与西方人的艺术实践与艺术追求相比,我们自然不难发现中华传统文化中也存在着某些不利于艺术发展的因素,尤其是对于人伦教化及经世致用功能的过分强调,在一定程度上导致了某些艺术家创作视野的窄狭,以及"松树不见根,喻君子在野;杂树喻小人峥嵘之意"①之类肤浅的意蕴追求。这类局限,也在一定程度上束缚了中国艺术家的思维与想象空间,制约了某些艺术门类的发展。如中国的雕塑艺术,由于一直未能脱离实用功利目的,基本上没有形成独立的创作格局。除了宋代的窑瓷塑鸭、沙石牧童骑牛,元明清时代的玉雕童子、玉雕牛羊等少量作品之外,真正独立意义的雕塑作品并不多见,更没有出现如同西方的米开朗基罗、罗丹那样的雕塑大师。此外,由于道家思想的影响,致使许多艺术家过于忘乎世情,陷入了虚无迷茫,导致了心理内缩,而抑制了其创作活力,影响了创作视野的开放。也许正是与之有关,中国绘画中缺乏如西方大卫的《苏格拉底之死》、杜勒的《武士、死亡与恶魔》、柯布雷的《华生与鲨鱼》、杜米埃的《三等车厢》之类作品中体现出来的浑阔的历史感、奋进的生命力度以及对人性、人与自然关

图6-31 南宋·苏汉臣《冬日婴戏图》

---

① (元)陶宗仪:《辍耕录》卷八《写山水诀》,中华书局1985年版,第123页。

系的深度沉思等等；中国古代音乐中也未能出现如贝多芬的《命运交响曲》那样更为震撼人心的伟大作品。

六、中国古典艺术对世界文化的影响

在历史上，中华民族的才华与智慧，中国传统艺术的独特个性，早就吸引了其他民族的注意。公元9世纪，一位到过中国的阿拉伯商人曾经高度评价说："中国人有着绘画和工艺技术的天赋才能。"14世纪一位著名外国旅行家伊本·巴图塔也曾在日记中写道："中国人的艺术是世界上最优秀的……尤其是绘画，技法精湛，趣味高超，事实上任何一个国家，无论在西方基督教国家还是其他国家，都远远不能达到中国的水平。他们的艺术才能是非凡的。"[1]中国传统艺术正是以其独有的风采，至少自汉代开始，就已不断向外传播，为促进人类艺术的发展做出过重要贡献。

（一）中国古典艺术对东方的影响

中国的音乐、戏曲及书画艺术，很早就传入日本、朝鲜、越南诸国。

隋唐时期，在日本，见于著录的中国乐曲就已有150多首。其中曾被日本皇室确立为佛教祭仪的"吴乐"，即是源之于中国的乐舞。在日本现代传世的23部左方舞乐作品中，有7部被确认为是"中华古乐"或唐人所说的"中华新乐"，如《兰陵王》《春莺啭》《万岁乐》《甘州乐》《赤白桃李花》《秦王破阵乐》《倾杯乐》等。如《兰陵王》源自中国早期的歌舞戏《兰陵王入阵曲》，《万岁乐》是隋炀帝令乐正白明达创作的作品，《秦王破阵乐》原是唐朝有名的宫廷乐舞。[2]成熟于室町幕府时期（1336～1573

---

[1] [英]迈克尔·苏立文著，陈瑞林译：《东西方美术的交流》，江苏美术出版社1998年版，第41、42页。

[2] 参见冯文慈：《中外音乐交流史》，湖南教育出版社1998年版，第118页。

年），后一直为日本民众喜闻乐见的能乐，亦是在吸收中国散乐的基础上创立和发展起来的一种艺术表演形式，"有的题材来自中国古典小说和戏剧，如《西王母》《邯郸》(《邯郸记》《黄粱梦》；有的角色来自中国，例如范蠡、张良；有的诗句来自中国，例如唐代诗人柳宗元的《渔翁》，在日本流传广泛的张继的《枫桥夜泊》，等等。此外在表演方面，如执鞭表示骑马，摇楫表示撑船等，也和中国戏曲的程式一致"[①]。明清时代，在日本民间流行的"明清乐"，也是经由中国音乐家魏之琰等人东渡日本传授的。在朝鲜音乐史上，曾有"唐乐"与"乡乐"之分，其中"唐乐"即乃中国音乐。根据文献记载，朝鲜高句丽时期的36种乐器中，有多种是从中国中原流传过去的，或是根据中国中原乐器改造发展而成的，如筝、玄琴等。朝鲜现存的最古史书《三国史记》卷33转引的《新罗古记》中即有如下记载："初，晋人以七弦琴送高句丽，丽人虽知其为乐器，而不知其声音及鼓之之法。购国人能识其音而鼓之者，厚赏。时第二相王山岳存其本样，颇改易其法制而造之，兼制一百余曲以奏之。"15世纪，朝鲜李朝的礼仪用乐，不仅歌词采自中国的《诗经》，乐曲也都是自中国传去的。越南古代的戏剧，在音乐、服装、表演形式等方面，也都是对中国传统戏曲的摹仿。[②]

自隋唐时代开始，中国书画艺术也日渐在日本、朝鲜等国产生广泛影响。据日本的出土文物证实，早在公元5世纪，汉字书法已出现于日本贵族的生活中。至6世纪，日本已有制墨、制砚技术。日本书法史上的第一位书法名家空海，其风格亦是在精研中国二王书法的基础上形成的。在绘画方面，日本著名的法隆寺与东大寺的壁画，体现的亦是中国绘画艺术的娴熟技巧。被誉为日本"画圣"，在1956年维也纳世界和平大会上被推选为世界十大文化名人中的唯一日本人的雪舟等杨（1420~1506年），亦

[①] 参见冯文慈：《中外音乐交流史》，湖南教育出版社1998年版，第142页。
[②] 参见冯文慈：《中外音乐交流史》，湖南教育出版社1998年版，第97页。

是受中国画的影响而大获成功的。1468年,雪舟等杨以"从僧"身份来华,先是在浙东宁波等地如饥似渴地寻访山水,结识名家高士,临摹绘画,后又北上,饱览华夏名山大川,并师从张有声、李在等宫廷画师,悉心研习中国水墨画的着色、泼墨和晕染等技法,返国后,遂成为日本水墨山水画的奠基人。唐代画论家朱景玄曾在《唐朝名画录》中提到,贞元末,新罗国(古朝鲜)有人在江淮等地"以善价收市数十卷"周昉的画带走[1],可见唐代绘画当时已在朝鲜产生的影响。至宋代,随着中国与朝鲜高丽王朝关系的密切,中国画风更是吸引了朝鲜人的关注,当时的不少高丽画工,曾来中国临摹学习。郭虚若在《图画见闻志》卷六中有如下记载:"熙宁甲寅岁,遣使金良鉴入贡,访求中国图画,锐意购求,稍精者十无一二,然犹费三百余缗。丙辰冬,复遣使崔思训入贡,因将带画工数人,奏请摹写相国寺壁画归国,诏许之,于是尽摹之持归。"不少高丽画师,能以中国山水为题材挥笔泼墨,有的达到了很高的艺术水平。李宁的《礼成江图》,就曾深得宋徽宗的赞赏。郭虚若在《图画见闻志》中也赞誉说:"高丽国敦尚文雅,渐染华风,至于技巧之精,他国罕比,固有丹青之妙。"至明清时代,有更多中国书画家的作品传入日本、朝鲜、波斯等国。当时日本、朝鲜出现的"南画"画派,就是学习中国南宗派的结果。日本浮世绘中的美人画,也与中国画家唐寅、仇英等人的影响有关。

(二)中国古典艺术对西方的影响

从13世纪开始,随着中华文化对外交流的扩大,中国艺术也逐渐传至阿拉伯及西欧各国,对西方的文化艺术产生了一定的影响。

在绘画方面,13~17世纪波斯文化圈内曾流行一种类似中国工笔重彩的细密画,由其线条的工细,色彩的富丽,以及画面中不时可见的龙、

---

[1] 何志明、潘运告编著:《唐五代画论》,湖南美术出版社1997年版,第86页。

凤、麒麟等中国传统图像可见,显然是借鉴了中国绘画的产物。在16~18世纪,随着欧洲与中国之间贸易交流的加强,欧洲诸国曾出现过"中国热",中国艺术自然也随之受到了西方人的重视。由西方绘画史可知,当时荷兰画家的某些风俗画与静物画,便明显体现出中国绘画的艺术风格。法国18世纪兴盛一时的罗可可绘画艺术中,那优美的曲线,华丽的色彩及装饰风格,也是直接受到了中国绘画及工艺品的影响。当时的一些欧洲画家,不仅潜心于对中国绘画技法摹仿,而且常常喜欢以中国人的生活或相关内容为创作题材,如荷兰画家奥西亚斯·贝尔特(Osias Beert,1580~1624年)曾创作过《盛在中国碗里的草莓和樱桃等静物》之类作品,法国罗可可画派的代表人物华托曾创作过《中国和鞑靼的人物系列》,另一位罗可可派画家布歇也创作过壁毯组画《中国婚礼》《中国渔情》《中国市场》等。18世纪的德国画家韦格尔,也是中国绘画艺术的迷恋者之一,曾以中国特色构成了自己的艺术风格。19世纪以来,有不少西方现代艺术家,亦深为中国绘画的艺术风格与技巧所吸引。俄国的康定斯基采用中国人的用笔方法,创作过写意画;纽约画派的大师波洛克,学习使用过中国的笔墨纸张;毕加索在看了张大千的作品之后曾经感叹说:"与中国绘画艺术比较,我的画甚至算不上艺术,真正的艺术在东方。"

在建筑方面,英国文学家艾迪生和蒲伯,都曾对中国的园林艺术大加推崇。艾迪生赞美中国园林"总是把他们所使用的艺术隐藏起来";蒲伯曾"把在阙根汉的几何式花园毁掉,在1718~1723年间进行了重建,利用叠石假山和山洞的构筑艺术,在英国首开引进中国园林特有手法之风气"[①]。尤其值得重视的是,英国乔治时期最负盛名的建筑师威廉·钱伯斯爵士,曾多次到中国旅行,研究中国的建筑和园林艺术,回国后写作出版了《中国园林的艺术布局》《东方造园泛论》《中国建筑、家具、服饰、机

---

① 曹林娣:《中国园林艺术论》,山西教育出版社2001年版,第323页。

械和生活用具的设计》等论著,将中国的建筑、园林等方面的艺术介绍到英国,明确主张英国的建筑与园林要引入中国风格。作为皇家建筑师,他曾直接模仿中国园林的挖池、叠山、造亭、建塔方式,为肯德公爵在英国东南的丘城设计建造了一座中式庭园,冠名"丘园",在整个欧洲引起了轰动,令德、法诸国王公贵族、富商巨贾,纷纷效仿。如法国路易十四仿中国南京琉璃塔风格建成的"蓝由瓷宫";建成于1774年,有着曲折小径、假山、不规则湖面的凡尔赛宫的小特里阿农花园;主要府邸是中国重檐式建筑的蓬乃勒花园;以及位于卡塞尔附近,作为德国最大的中国式花园之一的威廉阜花园,等等,都充分体现出中国情调①。

在戏剧方面,中国传统艺术的影响也卓然可见。如德国现代戏剧大师布莱希特,因不满于西方片面强调体验的戏剧表演原则,提出了"间离效果"、废除"第四堵墙"之类见解,主张在表演过程中,要通过不同于实际生活的"陌生化"形式,让生活真实与艺术真实拉开距离,以防止观众与剧中人物在感情上完全融合为一;要让观众消除在透过一道围墙偷窥他人真实生活的幻觉,以唤起理性的思考。布莱希特的这些见解,亦与中国传统戏曲对他的启发有关。1935年,布莱希特在莫斯科看了梅兰芳的京剧表演之后,惊叹之余,曾专门写下了《论中国戏曲与间离效果》一文,认为中国传统戏曲体现的正是他所向往的审美境界。

在音乐方面,据有关学者研究,为欧洲近代音乐奠定了基础的巴赫的十二平均律理论,在创立过程中,也曾受到过我国明代朱载堉的"新法密律"理论的启迪。

在人类的艺术发展史上,中华民族有过辉煌的历程,做出过卓越的贡献,但历史毕竟已属于历史。在21世纪的今天,我们需要的已不仅仅是

---

① 参见曹林娣:《中国园林艺术论》,山西教育出版社2001年版,第325~326页。

历史的自豪感,而更应是新的创造。况且,无论哪一个民族、哪一个国家的文化,都不可能是完美无缺的,而只有相互交流、取长补短,才能相互促进。因此,在开辟未来、振兴民族文化、再创艺术辉煌的道路上,我们既要立足于自己的伟大传统,继承与弘扬独具个性的审美精神,又要正视其中的局限,放开手脚,进一步广泛吸取世界各民族的文化及艺术营养。

【思考与讨论】

1. 你最喜爱的中国古代书画名家有哪些?请列出其代表作品。
2. 中国古代戏曲艺术有什么特色?你认为应该如何保护与继承?
3. 传统艺术对中华民族的文化精神产生了怎样的影响?
4. 中国传统艺术在世界艺术史上的地位如何?

【参考文献导读】

1. 宗白华:《美学散步》,上海人民出版社1981年版,1997年重版。该书是作者在新中国成立后撰写的22篇美学论文的结集,也是作者生前唯一的一部美学著作。在这部著作中,作者对中国诗歌、绘画、书法等艺术门类的创作规律、审美特征以及中国美学史的内在机制等,均有深刻独到的见解。该书问世以来,一直深受读者喜爱,至今仍在中华文化界产生着重大影响。

2. 李泽厚:《美的历程》,文物出版社1981年出版,后又为多家出版社重版。该书虽仅十几万字的篇幅,但其内容博大深厚,是中国当代美学界卓有影响的著作之一。在这部著作中,作者以昂扬的激情,雄辩的思维,宏阔的视野,论述了中国历史上不同时代的审美风范,并据此提出了著名的"历史积淀"说。

3. 金开诚、王岳川:《中国书法文化大观》,北京大学出版社1995年版。本书分五编。第一编探讨了中国书法的艺术特征、文化品格、审美构成及书法美学思想的发展历程。第二编探讨了书法在中华传统文化中的意义及其与其他文化形态的联系。第三编探讨了自商周秦到近现代的书法艺术精华。第四编探讨了中国现代书法艺术精神及其与海外现代书法的相互影响。第五编探讨了金石篆刻的历史嬗变和篆刻艺术的审美境界。通过本书,读者可以更为全面地了解中国书法艺术的特点、价值与文化精神。

4. 薄松年主编:《中国美术史教程》,陕西人民美术出版社2001年版。该书是一部为高校美术专业学生编写的参考教材,也适于业余美术爱好者研读。其突出特点是:纲目清晰,图文并茂,资料精当,论述亦简明扼要。

5. 乔伊:《你应该读懂的100幅中国名画》,陕西师范大学出版社2006年版。本书作者以其深厚的专业素养,从艺术特征、艺术价值、作品意蕴等方面,对阎立本的《步辇图》、张萱的《捣练图》、周昉的《簪花仕女图》等100幅历代名画进行了评述介绍,可引领读者体验中国美术的独特审美韵致。

6. 王子云编著:《中国古代雕塑百图》,人民美术出版社1981年版。本书精选了中国古代历史上出现的"陶兽形壶"、"马踏匈奴"、"云冈石窟大石像"、"居庸关浮雕"等100件有影响的雕塑作品,从艺术价值、审美特征、文化意义等方面进行了解说,读者可从中更为切实地了解中国古代雕塑艺术的发展与成就。

7. 孙继南、周柱铨主编:《中国音乐通史简编》,山东教育出版社1993年版。该书概述了我国自原始社会至中华人民共和国建立以来不同时代的音乐成就及特征,附有130多幅图片及85个谱例分析,是一部资料翔实、论述深入浅出、颇宜非专业读者阅读的音乐通史。

8. 陈幼韩:《戏曲表演美学探索》,中国戏剧出版社1985年版。该书对中国戏曲的表演程式及审美特征进行了深入系统的探讨,是我国戏曲表演美学体系研究领域的一部重要专著,曾被中国戏曲志总部列为戏曲界"十大必读书之一"。

9.徐复观:《中国艺术精神》,广西师范大学出版社2007年版。本书从美学理论出发,结合对传统文化的理解、历史考据及具体作品解读,论述了中国古代音乐与绘画艺术中所蕴含的中国艺术精神。书中义理明晰,颇多真知灼见。

第七章　科学技术与传统科学精神

在中国古代社会,科学技术取得了重大成就,对人类社会发展做出了巨大贡献,为世界所瞩目。英国著名科学家、科学技术史研究专家李约瑟博士在他主持编写的《中国科学技术史》中以大量的事实证明:在13世纪以前,中国的科学知识水平领先于欧洲;在15世纪以前,中国的科学发明与发现远远超过欧洲;近代科学赖以发展的重大发明及发现,约有半数源起于中国。

不久前,习近平同志指出:

> 在5000多年文明发展进程中,中华民族创造了高度发达的文明,我们的先人发明了造纸术、火药、印刷术、指南针,在天文、算学、医学、农学等多个领域创造了累累硕果,为世界贡献了无数科技创新成果,对世界文明进步影响深远、贡献巨大。①

这是对中国传统科学技术成就及其影响的高度概括与总结。

一、"四大发明"与中国科学技术的辉煌

在历史长河中,勤劳智慧的中华民族有许多重大发明创造,最为人们津津乐道的是"四大发明"。意大利数学家杰罗姆·卡丹于1550年提出

---

① 习近平:《在中国科学院第十七次院士大会、中国工程院第十二次院士大会上的讲话》,《光明日报》2014年6月10日。

磁罗盘、印刷术和火药是中国的三大发明,马克思和恩格斯在《机器、自然力和科学的应用》一文中对中国三大发明的作用与意义给予了充分肯定。1848年,来华传教的耶稣会士艾约瑟在"三大发明"之外,又增加了造纸术。但是,使中国的"四大发明"广为人知的人,是长期致力于中国科学技术史研究的英国学者李约瑟。1946年,在联合国教科文组织巴黎会议上,李约瑟在演讲中提出中国最伟大的发明是造纸术、印刷术、磁罗盘和黑火药。"四大发明"从此传播开来。

(一)造纸术与印刷术

商周之时,文字大多书写在龟甲、兽骨、青铜器上。春秋战国以后,竹简、木牍、缣帛以取材、使用较为方便而逐渐占据主流。但是,在竹简、木牍上写字也不是件容易的事。一枚竹简、一片木牍,写不了几个字,仅一篇诗赋、一道奏章,就需要大批简牍。秦始皇每天批阅的奏章达60多公斤。东方朔给汉武帝上书,便用了整整3000多片木牍,两个人才能抬动。缣帛虽然轻便,但价格昂贵。书写材料的这些缺点,极大地限制了文字的传播和文化的发展。人们开始寻求新的书写材料。于是,纸被发明了出来。

1934年,"中国西北科学考察团"的黄文弼在新疆罗布淖尔一座烽燧遗址中发现了一片10×4厘米大小的残纸。由于同时同地又发现了汉宣帝黄龙元年(前49年)的木简,考古学家认为这片残纸应是西汉遗物。自此之后,西汉和东汉初年的古纸屡有发现,其中年代最早的实物是1957年在陕西西安灞桥一座汉墓中出土的数十片碎纸,被称为"灞桥纸"。该墓年代不晚于汉武帝元狩五年(前118年)。据此有人认为,汉武帝时期已经发明了纸。

在史料记载上,人们把纸的发明归功于蔡伦,且一直将其尊奉为造纸业祖师。蔡伦,字敬仲,桂阳(郡治郴县,今湖南郴州)人。汉明帝时入宫做了宦官,到汉和帝坐天下时,官至中常侍兼尚方令,主管皇帝御用器物的制作。蔡伦才学过人,他用树皮、麻头、破布、鱼网等为原料,造出了一种纸。元兴元年(105年),蔡伦将他的发明奏报和帝,受到和帝的赞誉。后来,蔡伦被封为龙亭侯。人们就把他发明的纸称为"蔡侯纸"。不仅如此,蔡伦还对造纸术的推广做出了很大贡献。公元117年,蔡伦将其所监督校订的经书用纸抄写,并将所抄副本颁发给地方官员,由此形成了大规模用纸抄写儒家经典的高潮,纸本书籍成了传播文化的最得力的载体。从此,纸张基本取代了简帛而成为主要的书写材料。所以,纸虽然不是由蔡伦最早发明的,但他扩大了造纸的原料,改进了造纸工艺,推进了纸张的传播,因此,他在纸的发展史上占有着重要地位。

印刷术最早指的是雕版印刷。雕版印刷的发明首先与当时社会经济、文化的高度发展密切相关。其次是为了大规模复制副本的需要,而佛教的盛行是直接的推动力。佛教入唐大盛,佛经需求量大增,手工抄写难以满足需要。再者,汉代即已出现和成熟的造纸术、制墨技术,以及早已存有的图章和石刻技术,为雕版印刷术的产生提供了基本的技术条件。目前发现的最早的雕版印刷品是1974年在西安出土的《陀罗尼经咒》,考其时代,当在7世纪初叶。据记载,当时一个熟练的工匠,一天可印刷2000多张,较之手抄书,效率有了明显提高。所以雕版印刷术一经产生,便很快得到推广。

雕版印刷虽然比手工抄写快捷方便,但印一页就得雕一版。印一部篇幅浩繁的经书,所需雕版就得数以万计。改造印刷术,成为人们探索的新课题。终于,北宋时的刻字工匠毕昇(1041~1048年)发明了活字印刷术。他在用胶泥做成的一个个小方块上刻字,用火将"泥活字"烧硬,在铁板上敷以松脂、腊和纸灰的混合物,再放一铁框,框里排满"泥活字",放在火上加热,使松脂等混合物熔化,用平板将"泥活字"压平,冷却后"泥活字"固定在铁板上,上墨印刷。印完一版,将铁板加热,松脂等混合物熔化,拆下"泥活字",重新排版。

后人又在毕昇活字基础上对刻字原料和排版工具进行了不断的改进。至元朝又发明了木活字、锡活字、铜活字等多种样式,进一步推动了活字印刷术的普及。这一时期的农学家王祯还发明了活字储存转盘,大大提高了活字印刷的工作效率。

图7-1 清·木活字制作工序图(清·金简《钦定武英殿聚珍版程式》)

造纸术和印刷术的发明和发展,不仅极大地推动了中国古代文明的传播和发展,对世界文化的发展也做出了巨大贡献。

(二)火药与指南针

火药是从炼丹术中发明的。炼丹是古人为追求长生而炼制丹药的方术。在丹药的配方中,常用硝石、三黄(雄黄、雌黄、硫黄)、松脂和各种油脂,在炼制过程中,经常发生起火燃烧甚至爆炸现象,所以称这些物质为"火药"。至迟到唐代,有确切文字记载的含硝、硫、炭三种主要成分的火药已经在中国诞生。

最早的火药被用于制作爆竹、烟花之类,至唐末方被应用于战争。据北宋路振《九国志·郑璠传》记载,唐哀宗天祐元年(904年),吴王杨行密部将郑璠率兵攻打豫章(今江西南昌),"发机飞火,烧龙沙门"。宋人许洞《虎钤经》释曰:"飞火者,谓火炮、火箭之类也。"后人认同此说,以此为火药第一次应用于战争。到了宋金时期,由于战事的频繁,火药兵器迅速发展起来。北宋初年官修大型军事百科全书《武经总要》最早记录了"火炮火药法""毒药烟球火药法""蒺藜火球火药法"三种火药兵器的配方。宋代火器品种多,门类齐全,主要有火球、蒺藜火球、霹雳火球、烟球、毒药烟球、铁嘴火鹞、竹火鹞、火箭、火炮、霹雳炮、铁火炮、震天雷、火炮、火蒺藜等。到了南宋初年,又发明了火枪、铁火炮等,这是世界上最早的管形武器。不过,当时的管形火器形状简陋,尚处于初创阶段。

　　元代的火器制造又有较大的发展,出现了金属类管状火器——火铳(见图7-2)。火铳采用金属制管,能耐较大膛压,可以填装较多的火药和较重的弹丸,威力大,使用寿命长,因此很快成为军队的重要兵器装备。元朝军队正是凭借精良的火器装备同西方国家作战,所向披靡。

图7-2　元代铜火铳

　　到了明代,火器发展到鼎盛时期,一方面火铳、火炮、火箭、地雷、水雷等传统火器的形制和性能不断得以改进,品种繁多,制作精良,另一方面引进了先进的西方火器佛郎机、鸟铳、红夷大炮。

　　指南针是中国对世界文明发展的又一重大贡献。

　　指南针是利用磁铁在地球磁场中的南北指极性而制成的。中国是最早发现磁铁具有指极性的国家。早在战国时期,中国就发明了指向仪器——司南(见表7-3)。有人认为这是世界上最早的指南针。不过这时的司南磁性还不够强,指示方向效果较差,还不能用于航海,所以不能算作真正意义上的指南针。北宋时期又出现了"指南鱼",其指向性较之司南有很大进步。不久在此基础上不断改进,出现了罗盘指南针(见图7-4),就是将指南针同刻有方向的盘子结合在一起,指定方向准确,且方便携带。北宋沈括的《梦溪笔谈》对此有记载:"方家以磁石磨针锋,则能指南,然常微偏东,不全南也。"[①] "方家"就是风水先生,他们用磁石磨针锋的人工磁化方法制成指南针。"常微偏东"是地磁偏角的作用。从北宋起,指南针被用于航海,北宋朱彧的《萍洲可谈》就记述了指南针在航海中的使用。南宋时,为确保正确导航,在船舶上专门设有置放指南针的"针房"。指南针的发明极大地促进了中国古代航海业的发展,南宋、元代航海事业的高度发展以及明代的郑和下西洋壮举,指南针所起到的作用功不可没。

图7-3　司南复原模型

图7-4　宋罗盘

(三)其他重要发明

四大发明只是中国古代科学技术的标志性成就,除此之外,还有

[①] (宋)沈括:《梦溪笔谈》卷二四。

大量的科技发明被中国人创造,且对中国以至人类文明产生了重大影响。为了便于从整体上了解与把握中国历史上的重大发明创造,中国科学院自然科学史研究所组建"重要发明创造"课题组,依据突出原创性、反映古代中国科技发展的先进水平、对世界文明有重要影响三个标准①,在众多发明创造中推选出"中国古代重要科技发明创造"85 项,分为科学发现与创造、技术发明、工程成就三类,2015 年 1 月 28 日予以公布②:

序号	科学发现与创造	年代
1	干支	商代有干支纪日,春秋以后有干支纪年,汉代以后有干支纪月
2	阴阳合历	商代后期
3	圭表	不晚于西周
4	十进位值制与算筹记数法	不晚于春秋
5	小孔成像	公元前 4 世纪
6	杂种优势利用	不晚于东周
7	盈不足术	不晚于战国
8	二十四节气	起源于战国,成熟于西汉初期
9	马王堆地图	不晚于公元前 2 世纪
10	勾股容圆	不晚于西汉
11	线性方程组及解法	不晚于西汉
12	本草学	东汉初期
13	天象记录	汉代已较为系统
14	经脉学说	汉代
15	四诊法	汉代
16	方剂学	汉代
17	制图六体	不晚于公元 3 世纪

---

① 参见张柏春、罗桂环、韩健平、孙显斌、徐丁丁:《智慧的回响:盘点中国古代重要科技发明创造》,《光明日报》2015 年 2 月 13 日。
② 参见齐芳:《85 项"中国古代重要科技发明创造"出炉》,《光明日报》2015 年 1 月 28 日。

18	律管管口校正	公元 3 世纪
19	敦煌星图	公元 8 世纪初
20	潮汐表	始见于公元 8 世纪后半叶
21	增乘开方法	不晚于 11 世纪初
22	垛积术	不晚于 11 世纪末
23	天元术	不晚于 13 世纪初
24	一次同余方程组解法	不晚于 1247 年
25	法医学体系	公元 1247 年
26	四元术	不晚于 1303 年
27	等程律(十二平均律)	公元 1581 年
28	《本草纲目》分类体系	公元 1578 年
29	系统的岩溶地貌考察	公元 1613—1639 年
	技术发明	**年代**
30	水稻栽培	距今不少于 10000 年
31	猪的驯化	距今约 8500 年
32	粟的栽培	距今约 8000 年
33	含酒精饮料的酿造	距今约 8000 年
34	髹漆	距今约 8000 年
35	养蚕	距今约 8000 年
36	缫丝	距今 5000 多年
37	大豆栽培	距今约 4000~5000 年
38	块范法	约公元前 17 世纪
39	竹子栽培	不晚于商代
40	茶树栽培	周代
41	柑橘栽培	不晚于东周
42	以生铁为本的钢铁冶炼技术	春秋早期
43	分行栽培(垄作法)	春秋时期
44	青铜弩机	不晚于战国初期
45	叠铸法	战国时期
46	多熟种植	战国晚期
47	造纸术	西汉初期

48	胸带式系架法	西汉时期
49	温室栽培	不晚于公元前1世纪
50	提花机	不晚于公元前1世纪
51	指南车	西汉时期
52	水碓	西汉时期
53	针灸	汉代
54	新莽铜卡尺	公元9年
55	风扇车	不晚于公元1世纪
56	地动仪	公元132年
57	翻车(龙骨车)	公元2世纪
58	水排	东汉时期
59	瓷器	成熟于东汉晚期
60	马镫	不晚于公元4世纪初
61	雕版印刷术	公元7世纪
62	转轴舵	不晚于公元8世纪
63	水密舱壁	不晚于唐代
64	火药	约公元9世纪
65	罗盘(指南针)	不晚于公元10世纪
66	顿钻(井盐深钻汲制技艺)	不晚于公元11世纪
67	活字印刷术	公元11世纪
68	水运仪象台	建成于1092年
69	活塞式风箱	不晚于宋代
70	火箭	不晚于南宋时期
71	火铳(管形火器)	不晚于公元13世纪末
72	人痘接种术	不晚于公元16世纪
	工程成就	**年代**
73	曾侯乙编钟	战国早期
74	都江堰	公元前256~前251年
75	长城	始建于战国后期,秦代形成"万里长城"
76	灵渠	公元前221年~前214年之间
77	秦陵铜车马	秦代

78	安济桥(敞肩式石拱桥)	公元7世纪初期
79	大运河	隋唐大运河于公元7世纪初贯通;京杭大运河于1293年贯通
80	布达拉宫	始建于公元631年,重修于17世纪中叶
81	苏州园林	四大名园之沧浪亭始建于公元910年前后
82	沧州铁狮	公元953年
83	应县木塔	公元1056年
84	紫禁城	建成于公元1420年
85	郑和航海	公元1405—1433年

2016年7月14日,该课题组又增加了3项:中国珠算、琢玉、大风车①。

88项中国古代重要科技发明创造,分属多个学科。其中医药学、农学、天文学和数学是古代中国最发达、成就最高的四门自然科学。

二、中医药学的发展

中国传统中医药学根植于中华传统文化,经过长期的探索与实践,形成了完整的体系和鲜明的特色。中医药学创立了很多异于西医药学的理论和学说,包括藏象学说、经络学说、阴阳五行学说、气血学说、五运六气学说等。这些理论创造和医学发明,构成了中医药学独特的理论体系。在临床诊断方面,形成了"望闻问切"诊断方法;在临床治疗方面,形成了中药方

補注黃帝內經素問卷第二十三
啓玄子次注林億孫奇高保衡等奉敕校正孫兆重改誤
著至教論　示從容論
疏五過論　徵四失論
著至教論篇第七十五　新校正云按全元起本在四時病類論篇末
黃帝坐明堂召雷公而問之曰子知醫之道乎　明堂布政之宮也八窗四闥上圓下方在國之南故稱明堂夫求民之瘼恤民之隱大聖之用心故召引雷公問拯濟生靈之道
雷公對曰誦而頗能解解而未能別別而未能明明而未能彰　言所知解但得法守數而已猶未能深盡精微之妙用也　新校正云按楊上善云習道

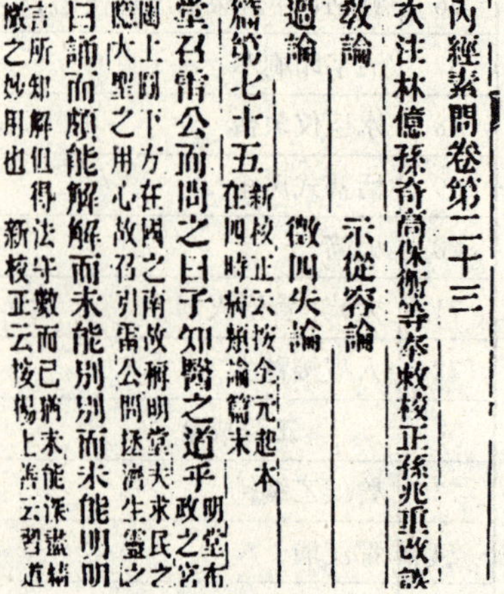

图7-5　《黄帝内经》书影

① 李大庆:《寻找中国的"第五大发明"——中科院自然科学史所研究确定我国古代重要科技发明创造88项》,《科技日报》2016年7月15日。

图7-6 扁鹊行医图（汉画像石）

剂、针灸推拿等方法。它本身又成为中华传统文化的重要组成部分，具有重要的文化价值。

（一）中医药学的产生与发展

在古汉语中，"疾"为染病，"病"为病情加重。远古先民在生产、生活实践中，发现了某些植物治疗疾病的作用。"药"字繁体字作"藥"。许慎《说文解字》释曰："藥，治病草，从草樂声。"这些具有药性的植物统称"本草"。后世将这一重大发现归功于"三皇"——伏羲、神农、黄帝，并将三皇尊为"药皇"，这足可说明"三皇"时代医药对先民生存的重要性。"三皇"之中对医药贡献最大的是神农。李时珍《本草纲目·序例上》曰："神农尝百草滋味，一日而七十毒，由是医方兴焉。"

古文"医"，一作"毉"，说明医与巫关系密切，此等人被视为有通天地之本领，能降神驱鬼，祈福祛灾。《说文解字》云："巫咸初作巫。"巫咸的身份，众说不一，或云他是黄帝时人，或曰为尧臣，《尚书》《史记》等说他是殷商人。巫咸当为殷商时代的一个名巫，也是一位名医，汉魏之间的宋衷注《世本》云："巫咸初作医。"最早的中医往往被称为"巫医"[1]。古文"医"也作"醫"，与酒有关，酒不仅可以入药，且是巫师作法的辅助剂，巫师借酒而达到一种眩迷的状态，便可以通神明[2]。

及至战国，中医药开始走出巫术的窠臼，标志性著作与人物是《黄帝内经》和扁鹊。

---

[1] 《论语·子路》。
[2] 参见张光直：《商代的巫与巫术》，《中国青铜时代》，三联书店1999年版，第252~280页。

《黄帝内经》出现在战国晚期,是中国第一部医学著作(见图7-5)。一般认为《黄帝内经》出现于战国,历经多人增补修订,到西汉成书。今本《黄帝内经》包括《素问》与《灵枢》两部分,各81篇,共28卷。全书采用黄帝与臣子岐伯、伯高、少俞、雷公等问答的形式。《黄帝内经》的理论建构分为三个理论基础、九个学说。三个理论基础分别是气理论、阴阳理论和五行理论;九个学说分别是藏象、经络、病因、病机、病证、诊法、论治、养生、五运六气学说,构成了从诊断到治疗和预防养生的完整链条,奠定了中医药学的理论基础。

扁鹊,战国时医学家。姓秦,名越人,其故里为渤海郡郑(今河北任丘北)人,一说卢(今山东长清)人。扁鹊具有丰富的医疗实践经验,反对巫术治病;擅长各科,尤长于妇科、小儿科、五官科。他在诊断上所采用的望色、闻声、问病、切脉,在治疗上采用针灸、砭石、手术、导引、汤药、按摩等手法,成为中医传统的诊治方法。

《黄帝内经》和扁鹊都竭力反对、批驳风行于医学中的巫术迷信,在中医脱离巫术的窠臼、走向科学的过程中,做出了令人称颂的贡献。

李时珍《本草纲目·序例上》曰:"两汉以来,名医益众。"古人对名医非常崇敬,建庙祭祀。明清时期,遴选了历史上最有名的医药家入祀"先医庙"(或称"药王庙")。"先医庙"地位最高的是"三皇":伏羲、神农、黄帝。他们两旁是"四配":句芒、风后、祝融、力牧。东庑从祀僦贷季、岐伯、伯高、少师、雷公、伊尹、淳于意、华陀、皇甫谧、巢元方、韦慈藏、钱乙、刘完素、李杲14人;西庑从祀鬼臾区、俞跗、少俞、桐君、马师皇、扁鹊、张机、王叔和、葛洪、孙思邈、王冰、朱肱、张元素、朱彦修14人[①]。"三皇"与"四配"是神话传说人物。从祀的28人中,虽然也有神话传说人物,但古代中国最著名的医药家基本都囊括其中。

---

① 《清史稿·礼志三》。

(二)望闻问切

望闻问切,简称"四诊",是中医诊病的主要手段。中医认为人是一个有机整体,局部的病变可影响全身,全身的病变也可反映于局部;体表的病变可影响内脏,内脏的病变也反映于体表。所以通过望、闻、问、切等手段,就能基本上了解病人各方面的症状和体征,从而可以较为准确地分析其病变机理,为辨证论治提供客观依据。"四诊"是经过长期的医疗实践逐步形成和发展起来的。扁鹊以"四诊"诊病,尤擅望诊、切诊。《黄帝内经》奠定了望、闻、问、切"四诊"方法的基础,此后历代医学家又进一步丰富、完善。

望诊是对病人的神、色、形、态、舌象以及分泌物、排泄物的异常变化,进行有目的的观察,以测知内脏病变、了解病情的一种诊断方法;闻诊包括听声音和嗅气味两个方面。听声音主要是通过听患者的语音高低、强弱、缓急等变化,以及呃逆、嗳气、喘哮、叹气等音响的异常,来分辨病情的寒热虚实。嗅气味主要是嗅病人的口气、分泌物与排泄物的异常气味,以鉴别疾病;问诊是通过询问病人或其陪诊者,以了解病情和病史;切诊是用手指触按病人的动脉,探查脉象,以了解病情变化的一种诊病方法。对通过四诊所取得的资料,进行综合分析,叫作"四诊合参"。进而用阴、阳、表、里、寒、热、虚、实八类证候,归纳说明病变的部位、性质及病变过程中正邪双方力量对比等情况,谓之"八纲辨证"[①]。

(三)中药与方剂

中药大多为植物药,"本草"成为其代名词。我国现存最早的药学专著《神农本草经》成书于秦汉时期,非一时一人之作,而是当时众多医药学家总结、搜集、整理当时药物学经验而形成的。《神农本草经》共收录药物365种,其中植物药252种,动物药67种,矿物药46种,有200多种药

---

① 参见邓大学:《中医中药》,安徽教育出版社2002年版,第54~65页。

迄今仍常用。此后,"本草"类的药学、方剂著作层出不穷,代表性的著作有:南北朝梁代陶弘景编著的《本草经集注》,载药730种;唐朝苏敬主持编纂的《新修本草》,收录药物844种,这是我国、也是世界上由国家颁行的最早的一部药典;北宋唐慎微编著的《证类本草》,载药1558种,单方验方3000余首,方论1000余首;宋代官修的《太平圣惠方》,全书共1670门、16834方;明代朱棣、滕硕、刘醇等编修的《普济方》,是我国历史上最大的方剂专书,载方多达61739首。

中国历史上成就最高的药学、方剂著作是明朝李时珍的《本草纲目》(见图7-7)。李时珍(1518~1593年),湖北蕲春人,出身于一个中医世家,但父亲却希望他走科举入仕之路。结果他科场挫折,积劳成疾,几于不起。父亲一味黄芩汤让他痊愈,也让他感叹颇多。待第三次乡试落第后,李时珍遂闭门读书,潜心医学。鉴于历代本草多舛误,立志重修,历27个春秋,终于在他60岁时即1578年完成了皇皇巨著《本草纲目》。全书收录中药1892种,附图1109幅,方剂11096首,内容丰富,取材精审,编辑条理,是古代中国一部集大成的药物学巨著。在此后300年间,该书一版再版,不下60余次,并引发了一场研究本草的热潮,以《本草纲目》为蓝本而加以节选、改编、阐释、补订的各种简编本、续编本达50余种。

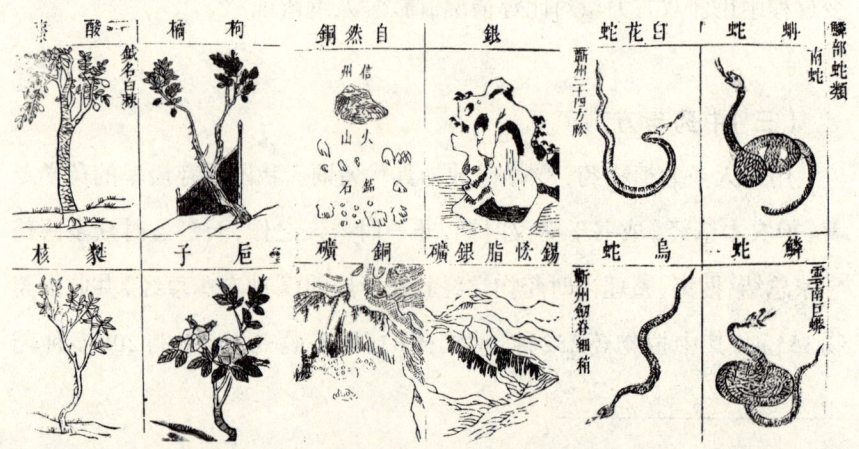

图7-7 明·李时珍《本草纲目》插图

在遣药组方方面,中医形成了独特的理论,主要有以下六种:一、四气五味理论。四气是指药物有寒、热、温、凉四种不同的药性,五味是指药物有酸、苦、甘、辛、咸五种不同味道。每味中药的四气五味都不同,因而有不同的治疗作用。二、升降浮沉理论。药物对人体的治疗作用有向上、向下、向外、向内四种不同的趋向性。三、药物归经理论。把药物的作用与人体的脏腑经络密切联系起来,归经不同,药物治疗的适用范围亦不同。四、引经报使理论。指某些药物能引导其他药物的药力到达病变部位或某一脏腑经络,起到向导作用。五、药物毒性理论。毒性也是药物性能的重要标志之一,是掌握药性必须注意的问题,临床用药得当,可立起沉疴;若用之不当,则祸不旋踵。六、君臣佐使理论。在遣药组方中,各种药物有主次从属之分①。

(四)经络与针灸、推拿

经络学说是中医药理论体系的重要组成部分,湖南长沙马王堆出土的医学帛书中,已有十一经脉的循行分布,《黄帝内经》对经络有较为详细的论述。晋代医学家王叔和精于脉学,著《脉经》10 卷,是我国最早的脉学专著,对脉象进行了系统归纳。经过历代医学家的探索,形成了完整的经络学说。经络是"经脉"和"络脉"的总称。经络是运行全身气血、联络脏腑肢节、沟通上下内外的通路,"经脉"是主干道,"络脉"是分支线。"经脉"循行部位大多较深,"络脉"循行部位大多较浅。"经脉"大多是纵向的,"络脉"大多是横斜的。"经脉"分"正经"十二条、"奇经"八条、"经别"十二条。"络经"分"别经"十五条,以及"孙经""浮经"。经络学说为临床针灸、推拿奠定了理论基础。

"针灸"一词是针法和灸法的合称,二者相辅相成,常常一起使用。

---

① 参见李其忠:《中医与中药》,复旦大学出版社2012年版,第150~165页。

两者虽然所用器材和操作方法不同,但都是通过腧穴,作用于经络、脏腑,以调和阴阳,扶正祛邪,疏通经络,行气活血,从而达到防治疾病的目的。我国早在《黄帝内经》中就已记载了针灸工具——九针(见图7-8)①。九针包括镵(chán)针、员针、鍉(dī)针、锋针、铍针、员利针、毫针、长针和大针。九针用处各有不同,其中毫针就是常见的针刺用具,员针则是按摩用具,铍针更是外科刀具。因此,九针并不是简简单单的针具,而是功能丰富的外科医疗工具,是我国古代人民智慧的结晶。

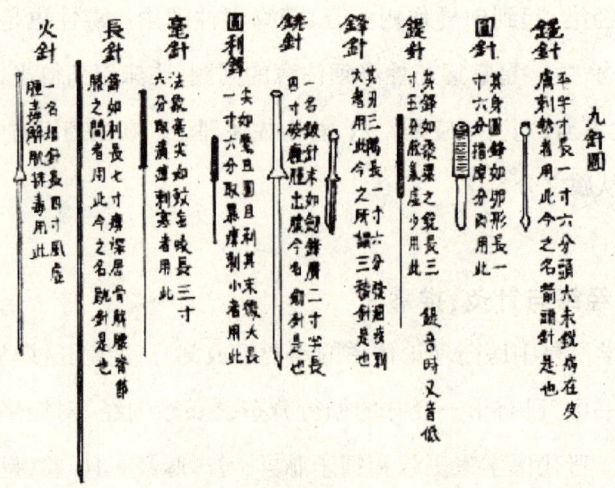

图7-8 《黄帝内经》九针图

现存最早的针灸学专著是晋代皇甫谧的《针灸甲乙经》。该书论述了脏腑经络学说,依照头、面、胸、腹等部位,记载349个腧穴的位置、主治及操作,并介绍了针灸的手法、宜忌和常见病的治疗。该书是继《黄帝内经》之后针灸学的又一次总结,在针灸发展史上起着承前启后的作用。唐代医家孙思邈在《千金方》中绘制"明堂三人图",分别将人体正面、背面及侧面的十二经脉、奇经八脉用不同颜色绘出,使经络分布一目了然。北宋医家王惟一编纂《铜人腧穴针灸图经》,叙述了经络、腧穴等内容,并

---

① 采自路甬祥主编:《走进殿堂的中国古代科技史》(中),上海交通大学出版社2009年版,第31页。

考证了354个腧穴,全书曾刻在石碑上,树立于汴京(今河南开封),供学习针灸者拓印和阅读。次年,还设计铸造了我国最早的两尊针灸铜人,对辨认经穴与针灸教学具有极大作用。明代是针灸学发展昌盛的朝代。医家杨继洲著成《针灸大成》,于明万历二十九年(1601年)刊行,总结了明代以前中国针灸的主要学术经验,尤其是收载了众多的针灸歌赋;重新考定了穴位的名称和位置,并附以全身图和局部图;阐述了历代针灸的操作手法,加以整理归纳;记载了各种病症的配穴处方和治疗验案。该书是针灸学术发展史上的第三次总结,至今仍是学习针灸的主要参考著作。清代针灸名医李学川撰著《针灸逢源》,强调辨证取穴、针药并重,并完整地列出了361个经穴。

针灸是一门古老而神奇的科学。目前,亚洲、西欧、东欧、拉美等已有120余个国家和地区应用针灸术为本国民众治病,不少国家还先后成立针灸学术团体、针灸教育机构和研究机构。1987年,世界针灸联合会在北京正式成立,针灸作为世界通行医学的地位在世界医林中得以确立。2010年11月16日中医针灸列入"人类非物质文化遗产代表作名录"。

推拿是中医临床学科中的一门外治法,是中医药学的重要组成部分。推拿,又有"按跷""跷引""案杌"等称号。《汉书·艺文志》著录的《黄帝岐伯按摩经》10卷,是我国第一部推拿专著,已佚。东汉医学家张仲景在《金匮要略》中介绍了前胸按压抢救心跳、呼吸骤停的心肺复苏术和膏摩治疗方法。从隋唐以后,推拿发展为临床专科,涌现了许多各具特色的推拿治疗方法,形成了诸多不同的流派①。

中医药学理论体系是中国各民族共同创造的医学体系。除汉族医学外,其他民族的医学也各具特色并自成体系,如藏族医学、蒙古族医学、维吾尔族医学、回族医学、壮族医学等。各民族医学又互相吸收融合,以

---

① 参见李其忠:《中医与中药》,复旦大学出版社2012年版,第86~89页。

各自主体理论为核心,不断完善。①

三、农学与水利的成就

农业"是整个古代世界的决定性的生产部门"②。从世界范围看,农业起源中心主要有三个:西南亚、中南美洲和东亚。中国是东亚地区农业起源的中心。距今10000年以前,在中国北方地区的一些山前谷地中,先民开始种植粟和黍;与此同时,水稻出现在南方水田里。粟,俗称"小米";黍,俗称"黄米"。古代中国长期奉行重农政策,在古代中国的各个行业中,农业最为发达。中国农业在其发展过程中有一系列重大发明创造,形成独特的生产结构、地区布局和技术体系。

(一)农具的变革与进步

最初的农具,从材料上分为木器、石器、骨器、蚌器等,在种类上有斧、锄、铲、耒、耜、刀等。耒、耜是最重要的农具。耒是由尖头木棒发展而来,有单齿与双齿之分、直庇与曲庇之别。耜的来源还未形成一致意见,或认为亦由掘土棒分化而来,或认为是从耒演变而来。耒是后代锹、锸、犁的鼻祖,耜也为锸、锹、犁等工具的先声③。在河南郑州裴李岗遗址发现了距今8000年左右的石耜,在浙江余姚河姆渡遗址中也出土了距今近7000年的木耜、骨耜。新石器时代后期发明了青铜器。但是,青铜主要用于铸造礼器、兵器,农业生产仍然以木器、石器、骨器为主。

古代中国农具与技术的第一次大变革是铁器与牛耕的使用。

最早被利用的铁是天然陨铁。20世纪70年代,河北藁城台西、北京

---

① 参见孟庆元:《中医药学的传统特征和理论特色》,载《中国中医药报》2004年1月12日。
② 《马克思恩格斯选集》第4卷,人民出版社1995年版,第145页。
③ 参见刘丽婷:《徐中舒〈耒耜考〉的当代价值和历史局限》,载《农业考古》2015年第6期。

平谷刘家河地出土了两件铁刃铜钺,皆为商代遗物。铜钺上的铁刃系用陨铁锻造而成。进入春秋后,文献中出现了铁的影子。《诗经·秦风》中有《驷驖》一篇,有人说"驖"即"铁"字。不过,"驖"是否就是"铁",还有人怀疑。《左传·昭公二十九年》则正式提到了铸"铁":

> 冬,晋赵鞅、荀寅帅师城汝滨,遂赋晋国一鼓铁,以铸刑鼎,著范宣子所为《刑书》焉。

意思是说,这年冬天,晋国的赵鞅、荀寅领兵在汝水岸边筑城,向晋国的百姓征收"一鼓"(480斤)铁,铸了一个大鼎,上面铭刻着范宣子制定的《刑书》。据此,当时晋国民间已经有铁,因为铸刑鼎用的铁是以赋(人头税)的形式从民间征收的。昭公二十九年,即公元前513年。至今考古发现的最早的铁器,是2001年在新疆天山南麓尼勒克县喀什河南岸穷科克台地墓葬中发现的。该墓地的墓葬大多出土铁器,器形以铁刀居多。该墓地的年代,上限在公元前1000年前后,下限为公元前400年左右[①]。1978年在甘肃灵台景家庄秦墓中出土的一把铜柄铁剑,相对年代被断为春秋前期[②]。到春秋后期,特别是进入战国以后,中国内地考古发现的铁器大增,且生产工具占了绝大部分,有犁铧、镬、锄、铲、镰等。此时,冶铁技术也已达到了较高水平,人们在不断的实践中逐渐掌握了对生铁的热处理脱碳技术,以改善白口铁性脆、易断等弱点,增强了铁的强度和韧性。欧洲直到18世纪才掌握这种技术。冶铁术的发明,特别是生铁冶铸和柔化技术以及块炼铁渗碳钢技术的出现,开始并加速了生产工具铁器化的进程,对社会生产力的发展产生了深远的影响。中国从此进入铁器

---

① 参见刘学堂、阮秋荣:《尼勒克穷科克台地考古发掘发现早期铁器》,载《中国文物报》2001年12月14日。
② 参见刘得祯、朱建唐:《甘肃灵台县景家庄春秋墓》,载《考古》1981年第4期。

时代。在青铜时代,铁被视为"恶金",用来铸造工具;青铜是"美金",用来铸造礼器、兵器。而事实上,铁器比青铜坚硬、锋利,铁制生产工具极大地促进了农业生产。

一般认为,牛耕出现于春秋时期。《国语·晋语》中有一段出自晋国大夫窦犫之口的材料:"夫范、中行氏不恤庶难,欲擅晋国,今其子孙将耕于齐,宗庙之牺为畎亩之勤。"范氏、中行氏是晋国世族,被赵鞅(即赵简子)打败,公元前490年亡命齐国。窦犫说他们在齐国大概要沦为农夫,昔日祭祀宗庙用的纯色牛,现在要用来耕种田地了。这段材料被视为有关牛耕的最早记录。

最初的牛耕与铁犁是什么方式,文献没有记载,考古发现也没有提供证据。从汉画像石刻来看,汉代的牛耕与铁犁大多为"二牛抬杠"式直辕犁。汉武帝朝,搜粟都尉赵过发明了从耕地、下种到耘锄一整套新式农具,班固《汉书·食货志》仅提到"耦犁",说明耦犁最为重要。但是,班固仅说耦犁是用"二牛三人",未再作进一步解释,汉代其他文献也没有更详细的说明。于是,后人众说纷纭,莫衷一是。山东石刻艺术博物馆从山东金乡香城堌堆收集到的一块汉画像石,上面刻有牛耕图(见图7-9),解答了这个问题:

> 画面上二牛抬杠共挽一犁,牛前一人双手各执系引牛前进,右牛后一人执竿赶牛,牛肚下一犊正在吃奶,长辕犁后一人扶犁掌握方向和深度,两牛间一孩童扶辕,似在戏耍,扶犁人上方还有一犊随耕前行。①

从这幅牛耕图来看,"二牛三人"的耦犁是"二牛抬杠"直辕犁,一人

---

① 易友玉:《耦犁新解》,载《文史知识》1995年第5期。

牵牛,一人扶犁,一人赶牛。

图7-9　耦犁图(山东金乡香城堌堆汉画像石)

在黄河流域,牛耕出现早、推广快。但在长江以南,牛耕发展缓慢。如东汉初年,王景出为庐江郡(郡治舒县,今安徽庐江)太守,当地百姓尚不知牛耕。王景在庐江推广牛耕,垦田倍增,境内丰给。

古代中国农具的第二次大变革,是曲辕犁的发明。

唐以前的犁是笨重的直辕犁,回转困难,耕地费力。劳动人民在长期的实践中,创制了一种短而轻便的曲辕犁,又名"江东犁",晚唐陆龟蒙的《耒耜经》对它的结构和功能有比较详细的介绍。江东犁由犁镵、犁壁、犁底、压镵、策额、犁箭、犁辕、犁梢、犁评、犁建、犁槃11个部件构成(见图7-10),除了具备曲辕犁的优点外,还有以下特点:第一,犁镵为等腰锐角三角形,尖锐窄长,更具威力。第二,犁辕前端的横木——犁槃,可用软索、曲轭牵引,不仅使犁体便于摆动,掉转方向,且只需一人二牛即可操作。第三,增加了犁评,以调节犁箭的长短,控制翻土的深浅度。第四,犁梢成为相对独立的部件,使操犁人能够更好地操作,掌握耕垡的宽窄。第五，犁镜和犁壁一上一下，不成连续曲面，犁壁侧面扭向角较小，翻土时垡被犁壁推挤到相对程度，然后折碎，向左右后方翻转倒下，不仅使耕深受垄宽的限制较小，且便于碎土。

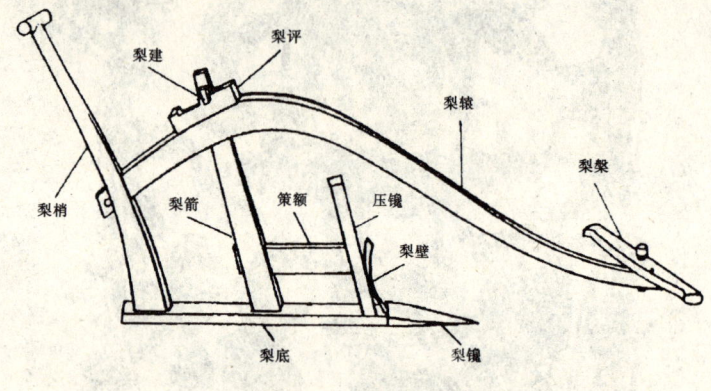

图7-10　江东犁复原示意图①

在唐宋时期，还出现了一些新农具。如在南方稻作农业区，一种机械插秧工具——"秧马"出现在武昌一带的水田上。最早提及"秧马"的是苏轼的《秧马歌》。他在诗前的小引中写道："予昔游武昌，见农夫皆骑秧马。"从苏轼的诗文来看，当时"秧马"在武昌一带已很普遍。不久，"秧马"推广到江浙及其他地区。

元代王祯的《农书》(又作《王祯农书》)记载了260种"农器"，主要为各种农机具，也包括部分农产品加工工具和其他与农业有关的设施，每种"农器"有图一幅、文字说明一篇，图文并茂。我国传统农具发展至宋元已基本定型，明清只是在此基础上略有改进而已。

(二)精耕细作的耕作方式

中国古代最初的耕作方式是粗放式的"刀耕火种"，即用石斧等砍伐地上的草木，待草木干枯，放火焚烧，等到下雨之后，用尖木棒点种。

---

① 参见张春辉、戴吾三：《江东犁及其复原研究》，《中国农史》2007年第1期。

一二年之后,土壤的肥力下降,就将这块地撩荒,另找一块地放火烧荒、播种。这种耕作方式叫"撩荒"或"抛荒"。在距今八九千年以前,发展为"耝耕",即用耒耝翻土耕种。

商代的耕作方法主要是"协田",三人一组使用耒耝翻土,如此可以节省体力。西周改为二人一组,谓之"耦耕",《诗经》有描述众多农夫耦耕的场面,所谓"十千维耦""千耦其耘",这也属于粗放式的耕作方式。

至春秋战国时代,随着人口密度的增加以及农业耕作水平的提高,耕作方式开始走上精细化之路,逐步形成了精耕细作的耕作方式。耕作方式精细化出现的标志是分行栽培的垄作法,这一方法在西周萌芽,至春秋战国发展为比较成熟的垄作法——"畎亩法",垄分为高凸的垄台和低凹的垄沟。这种耕种方式大多是旱地,庄稼种在垄沟,叫作"上田弃亩";雨季来临,在将其他庄稼种在垄上,谓之"下田弃畎"①。垄作法利于深耕保墒,通风透光,中耕除草,抗旱防涝。

入西汉,垄作法发展为"代田法"。"代田法"是汉武帝朝的搜粟都尉赵过发明的。《汉书·食货志》曰:"过能为代田,一晦亩畎。岁代处,故曰代田。"畎,即田沟。代田法是在一亩田上挖掘三条沟,各深一尺,宽一尺。把种子播在沟里,待幼苗生长起来,进行中耕,在锄草的同时,即将垄上的土锄下以培壅苗根。到了天热的时候,垄上的土削平,作物的根长得很深。第二年则将原来的垄改作沟,原来的沟改作垄。一年一换,故名"代田法"。

汉成帝朝出现了"区田法",由西汉末年的御史氾胜之发明。具体做法是:深挖作区,增施肥料;点播密植;加强田间管理,强化中耕和灌溉;做好种子的选择、保存与播种前的浸泡。区种法改善田间小气候,调节了二氧化碳的供应状况,加大了温差,促进了作物的生长;提高了光能的利

---

① 《吕氏春秋·士容论·任地》。

用率，有利于粮食产量的积累。据《氾胜之书》记载，使用"区种法"，可以亩产百石。

至南北朝时期，精耕细作技术全面发展。在整地方面，按时节分为春耕、夏耕、秋耕、冬耕；以整地先后分为初耕和转耕（第二遍耕）；按耕翻的深度分为深耕和浅耕；以整地方向分为纵耕和横耕、顺耕和逆耕。在提高地力方面，有踏粪、绿肥、轮作。在中耕除草技术方面，有多锄、深锄、锄小、锄早、锄了。在播种方面，有撒播、条播、点播。"作垄"的方式也多种多样。垄作法不仅应用在粮食作物上，还应用于蔬菜、林木。至此，精耕细作技术基本成型。

入隋唐以后，精耕细作技术进一步发展。整地保墒技术进一步提高，最能表现这一环节发展的水平，是对耕地提出"端"的要求。所谓"端"，包含两层含义：一是耕地的宽度、深度保持一致，二是耕起的土田整齐均匀。人工所积造的农家肥逐步占据主要地位。北方推行以谷、麦为主的冬夏作物轮作复种，南方则大力发展稻、麦轮作复种。

及至宋明，人口大量增加，一方面不得不在湖海、山岗造田，出现了"圩田"（见图7-11）、"涂田"、"架田"、"畲田"和"梯田"等。另一方面，进一步精耕细作：第一，在选种、深耕、施肥、灌溉、耘锄、灭虫各个环节上多下功夫。第二，多种经营，立体种植。明末涟川沈氏编写的《沈氏农书》中有一个典型事例：一个叫邬行素的人死后，留给五口家人田地10亩，水池一方，住房数间。沈氏给出了一个经营方案：植桑3亩，桑下种菜，四旁种豆、芋；种豆3亩，豆起间种麦或麻；植竹2亩，竹有大小，笋有早迟，应杂种不同品种；植果2亩，桃、李、枣、橘杂植，桑叶养蚕，其他植物的叶茎可养羊五六只，羊的粪便是庄稼树木的肥料，池水除灌溉外，还可放养鱼苗。此外，在农作物品种上，明代从吕宋（今菲律宾）、安南（今越南）、缅甸等中国周边地区，传入了原产于美洲的玉米、甘薯、花生、马铃薯、番茄等，对此后中国农业的发展产生了重大影响。

图7-11 圩田图（清·鄂尔泰《授时通考》插图）

（三）农田水利工程与灌溉技术

我国最早用于农田灌溉的大型农田水利工程，是春秋时期楚相孙叔敖主持修建的期思陂和芍陂。

战国时期秦国蜀郡（郡治成都，今属四川）郡守李冰主持修筑的都江堰是世界史上伟大的水利工程。都江堰分为分鱼嘴、宝瓶口和飞沙堰三大工程。分鱼嘴是在岷江的天然脊滩上用装满鹅卵石的竹笼筑成一个形如鱼嘴状的分水工程，把岷江分为内江和外江。内江流至玉垒山，被一块砾石挡住，李冰在此开凿了一个人工口道，叫"宝瓶口"，使内江顺利通过，并由此开出若干水渠，用于灌溉。被开凿的砾石孤立于内江、外江之间，叫"离堆"。在分鱼嘴和宝瓶口之间，修建了飞沙堰，这是一项溢洪工程。当洪水来时，分鱼嘴失去分水作用，岷江水漫过飞沙堰而下。这时，离堆便起着第二道分水的作用。都江堰是一项融灌溉、防洪为一体的水利工程，使成都平原旱涝保收。经过不断兴修，直到现在还在发挥着重大作用。秦国还使用韩国水工郑国，修建了从今陕西泾阳王桥镇船头村西引泾水东向洛水的郑国渠,流经今天陕西省的泾阳、三原、高陵、临潼、阎良等县,绵延124公里,灌溉土地4万多顷,亩收1钟(6.4石)。司马迁《史记·河渠书》记载:"于是关中为沃野,无凶年,秦以富强,卒并诸侯。"

汉代最著名的水利工程,是汉武帝时期兴修的"漕渠""龙首渠"和"白渠"等。白渠修成后,获益匪浅,当地百姓歌曰:

田于何所?池阳谷口。郑国在前,白渠起后。
举锸为云,决渠为雨。泾水一石,其泥数斗。
且溉且粪,长我禾黍。衣食京师,亿万之口。[①]

在灌溉工具上,汉灵帝朝宦官毕岚发明"翻车""渴乌"。据唐人李贤云:"翻车,设机车以引水。渴乌,为曲筒,以气引水上也。"[②](见图7-12)东汉末年的马钧在此基础上又加以改进。

唐代是中国历史上第一个建立正式灌溉法规的朝代,颁布了专门的水利法《水部式》,以法律的形式对水利建设作出具体的规定。《敦煌县用水细则》是首次以成文形式出现的灌区灌溉专门法规。

唐朝还发明了新的灌溉工具——筒车。筒车其形因地而异。四川地区的筒车,形似纺车,用细竹制成,车上绑着竹筒,转动筒车,竹筒在低处舀水,至高处泻水。还有一种木桶筒车,水车上许多

图7-12 人力翻车(明·徐光启《农政全书》插图)

---

① 《汉书·沟洫志》。
② 《后汉书·宦者列传》李贤注。

木桶相连,人用脚踏或手拉,使水车转动,木桶将井水取至地面灌田。在一些水流湍急的河段,还出现了一种以水为动力的水转筒车。

宋代在王安石变法时期,随着农田水利法的推行,举国上下都掀起了兴修农田水利的高潮。南方的农田灌溉和排涝,已大量使用了龙骨翻车和高转筒车。龙骨翻车是靠人力来踏动或靠畜力牵引的,因此又叫"踏车",不仅能灌溉,而且能排涝,甚至还可以多部水车逐级配合使用,将水提升到山坡上。高转筒车(水转翻车)是靠水流冲激来转动的,转轮上附带有许多稍有倾斜度的竹筒。当转轮转动一周时,竹筒便能完成打水、倒水的动作,将竹筒内的水倾入水槽或水渠中。如此循环往复,水流便可源源不断地灌溉农田。(见图7-13)

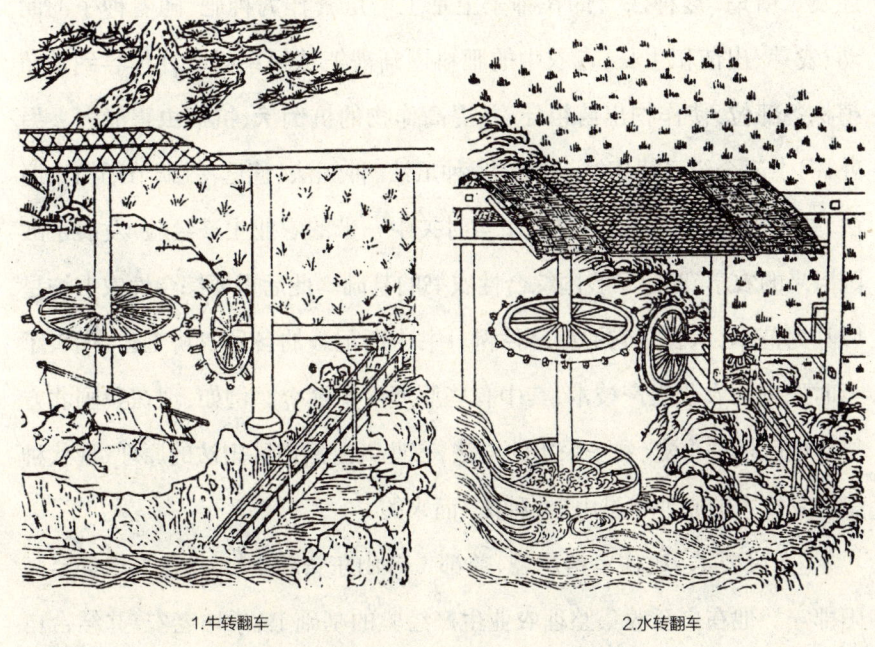

1.牛转翻车　　　　　　　　2.水转翻车

图7-13　翻车图(元·王祯《农书》插图)

(四)四大农书的科技成就

古代中国农学著作众多,据统计有830多种,其中最为著名、最具代表性的是《氾胜之书》《齐民要术》《王祯农书》与《农政全书》四种。

由西汉氾胜之撰写的《氾胜之书》（约成书于公元1世纪后期），是我国现存最早的个人专著农书。《汉书·艺文志》著录《氾胜之十八篇》，此书到宋末元初失传。现存辑佚本，由后人从贾思勰《齐民要术》及《太平御览》等书中辑得。氾胜之为西汉末年人，做过汉成帝朝的议郎、御史，曾在关中地区指导农业生产，提倡种麦，成绩卓著。该书内容主要有三个方面：第一，提出了"凡耕之本，在于趣时和土，务粪泽，早锄早获"这一耕作栽培的总原则，对此进行了论述。第二，分别介绍了禾、黍、麦、稻、稗、大豆、小豆、枲、麻、瓜、瓠、芋、桑等13种作物的栽培方法，内容涉及选种、耕地、播种、施肥、保墒、灌溉、管理、收获、贮藏各个环节。第三，介绍了一些精耕细作技术，其中突出的是"区田法"和"溲种法"。"区田法"前已述及。所谓"溲种法"，即在种子上粘上一层粪作为种肥，随着种子的萌动、发芽、出苗和生长，包衣中的肥料逐渐被植株根系吸收并传导到幼苗植株各部位，使作物出苗粗壮，并提高作物的抗倒伏、抗病虫害能力。另外，书中还介绍了耕田法、种麦法、种瓜法、种瓠法、穗选法、调节稻田水温法、桑苗截干法等。该书总结了当时关中一带的农业生产经验，发展了战国以来的农学，奠定了我国综合性农书的基础。此后重要综合性农书均是以其为范本，承袭了它的编纂体例。书中所记载的各种农耕工艺，代表了当时先进的农业生产技术，其中有些原理沿用至今。例如，现在我国北方旱作地区播种小麦、谷子采用的方法，有些就是沿用区田法的原理；现代种子包衣技术的原理也是由"溲种法"而来的。

《齐民要术》的作者贾思勰，益都（今山东青州）人，北魏末年官至高阳郡守。他在广泛收集整理农业生产经验的基础上，采访老农，并结合自己在黄河流域的实地观察和试验，写成农业科学技术巨著《齐民要术》。该书"起自耕农，终于醯醢，资生之术，靡不毕书"，系统总结了秦汉以来黄河流域的农业科学技术成就，对土壤耕作技术进行了比较全面的总结，抓住黄河流域农业生产中的关键问题，总结了抗旱保墒的耕作技术，标志着当时北方以耕—耙—耢为中心的抗旱保墒耕作技术体系已确立;对种子的选优、保纯与收藏进行了系统的总结,强调种子丰产性、稳定性、优质性;论述了 13 种粮食作物、22 种蔬菜的生产技术,对土壤、时宜、选种、下种、施肥、轮作、保育、防虫、收获及贮藏诸方面皆有详细论述;叙述了 11 种果树、13 种林木的品种及选育技术,总结了有性繁殖和无性繁殖果树的经验;叙述了9种畜禽的选种育种、饲养管理、相畜术、兽医术以及酥、酪等乳制品加工和羊毛制毡技术;对鱼的养殖也作了总结;记载了约169种菜肴和制作方法。《齐民要术》是我国现存最早、最完整的一部农书,也是世界农学史上的名著之一,对后世的农业生产有着深远的影响。

《农书》(又名《王祯农书》)的作者王祯,原籍山东东平,元成宗元贞元年(1295年)任宣州旌德(今属安徽)县令,在任九年,于大德八年(1304年)调任信州永丰(今江西广丰)县令。在二县任内,体察民情,劝课农桑,廉政爱民,治绩颇著,其《农书》即在二县任内写成。全书分《农桑通诀》《谷谱》《农器图谱》三大部分。《农桑通诀》6卷,是农学总论性质,自垦耕、播种、中耕、肥水管理以至收获、贮藏,都有所论述,兼及果木、栽桑,以及畜禽鱼、育家蚕、养蜜蜂等。《谷谱》11卷,分别论述谷物、蔬菜、瓜类、果树、竹木、水生植物、棉花、茶叶的栽培技术。该书第一次囊括了北方旱地和南方水田的生产技术,并作了比较分析。另外,《农器图谱》20卷,介绍了260种农器,主要为各种农机具,也包括部分农产品加工工具和其他与农业有关的设施,每种农器都绘有一幅图及一篇文字说明,并配上诗赋,图文并茂。此后的许多农学著作中的农器图谱大都转自王祯《农书》,因此,王祯《农书》可谓中国古代农器图谱的鼻祖。

《农政全书》的作者徐光启,字子先,明末松江府上海县(今上海闵行区)人,崇祯朝官至内阁大学士,跻身宰臣行列,但使他名垂青史的还是他在天文、历算、水利,特别是在农业学科上的高深造诣。他编著的60

卷本《农政全书》,是中国农学史上最辉煌的巨著。全书分农本、田制、农事(以屯垦为中心)、水利、农器、种艺(谷物、园艺)、蚕桑、蚕桑广(木棉、苎麻等)、种植(经济作物)、牧养、制造(农副产品加工等)、荒政等12目,内容比前代农书大为拓宽,如屯垦、水利、荒政等均为前代农书之缺。该书以系统编述前人(包括同代人)文献为主,同时亦编写自己的研究成果和译述;对前人文献的编述是有选择的,并往往以评注方式表达编者的见解。徐氏本人文字约占全书1/9,这部分内容多为作者调查或试验所得之真知灼见,代表了当时农学的最高成就。

四、天文学、数学成就

天文学与数学是中国古代科学技术发展的两个重要领域。前者立足于政治统治与王朝权威,后者立足于社会生产与社会生活。出现了一大批卓越的天文历算家和富有特色的科学成果,推动了中国传统科技文化的发展。

(一)天文观测与宇宙学说

五帝时代,中国社会从部落联盟向国家演进。当此之时,天文观测就由部落联盟或国家掌控。《世本》说黄帝命羲和占日,常仪占月。《史记·历书》记载颛顼任命重为"南正"以司天。考古发现证明这些传说不虚。在山西襄汾陶寺遗址发现的大型半圆台夯土遗迹和夯土圆弧形墙上挖出的12道狭缝,被认为是古人用来观测日出以确定季节的天文台。建筑年代在公元前2100年左右[①]。一般认为,陶寺遗址为尧的都城。夏朝的天文台叫"清台",商称"神台",周称"灵台",历代相沿,唐朝以后也叫"司天台"。各朝天文台都设专官管理,配备专职观测人员。

---

① 参见江晓原等:《山西襄汾陶寺城址天文观测遗迹功能讨论》,《考古》2006年第11期。

天文学是观测的科学。我国最古老的天文观测仪器是圭表。在地面上垂直竖立一根竿子,高八尺,叫作"表",立竿则影见;用来量度影的长短的工具,叫作"圭"。立竿测影的这套工具统称"圭表"。在陶寺遗址也出土了测影所用的圭尺。圭表是我国最古老的天文仪器,用来观测太阳的方位。另一类可以观测研究太阳、月亮、恒星、行星等几乎所有天体运动规律的仪器是"仪象"。"仪"是测量天体位置的仪器,最著名的是"浑仪"。根据传世文献记载,最早的浑仪由汉武帝朝落下闳所创。"象"是演示天体视运动的仪器,最有名的是"浑象"。东汉天文学家张衡不仅改进了浑仪,而且创作了浑象。

《竹书纪年》记载夏桀十五年"夜中星陨如雨",此为世界上最早的流星雨记录。《左传·昭公十七年》引《夏书》记载了夏朝发生的一次日食,此为世界上最早的日食记录。商代甲骨文中也有关于日食、月食、流星雨等天文现象的记载。《周易》丰卦中"日中见斗"和"日中见沬"两条筮辞,是中国古代太阳黑子记录的两种表达形式,是迄今所知世界上最早的关于太阳黑子的记载。《汉书·五行志》则对太阳黑子的形状、大小、位置、出现时间等方面有了详细的记载。对于彗星,《春秋·文公十四年》记载:"有星孛入于北斗。"鲁文公十四年即公元前613年,这是世界史上关于哈雷彗星的第一次记录。《汉书·五行志》对哈雷彗星的运行路线、视行快慢、形状以及出现时间有了细致描述。另外,长沙马王堆三号汉墓出土了29幅彗星图,表明当时人们观察到彗星的多种形态。(见图7-14)

从春秋战国起,天文学已从原始的定性描述向着定量化的目标前进。战国时齐人甘德的《天文星占》、魏人石申的《天文》——后人合编为《甘石星经》,记录了80个恒星名称,测定了120颗恒星的方位,乃世界史上最早的恒星表。司马迁《史记·天官书》记录恒星500多颗。三国时期吴国陈卓归纳此前发现的恒星,求同存异,统计出1464颗。这个星数

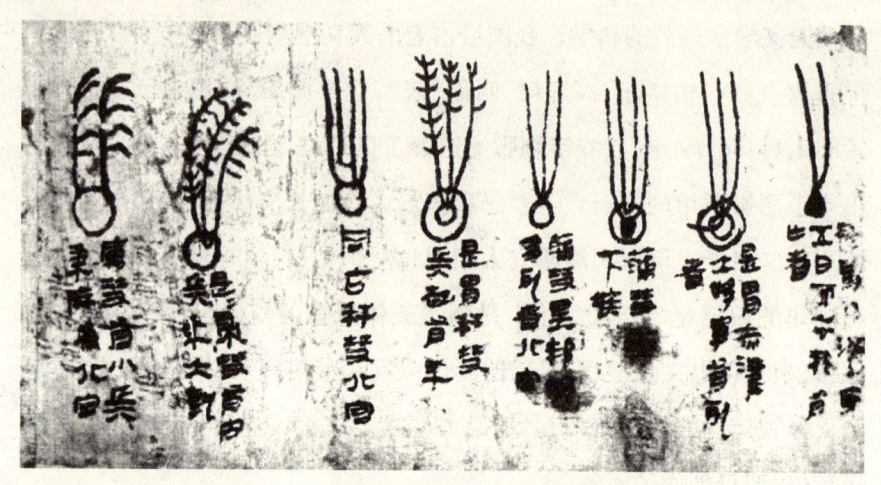

图7-14 彗星图(湖南长沙马王堆汉墓出土)

一直沿用至清代,只是个别时期有一两颗的出入。

我们的先祖在观测天象过程中,认识宇宙,形成了一些宇宙学说,其中影响较大的有"盖天说""浑天说"和"宣夜说"三种。

据传世文献记载,最早的盖天思想出自周公和商高的对话:"方属地,圆属天,天圆地方。"[①]春秋战国之时的思想家如曾子,曾提出疑问:圆形的天怎能罩住方形的大地呢?于是"盖天说"又修订为天如斗笠、地似倒扣的圆盘。这两种观点后来都较完整地被载于约成书于战国时期的《周髀算经》中,《周髀算经》也因之成为"盖天说"之经典。

"浑天说"萌芽于西汉落下闳,完备于东汉张衡。张衡在《浑天仪注》中指出:天是圆的,天包着地,像蛋壳裹着蛋黄。天靠气支撑着,天下部有水,地浮在水面上。全天为$365\frac{1}{4}$度,天球围绕天极轴转动,总是一半在地平面之上,另一半在地平面之下,所以同一时刻只能看到二十八宿中的一半。天北极高出地平面36度,故天北极周围72度以内的恒星永不落下,而天南极附近的星群永远不会升起。

"盖天说"和"浑天说"进行了长期的论辩,到唐代,"浑天说"终于占

---

① 《周髀算经》卷上《勾股圆方图》。

据主流。

东汉郗萌主张的"宣夜说"认为,"天"只不过是无边无涯的气体,日月星辰就在气体中飘浮游动。这种宇宙论对天文测量和天文历法没有产生什么影响,但却启发人们对宇宙本原和天体演化的认识。宋代理学家朱熹更是根据这种宇宙论提出了关于宇宙演化的猜想。他认为宇宙起先只是阴阳二气,两者旋转摩擦,磨出一些渣滓,结在中央,便形成地;气之清者就上升成为日月星辰,在外周转不停。

(二)观象授时与古代历法

观象授时是古代中国天文学的另一项重要内容。最初依据的是物象、气象与天象。《左传·昭公十七年》记载少皞"纪于鸟",如凤鸟氏为"历正",总管历法事务;玄鸟氏为"司分",掌管春分、秋分;伯赵氏为"司至",掌管夏至、冬至;青鸟氏为"司启",掌管立春、立夏;丹鸟氏为"司闭",掌管立秋、立冬。各种按季节来去、鸣止的候鸟构成一部"鸟历"。《大戴礼记》中的《夏小正》是我国最早见于文字记载的历法。一年划分为12个月,每月记有天象、气象、物候和农事等内容,集物候历、观象授时历于一体。一般认为,自有文字记载以来,我国通行的是阴阳历,只有个别少数民族使用纯阴历或纯阳历。古代中国有文字记载的历法有100多部,正式颁布的有80余部,比较重要的有:《颛顼历》《四分历》,西汉落下闳编制的《太初历》、刘歆编制的《三统历》,东汉刘洪编制的《乾象历》,南北朝时期何承天编制的《元嘉历》、祖冲之编制的《大明历》,唐僧一行编制的《大衍历》,元王恂、郭守敬等人编制的《授时历》,清汤若望等人编制的《时宪历》等。

"年"和"岁"是不同的两个概念。12个月为一年,闰年13个月。岁的意义来源于岁星,岁星就是木星。岁星约12年一周天。一周天就是太阳过春分点后循黄道东行复回到春分点的时间。古人所谓岁,也就是现代天文学所谓回归年,又叫"太阳年"。一岁356日(实际上是365.24199日)。

一年分为四时,近代以来叫作"四季"。正月、二月、三月为春,四月、五月、六月为夏,七月、八月、九月为秋,十月、十一月、十二月为冬。一年分为24个节气,每月有2个节气。每一个节气有三个候。一个候是五日有奇。古人所谓"时候",就是指时令和节候。

月球行到太阳和地球之间,跟太阳同时出没,古人认为是日月相会,叫作"晨"(也写作"辰"),又称"合朔"。月球自合朔绕地球一周再回到合朔所走的时间29$\frac{499}{940}$日(实际上是29.53059日)为一个月。这个数目不够30日,又多于29日。所以阴历有月大月小,月大30日,月小29日。古有所谓月建,把一年十二个月和天上的十二辰联系起来。依夏历,斗柄(北斗的柄)指寅,叫作"正月"。从汉武帝太初元年(前104年)到清末,我国一直沿用夏历,以建寅之月为岁首。每月最初一日叫作"朔",最后一日叫作"晦"。古人很重视"正朔",正即正月,为一年的第一月;朔即初一,为一月的第一天。"正朔"就是一年的第一天。这不仅是为了历法,更是为了政治。所谓"帝王必改正朔,易服色,所以明受命于天也"[①]。

每月初三日叫作"朏"。朏是月亮出来了但是还不十分明亮的意思。每月十五日(有时是十六日,偶为十七日)叫作"望"。这时地球运行到月亮和太阳的中间,太阳和月亮此升彼落,一东一西,遥遥相望,故名"望"。月亮和太阳成90度角,叫作"弦",有上弦、下弦之分:上弦指初七或初八,下弦指二十二日或二十三日。一个月又分为三部分,叫作"旬"。

古人以一昼夜为一日。远在商代以前,古人就用干支纪日。以十个"天干"和十二个"地支"顺序相配,共有六十个组合,大致相当于两个月。但是由于月大月小合起来只有59日,所以每月的干支和日期的对应

---

① 《汉书·律历志》。

常常不是一样的。

一日分为12时。今按国际惯例,一日分为24小时。小时只有时的一半,故称"小时"。一日又分为100刻,每刻15分,每分60秒。古人以十二辰纪时,所以后人称之为"时辰"。从夜里23点算起,到凌晨1点的这段时间叫作"子时"。1~3点为丑时,3~5点为寅时,5~7点为卯时,7~9点为辰时,9~11点为巳时,11~13点为午时,13~15点为未时,15~17为申时,17~19点为酉时,19~21点为戌时,21~23点为亥时。古代计时用铜壶滴漏法。受水壶里有立箭,箭上画分100刻,所以叫作"刻"。①

(三)中国古代数学发展的三次高潮

中国传统数学源远流长,有其自身特有的思想体系与发展途径,从远古以至宋元很长一段时间内是世界数学发展的主流,历代的数学著作就有2000种以上。

中国传统数学的第一个高潮发生在战国至西汉时期,标志性著作是《算数书》《周髀算经》和《九章算术》。《九章算术》是这个高潮的总结,其主体是在战国时期完成的,在西汉先后由张苍、耿寿昌等人修改补充成书,奠定了中国传统数学的基本框架。《九章算术》在分数四则运算、比例和比例分配算法、盈不足算法、开平方法与开立方法、线性方程组解法、正负数加减法则、解勾股形和勾股数组等方面走在了世界的前面。该书的写作体例成为后世数学著作的样板,对它的注释与研究又导致了许多数学概念和成果的发现。所以,《九章算术》标志着古代中国已取代了古希腊,成为世界应用数学研究的中心,而且在此后千余年内,世界的应用数学都以中国为中心,主导着数学特别是应用数学的发展。

---

① 参见王力:《中国古代的历法》,《文献》1980年第1期。

中国传统数学的第二个高潮发生在魏晋南北朝时期,代表人物是刘徽和祖冲之。刘徽《九章算术注》以演绎逻辑为主要方法全面证明了《九章算术》的公式解法,奠定了中国传统数学的理论基础。刘徽在圆面积公式和多面体体积计算中,在世界数学史上首次将极限思想和无穷小分割方法引入数学证明,首创了求圆周率精确近似值的科学方法,在开方不尽时提出用"微数"即十进分数逼近无理根的方法,奠定了中国圆周率计算领先世界1000多年的基础。祖冲之将圆周率精确到8位有效数字,并提出密率55/113,领先世界千年左右。他和他的儿子祖暅之还在刘徽的基础上,提出"祖暅之原理",彻底解决了球体问题。他的《缀术》应该是比刘徽的《九章算术注》更高深的著作,可惜失传,内容不得而知。

中国传统数学的第三个高潮发生在宋元时期。其发展方向主要呈现两大趋势,一是高深数学的研究。许多著作已经失传,现存重要的有北宋贾宪《黄帝九章算经细草》。该书进一步抽象《九章算术》的算法,创造"开方作法本源"即贾宪三角,以及"增乘开方法",奠定了宋元数学高潮的基础。南宋秦九韶的《数书九章》,提出"大衍总数术",完善了一次同余式组解法,并把以增乘开方法为主导的高次方程数值解法发展到十分完备的程度。金元之际李冶的《测圆海经》,集前此勾股容圆知识之大成,同时完善了设未知数列方程的方法"天元术"。南宋杨辉的《详解九章算术》《杨辉算法》,在沈括"隙积术"基础上发展而成垛积术。元朱世杰的《四元玉鉴》《算学启蒙》提出"四元术",即多元高次方程组解法。《四元玉鉴》是中国传统数学现存水平最高的著作;二是适应商业发展的需要,改进筹算的乘除捷算法,最后导致珠算盘的产生。珠算盘形成于唐宋之间,元代普及应用,在明代最终取代了算筹,完成了计算工具的改革。珠算盘至今仍在中国、日本和东南亚地区人们的生产、生活中发挥着有益的作用。①入明清以后,中国传统数学趋于衰落。

(四)中国古代数学的特征

位值制、以计算为中心、数学理论密切联系社会实际,是中国古代数学的显著特征。

中国是最早发明和使用十进位值制记数法的国家。所谓十进,即以十为基数,逢十进一位;所谓位值,就是使同一数符因其位置的不同而表示不同的数值。至迟在商代甲骨文中,十进制就已确立,位值观念也已出现。春秋时代发展起来的筹算,不但使十进位值制得以完备,而且提供了便捷的记数和运算工具。这就使得把算筹排在盘上适当的位置上表示整数成为可能。尤其是,在十进位值制记数法中,只要在某个恰当的位置上留一个空位,便能很好地将0表示出来。故此,"数学"在中国历史上称为"算术",其内涵就是"计算方法",反映了中国古算构造性、计算性与机械化的特色。

中国传统数学的成果通常表达为分类问题集的形式,每个问题则分为若干条目。条目一是"问",即带数据的实际问题陈述;条目二是"答",给出这问题的数字解;条目三是"术",即得出结果的方法,也就是我们今天所说的"算法",有时也是公式或定理;条目四是"注",说明条目三中法的根据及理由;宋代以后往往添加了一个条目五"草",包含获得最后结果的详细运算过程。

许多中国数学史著述将中国古代数学著作概括为"应用问题集",特别是将《九章算术》概括为"一题、一答、一术的应用问题集",将实际应用视为中国古代数学的根本特征。注重实际应用的确是中国古代数学的重要特征,但是,中国古代也存在着纯数学研究,即为数学而数学的活动。

---

① 参见郭书春:《中国传统数学在世界数学史上的地位》,《高等数学研究》2003年第3期。

《九章算术》等著作的主体部分则是以术文为中心的。《九章算术》中,许多术文是几道、十几道甚至是几十道题目的总术,大部分术文是非常抽象的具有普适性的严谨算法。刘徽的《九章算术注》对《九章算术》的公式、算法进行了全面且较为严谨的证明,并在证明中追求逻辑的正确和推理的明晰,这显然是纯数学的活动。此后,这一特色不断得到强化。

中国古代数学算法的特点是构造性与机械化。构造性和机械化的思想贯穿于整个中国古代数学的始终。所谓构造性数学是指从某些初始对象出发,通过明确规定的操作展开的数学理论。所谓机械化,就是刻板化和规格化,要求在运算或证明过程中,每前进一步之后,都有一个确定的、必须选择的下一步,这样沿着一条有规律的、刻板的道路,一直达到结论。①

五、传统科学精神与传统文化的交互影响

古代中国的科学技术受到传统文化的强烈影响与制约,也可以说,传统文化规范着科学技术的发展方向,但与此同时,科学技术以及其中蕴含的科学精神对中国传统社会与传统文化同样产生了重要影响。

(一)"实用理性"与古代中国科学技术

孔子开创的儒学的一个重要特色是"实用理性":关注于现实生活,不作纯粹抽象的思辨,也不让非理性的情欲横行,强调"实用""实际"和"实行",注重"经世致用""知行合一"。实际上,不独儒家学派如此,"实用理性"是各个学派的基本理念,是中华传统文化的基本精神之一。"实用理性"对古代中国科学技术影响深远。

---

① 参见吴文俊:《复兴构造性的数学》,《数学进展》1985年第4期;王志健:《数学的机械化》,《数学的实践与认识》1989年第3期。

在中国引进"科学"一词之前,常用所谓的"格物致知"来表述相近的意思,即通过对具体事物的接触来获得有关这一对象的知识,亦可简化为"格致"。如明末清初来华传教士熊明遇的《格致草》、汤若望的《坤舆格致》等书就采用了这个词。一般认为,最早使用"科学"一词的学者是康有为。他在《日本书目志》中就列举了《科学入门》《科学之原理》等书目。所以,有人认为"科学"一词是从日本传入中国的。辛亥革命时期,国人使用"科学"一词的频率逐渐增多,出现了"科学"与"格致"并存的局面。五四运动时期对"德先生"与"赛先生"的提倡才使"科学"一词完全取代了"格致"。显然,与来自西方的"科学"不同,中国传统的"格致"带有更多的经验性和实用性特征。

自然科学是人们关于自然现象和自然规律的知识体系,技术一般被理解为关于工具、物质产品以及它们被用来达到实用目的的方式的知识。科学回答"为什么",技术解决"怎么做"。在科学与技术之间,我们的祖先更重技术。据统计,古代中国成就较大的科学家有236位。其中,在医学方面做出贡献的科学家最多,占25.8%。其次为天文学、地理学、数学和工程。若把工程和技术两项合并,则所占的比例最大,为27.6%。在物理学和化学方面做出贡献的科学家人数最少,都不足4%。[①]中国科学院自然科学史研究所组建"重要发明创造"课题组推出的古代中国88项重要发明创造,技术发明与工程成就多达58项,占总数的65.9%。

在技术上,又特别重视实用技术。超出实用范围的发明创造往往被目为"奇技淫巧"。中国古代军事经典著作《六韬·文韬》云:"雕文刻镂,技巧华饰,而伤农事,王者必禁之。"所谓"雕文刻镂"是指在工艺上精雕细琢,精益求精。如果说《六韬》还只是呼吁、建议的话,那么我们在"二十四史"中可以发现若干禁止、指斥在工艺上精益求精的诏书。如汉

---

① 参见马忠庚:《中国古代科学家整体状况统计研究》,《史学月刊》2004年第1期。

景帝在一道诏书中说:"雕文刻镂,伤农事者也;锦绣纂组,害女红者也。农事伤则饥之本也,女红害则寒之原也。"① 晋武帝在位,"禁雕文绮组非法之物"②。北周武帝为政,"雕文刻镂,锦绣纂组,一皆禁断"③。雕文刻镂,是指在器物上刻镂精美的花纹图案;锦绣纂组,是指漂亮的丝织品。而这些对工艺精细化的追求遭到统治者的明令禁止。

(二)"天人关系"与古代中国科学技术

自古以来,在"天人关系"问题上便存在两种认识:一种是人与自然不分,谓之"天人合一";另一种是人与自然相分,谓之"天人相分"。古代中国与西方在"天人关系"上形成两种不同的认识,这两种不同的认识对自然科学的发展产生了不同的影响。

最初,西方在人与自然关系的认识上,把人与自然混为一体。西方文化的源头是古希腊文化。在古希腊文化中,人与自然不分,当时的"物活论"就是把人与自然、思维与存在合为一体。柏拉图的"理念论"中依然存在人与自然不分的因素,但是他更多地从认识论的角度讲理念是"知识"的目标,是真理,而不是"意见"的对象,从而开西方"天人相分"思想之先河。明确地把人与自然对立起来并确立"天人相分"原则的是笛卡儿。黑格尔是西方"天人相分"思想的集大成者。此后,"天人相分"成为西方在人与自然关系认识上的主流思想。

在中国传统思想文化中,起初也把人与自然混为一体。及至春秋战国,出现了"天人相分"的思想,代表人物是荀子,其后学韩非、李斯进一步发扬了这种思想。但是,"天人相分"的思想并没有取代"天人合一"的思想而成为思想界的主流。例如,老庄道家便把人融入自然之中。儒家

---

① 《汉书·景帝纪》。
② 《晋书·武帝纪》。
③ 《周书·武帝纪》。

的孟子也主张天与人相通,但他所说的"天"与道家自然的天不同,是有道德的,人禀受"天道",人性才有道德意义。到汉武帝时,董仲舒的"天人感应"论成为占据统治地位的人与自然关系的理论。尽管在以后的历史进程中也曾出现过王充的"天道自然",贾思勰的"人定胜天"及柳宗元、刘禹锡的"天人交相胜"等思想理论,但"天人合一"的主流地位没有被撼动。到宋明理学时代,"天人合一"理论发展到高峰。

"天人相分"思想激励着人们探索自然的奥妙,从而促进了自然科学的发展。"天人合一"的思想追求的是人与自然的和谐,而这种和谐是人消极地适应自然。老子说:"人法地,地法天,天法道,道法自然。"[①]他主张人只能顺从自然,反对探索自然,即所谓"为学日益,为道日损;损之又损,以至于无为"[②]。他的后学庄子同样消极无为:"吾生也有涯,而知也无涯,以有涯随无涯,殆矣!"[③]中国古代史上更为重视的是自然的"谴告"作用。对此,董仲舒作了系统的论述:

> 凡灾异之本,尽生国家之失,国家之失乃始萌芽,而天出灾异以谴告之,谴告之而不知变,乃见怪异以惊骇之,惊骇之乃不知畏恐,其殃咎乃至。[④]

在这种观念之下,人们对自然的探索重在观察,把自然的变化归根于人事、特别是君主的言行得失,而不注重探索自然界自身的原因。所以,中国古代天文观测特别发达。中国古代关于日食、彗星、流星、太阳黑子、新星、超新星等天象的观测与记录未曾间断。例如到1638年,关于太

---

① 《老子》第二十五章。
② 《老子》第四十八章。
③ 《庄子·养生主》。
④ (汉)董仲舒:《春秋繁露·必仁且智》。

阳黑子的记录共107条；到1910年，关于彗星的记录多达500次，流星雨180次；到1700年，关于新星、超新星的记录达90颗。①这些观测、记录有的比西方早一两千年，而如此连续不断的观测、记录也是西方所无法比拟的。然而，中国古代对这些天象的观测、记录的目的是"谴告"人间的统治者，并没有对这些天象进行深入的分析、研究，以求发现其中的规律。著名的哈雷彗星从春秋时期到1910年共出现31次，中国古代的天文学家都观测到并做了记录，但是没有一人去认真分析、研究哈雷彗星出现的规律——平均每76年出现一次，却把这个发现的空间留给了1862年的英国天文学家哈雷。

值得注意的是，中国古代的天文学不是对自然的探索，而是为政治服务的。中国古代关于天人关系的理论，也不是自然科学家、哲学家创立的，而是政治思想家构建的。实际上不独天文学，中国古代其他自然科学的发展也都受政治体制所造成的思想文化观念的制约，天文学只是其中的一个典型事例。

（三）科举文化与古代中国科学技术

夏商周三代实行世卿世禄制，占据统治地位并且权力世袭的是君主的同姓子弟和异姓功臣。春秋战国以后，世卿世禄制逐渐退出了历史舞台，被选举制度所代替。但是，不论是两汉的察举、征辟，还是魏晋南北朝的九品中正制，抑或是始于隋终于清的科举制度，皆以忠孝、廉正为选举标准，选举出来的几乎是清一色的政治人才，自然科学是不登大雅之堂的。

科举制度最为典型（见图7-15）。从隋文帝开皇三年（583年）分科举人到光绪三十年（1904年），科举制度在中国实行了1421年，共选拔出进士约11万人，科考的状元共计592人。唐宋特别是明清的官僚队

---

① 参见中国科学院自然科学史研究所：《中国古代科技成就》，中国青年出版社1978年版，第6~16页。

伍基本上是通过科举制度选拔出来的。唐代科举考试的科目有进士、明经、明法、明字、明算、一史、二史、三史等,只有明算属于自然科学。北宋王安石变法以后,各个科目中只保留一个进士科,考试以经义为主,唐代仅有的"明算"也退出了历史的舞台。宋元至明清时代,学子只要精通经书就可以金榜题名,对自然科学则一窍不通。沈括对此曾举例说:"皇祐中,礼部试《玑衡正天文之器赋》,举人皆杂用浑象事,试官亦自不晓,第为高等。"①到八股盛行的明清,就更谈不上自然科学知识的学习了。明代郎瑛也说过:"本朝尝以记里鼓出题试士,多有不知为何物者,知者又不知始于何时、何人创也。"②明末清初的顾炎武在《日知录》中说:"八股之害等于焚书,而败坏人材有甚于咸阳之郊所坑者。"③

图7-15　宋代科举考试图

---

① （宋）沈括:《梦溪笔谈》卷七。
② （明）郎瑛:《七修类稿》卷二四《记里鼓》。
③ （清）顾炎武:《日知录》卷十六《拟题》。

在古代中国，"科学家"与官吏往往合而为一，也就是说，官吏在理政治民之余，从事科学研究。据统计，古代中国较有成就的236位科学家中，官吏多达141人，占总数的59.8%①；较为著名的如医学家张仲景、葛洪、王叔和、张元素，农学家赵过、贾思勰、王祯、徐光启，数学家刘洪、祖冲之、秦九韶，天文学家张衡、何承天、郭守敬，水利学家李冰、王景、贾鲁，皆如是。这种现象，一方面表明古代中国当政者对科学技术的重视，另一方面也说明他们的科学研究必然受到其统治思想的深刻影响。

（四）以农为本与古代中国科学技术

中国原本不是单一的农业经济，雄踞东方的齐国在公元前11世纪就走向了外向型的"工商文明"。还是齐国这片土地，自公元前3世纪起，工商文明衰颓，农业文明勃兴，并最终发展成文明的主体。这一变化是地理环境决定不了的。促成中国农业文明畸形发展的根本原因，不在国人脚下的这片土地，而在于国人自身。

把重农推向极端的是商鞅，他以"霸道之术"进说秦孝公，被委以改革大任。商鞅改革的直接动机是增强国力，争雄诸侯。为此，一要有充足的粮秣，二需足够的战士。基于此，商鞅改革的主题是农与战。"国之所以兴者，农战也。"②为使秦国有限的人手更多地从事粮食生产，为疆场提供更多的战士，商鞅把肇始于李悝的重农思想推向极端——重农而抑商。在他看来，商人无非买贱卖贵，无益于农业生产，所谓"金生而粟死"③，因此必须抑制商业的发展，驱民归农。中国传统的重农抑商思想就是这样出笼的。但是，经济行为不是孤立存在的，每每受道德规范的制约。农耕使人们自食其力，割断了人与人之间的物质联系。一个小农，耕

---

① 参见马忠庚：《中国古代科学家整体状况统计研究》，《史学月刊》2004年第1期。
② 《商君书·农战》。
③ 《商君书·去强》。

而食,织而衣,自给自足,绝少与他人发生物质上的交易。这样,人际关系只剩下了一条道德规范。倘若不割断人与人之间的物质关系,道德规范将受到来自物质方面的冲击、破坏,使人见利而忘义。商鞅变法,在呐喊"农战"的同时,就已兼顾到了重农抑商的道德性。他三番五次地告诫秦孝公:"圣人知治国之要,故今民归心于农。归心于农,则民朴而可正也。"①重农抑商,不只是为争霸战争提供更多的粮秣,还在于纯净人际关系,使民返璞归真,便于控制。

在以后的历史发展中,重农抑商在道德上的功用越来越受到当政者的青睐,他们把这种极端的经济行为作为"德教"的手段之一。号为"中兴之主"的汉宣帝在一道诏令中称:"农者,兴德之本也。"②自塞外入主中原的清代皇帝也一再强调,重农抑商是为了"崇尚朴实,不为华巧"③。显而易见,中国古代统治者以农为本,不但是基于农业乃创造生活资料的行业,还是出于道德教化、巩固统治的需要。

与重农抑商密切相关,在各种科学技术上,中国古代最重视的是农业科学技术和与农业生产有关的其他科学技术。有人提出古代中国科学技术的"环农业"特征,即以农学或农业技术为核心,历法、水利工程技术、冶铁、数学等为其服务④。

人们在赞叹中国古代农业科学技术成就的同时,也不无遗憾地看到,过分重视农业生产也限制了其他自然科学的正常发展。例如,中国古代数学较为发达,但古代数学往往是为解决农业生产中的实际应用问题服务的。《九章算术》就是一个典型的例子。《九章算术》分为方田、粟米、衰分、少广、商功、均输、盈不足、方程、勾股等九章,计有246个应用题,都是

---

① 《商君书·农战》。
② 《汉书·宣帝纪》。
③ 《清世宗实录》卷五七。
④ 参见吾敬东:《影响古代中国发生期科学技术的若干因素》,《中国社会科学》1990年第4期。

有关当时生产生活、特别是农业生产中的实际问题的。

六、中国传统科学技术对世界文化的影响

中国古代科学技术在推动着中国古代社会发展的同时,也在不断地向东西方世界传播,为人类文明的发展与进步付出自己的努力,做出了突出的贡献。

(一)中国古代科学技术的东传

在中国古代文化跨国传播过程中,中国科学技术最先传入朝鲜半岛。西周初年,箕子北走朝鲜,带去了先进的文化,"殷道衰,箕子去之朝鲜,教其民以礼义,田蚕织作"[①]。箕子是商纣王的叔父,纣王荒淫无道,朝政腐败,囚禁箕子。周武王灭商,释放箕子,箕子北走,建立一个国家,名曰"朝鲜"。对于箕子北走朝鲜之事,学界迄今犹有争论,或谓确有此事,或断然否定,或信疑参半。但是迄今为止,对《史记·宋世家》《汉书·地理志》《后汉书·东夷传》等文献记载的箕子北走朝鲜之事,持否定态度者没有提出确凿的证据。这是传世文献记载的中国科学技术第一次外传。

至迟在秦始皇统一中国后,中国科学技术又传入越南北部。秦始皇三十三年(前214年),在今越南北部设置象郡,中国科学技术传入该地,并向越南其他地区及东南亚传播。

秦末,徐市东渡,中国的科学技术又传入日本。徐市也作"徐福"。传说东海之中有三神山,曰瀛洲,曰蓬莱,曰方丈。山中有金碧辉煌的宫阙,有长生不死的仙人和能让人长生不老的仙药。实际上,那神山、仙人只是一种自然奇观——海市蜃楼,古人不解个中奥妙,便臆为仙境。秦始

---

① 《汉书·地理志》。

皇二十八年（前219年），齐人徐市上书，请求入海寻找"三神山"。八十多年后，楚人伍被再次提及此事："秦皇帝大说，遣振男女三千人，资之五谷种种百工而行。徐福得平原广泽，止王不来。"①徐市到达的"平原广泽"在何处，伍被没有明言。传世文献中，陈寿《三国志·吴书·吴主传》黄龙二年（230年）条下第一次提到徐市到达的地方叫澶洲。范晔《后汉书·东夷传》在叙述了"倭"之后，谈及徐市与澶洲。但是，他没有明言澶洲属于倭国。及至五代后周，僧人义楚说徐市到了日本。虽然我们现在还不能肯定徐市是否去了日本，但在秦末汉初，齐、赵、燕之民逃往朝鲜者所在多有。齐、赵、燕之民从朝鲜东渡日本的可能性是存在的，此乃徐市东渡之史影。与徐市一同东渡的不仅有数千童男女，还有农作物种子——"五谷种"和各种手工业者——"百工"。

中国、朝鲜半岛、日本列岛和越南构成一个"中华文化圈"。这个文化圈不仅包含文字、制度、思想、文学、艺术等，也包括科学技术。在"中华文化圈"中，朝鲜半岛最富有中华文化色彩："其文物典章不异中华，而远超他邦也。"②就连唐玄宗也赞叹朝鲜半岛文化有类中国："新罗号为君子之国，颇知书记，有类中华。"③故此，朝鲜半岛古有"小中华"之称。"小中华"者，"规模小的'中华'也"④。中国科学技术对朝鲜半岛、日本列岛和越南经济社会发展发挥了重要作用。

（二）中国古代科学技术的西去

至迟从张骞出使西域起，中国科学技术开始向西传播。

建元三年（前138年），汉武帝派张骞出使西域。汉时西域所指的

---

① 《史记·淮南衡山列传》。
② （明）严从简：《殊域周咨录》卷一《东夷·朝鲜》。
③ 《旧唐书·东夷传》。
④ [韩]尹丝淳：《儒教对韩国传统文化的影响》，中国孔子基金会、新加坡东亚哲学研究所编：《儒学国际学术讨论会论文集》，齐鲁书社1989年版，第1278~1288页。

地区有狭、广两种含义。狭义指玉门关（今甘肃敦煌西）和阳关（今甘肃敦煌西南）以西、巴尔喀什湖以东及以南（今新疆天山南北）等广大地区；广义泛指葱岭以西包括今中亚、南亚和西亚一带。张骞是打通西域的第一人，故有"凿空"之誉："西域险，本无道路，今凿空而通之也"①。张骞开辟了东西经济文化交流的通道，西域的葡萄、苜蓿、石榴等植物，狮子、鸵鸟、犀牛、汗血马等动物，口中吐火、自缚自解等魔术，以及箜篌等乐器，陆续传入中国内地②。与此同时，内地的穿井、冶铁等技术，丝绸等物品，也传入西域以及更远的西方。这条东西交流的通道即著名的陆上"丝绸之路"。此外，海上"丝绸之路"也已开通，《汉书·地理志》记载了从徐闻（今属广东）、合浦（今属广西）出发，到达今斯里兰卡、印度的航线；与朝鲜半岛、日本列岛的海上航线也已开通。

此后，中国的科学技术通过陆地与海上"丝绸之路"向外传播，对世界文明做出了巨大贡献，"四大发明"的西传即为一例。

天宝十年（751年），唐将高仙芝在怛罗斯战役中为"黑衣大食"（阿拉伯帝国）所败，不少唐兵被俘，其中有造纸工人，大食利用他们的技术设厂造纸，中国的造纸术传到了中亚和西亚③。

从与宋朝频繁的经济文化交流中，阿拉伯人约在12世纪初掌握了航海指南针技术。欧洲人掌握航海指南针技术约在12世纪末，可能是欧洲十字军第三次东征（1096~1291年）期间，从阿拉伯人那里获得的。

冯家升考证，一位叫伊宾拜他尔的西班牙回教国人，在他的《医药典》中提到，埃及人把硝叫作"中国雪"，其他地区已称"巴鲁得"（军用硝）。据此，宋理宗宝庆元年（1225年）至淳祐八年（1248年），火药传

---

① 《史记·大宛列传》司马贞《索隐》。
② 参见林梅村：《古道西风——考古新发现所见中西文化交流》，三联书店2000年版，第169~193页。
③ 陈两萍、李青峰：《唐代中外经济文化交流的新格局》，樊英峰主编：《乾陵文化研究》第4辑，三秦出版社2008年版，第252~261页。

入北非、西亚一带。①

通过对西夏和回鹘活字印刷品的分析研究,可以肯定地说,在12~13世纪或更早,中国活字印刷术已经传到西域。

15世纪地理大发现,开启了东西方经济文化交流的新篇章,中国的科学技术更多地传入西方。

(三)中国古代科学技术对人类文明的贡献

中国古代的科学技术对西方经济社会发展起了重要作用。西方人首先意识到中国的三项发明——印刷术、火药和指南针——在西方社会变革中的巨大作用。弗兰西斯·培根,英国唯物主义和现代实验科学的鼻祖,在他的代表作《新工具》中写道:

> 这三种发明已经在世界范围内把事物的全部面貌和情况都改变了:第一种是在学术方面,第二种是在战事方面,第三种是在航行方面;并由此又引起难以数计的变化来;竟至任何帝国、任何教派、任何星辰对人类事务的力量和影响都仿佛无过于这些机械性的发现了。②

马克思在《机器、自然力和科学的应用》中进行了更明确的阐述:

> 火药、指南针、印刷术——这是预告资产阶级社会到来的三大发明。火药把骑士阶层炸得粉碎,指南针打开了世界市场并建立了殖民地,而印刷术则变成新教的工具,总的来说变成科学复兴的手段,

---

① 参见冯家升:《火药的发明、发展及西传》,《化学通报》1954年第11期。
② [英]弗兰西斯·培根著,许宝骙译:《新工具》,商务印书馆2008年版,第112~113页。

变成对精神发展创造必要前提的最强大的杠杆。①

古代中国的其他发明创造对人类社会的发展也发生了重大影响。如我们的祖先最先栽培的水稻、粟、大豆、柑橘、茶等，对人类生存和发展的贡献并不逊色于"四大发明"。美国人类学家罗伯特·路威谈及西方饮食时说：

> 除掉了美洲来的番茄、土豆、豆子、玉米、菠萝蜜、可可；非洲来的咖啡；中国来的茶叶；印度来的白米和蔗糖——我们那一餐还剩些什么？②

实际上，大豆、水稻也是中国最先种植的。中国丝绸传入罗马，成为时髦的奢侈品，罗马贵族以拥有一件丝绸衣服为荣。以至于罗马元老院作出决定，男子不应再穿东方的丝织品，因为这会使罗马公民堕落下去。但是，他们不知道丝绸是什么原料，误以为是生长在树叶上的一种"羊毛"。直到6世纪中叶，基督教传教士在中国西域地区获得蚕卵并将其藏在竹筒中，带到拜占庭帝国首都君士坦丁堡，此后养蚕业和丝织业才在西方逐渐发展起来。在英文中，中国被称为"China"，意为"陶瓷之国"，这反映了陶瓷对西方的巨大影响。即使是那些在技术的复杂性方面不甚突出的发明创造，也对人类文明进程产生了重要影响。如东汉之时，供上下马用的单镫开始出现。大约到两晋之际，即4世纪前期，发明了双镫。构造简单的马镫作为一项骑乘技术发明，显著提升了骑兵的战斗力。西方史学界对马镫在中世纪军事变革乃至社会变革中的作用给予了高度重视。

从纯科学的角度来说，古代中国的科学也对人类文明的发展做出了

---

① [德]马克思：《机器、自然力和科学的应用》，人民出版社1978年版，第67页。
② [美]罗伯特·路威著，吕叔湘译：《文明与野蛮》，三联书店1984年版，第37页。

重要贡献。以数学为例,世界数学发展史有两条路线:一条是发源于中国的"中国—印度—欧洲"机械化路线,另一条是从希腊欧几里得系统发展而来的"希腊—阿拉伯—欧洲"公理化路线。在历史长河中,数学机械化算法体系与数学公理化演绎体系曾多次交替成为数学发展中的主流。以中国数学为源头和重要组成部分的东方数学,包括数学方法和用数学解决实际问题的传统,传到欧洲,与从古希腊传承下来的数学相结合,导致数学模式和数学家数学观的改变,重视数学计算,走向几何问题的代数化,从而开辟了文艺复兴后欧洲数学的繁荣,并开辟了通向解析几何和微积分的道路。①

有些科学技术如中医药,由于文化传统的差异,对西方的影响不大。但是,以屠呦呦为主的中医药学者,用西医药学的方法从青蒿中发现了治疟疾的特效药青蒿素,2015年获诺贝尔生理学或医学奖,重新引发了世界对中医药的重视。

【问题与思考】

1. 为什么中国古代医学、农学、天文学和数学四个学科最为发达?
2. 中国传统科学技术的特点是什么?
3. 一种观点认为中国古代没有科学,仅有技术,请谈一下你的认识。
4. 阻碍中国古代科学技术发展的主要因素是什么?
5. 中国传统科学技术对世界文化的影响主要表现在哪些方面?

【参考文献导读】

1. [英]李约瑟:《中国科学技术史》,科学出版社、上海古籍出版社1990年版。李约瑟(Joseph Needham,1900~1995),英国著名科学家、科学技术史研究专家。他主持编写的《中国科学技术史》,是研究中国科

---

① 参见王洪波:《中国古代数学:不仅重"实用",而且有"理论"——郭书春先生谈〈中国科学技术史·数学卷〉》,《中华读书报》2011年9月7日。

学技术史的代表作。全书分为7卷,31分册。

2.[英]李约瑟著,李彦译:《中国古代科学》,中华书局2016年版。该书是1979年李约瑟在香港中文大学新亚书院举办的第二届"钱宾四先生学术文化讲座"上所作的讲演稿。讲演简要地概括了他对中国科学技术史长期研究的成果,可以看作是对《中国科学技术史》有关卷册内容的提纲挈领式的说明。

3.[英]李约瑟著,柯林·罗南改编,上海交通大学科学史系译:《中华科学文明史》,上海人民出版社2002年版。李约瑟的《中国科学技术史》卷帙浩繁,一般读者阅读不易。为便于一般读者阅读,英国剑桥大学出版社和李约瑟生前请柯林·罗南将《中国科学技术史》改编成简编本,名为《中华科学文明史》,从1978年起陆续出版。出版5卷后,因柯林·罗南逝世而中断。

4.卢嘉锡总主编:《中国科学技术史》,共计30卷,由科学出版社1998~2001年陆续出版。全书分为三大类:综合类,分为通史、科学思想、中外交流、人物、教育机构及管理5卷;专史类,分为数学、物理、化学、天文学、地学、生物学、农学、医学、水利、机械、建筑、桥梁、矿冶、纺织、陶瓷、造纸与印刷、交通、军事技术、度量衡19卷;工具类,分为辞典、典籍一、典籍二、图录、年表、论著索引6卷。该书通过丰富的史料、深入的分析和精彩的东西方比较研究,全面、系统地论述了中国古代科学技术的辉煌成就和对世界的伟大贡献。

5.路甬祥主编:《走进殿堂的中国古代科技史》,上海交通大学出版社2009年版。该书重点阐述了中国古代科技各个门类的发明创造,分析了知识体系的演进与特征,探讨了科技与社会、文化的互动,考察了中外科技交流。

6.常秉义:《中国古代发明》,中国友谊出版公司2002年版。该书分门别类地介绍了中国古代的发明创造,图文并茂,融知识性、趣味性于一体。

后　记

　　本书是我们多年合作的结晶。早在本世纪初，在经历了上世纪80~90年代的文化大讨论后，为了更好地阐释与传播中华传统文化，我们应高等教育出版社之邀，合作编写了《中华传统文化要论》，供国内高校教学之用。此后十余年间，我们又结合各自对中华传统文化的专题研究，陆续合作了两部关于中华传统文化的教材。虽然这些教材先后被百余所高校选用，取得了较好的社会反响，也得到了学界同仁的肯定与认可，但是我们在编写中所感到的介绍知识易，分析评判难；继承成说易，升华抽象难等问题一直未能很好的解决，特别希望能有对中华传统文化的宏观把握与理论指导。习近平总书记关于中华传统文化的系列重要讲话的发表，使我们拥有了强大的思想武器与理论指导，我们反复学习，如醍醐灌顶。2015年，为深入贯彻落实习近平总书记关于弘扬中华优秀传统文化的重要指示精神，加强对中华优秀传统文化的挖掘和阐发，努力推动中华优秀传统文化的创造性转化、创新性发展，中共山东省委宣传部组织实施了"中华优秀传统文化大众化系列读物"重大课题项目。我们倍感振奋，积极参与申请。获准立项后，在中共山东省委宣传部的指导下，再次联手合作，编写了这部面向大学生的《中华传统文化读本》。

　　全书由马新（山东大学教授、博士生导师，山东大学中国传统思想文化研究所所长）拟定大纲、编写体例与原则要求，在充分讨论研究并经中共山东省委宣传部组织的专家评审会通过后，即开始了分工撰写。其中，马新撰写前言、绪论、第一章、后记；杨朝明（曲阜师范大学教授、博士生导师，孔子研究院院长）撰写第二章、第三章；刘德增（齐鲁师范学院教授、副院长）撰写第四章、第七章；杨守森（山东师范大学教授、博士生导师）撰写第五章、第六章。最后由马新统一修订、统稿、定稿，并配置插图，完成后期工作。本书编写出版过程中，中华书局大众图书分社申作宏社长认真负责，提出了一些宝贵的意见，进行了认真细致的编辑加工，在此谨致以诚挚的感谢。

作　者

2016年11月于泉城济南